PETITS
LAR ~~CLASSIQUES~~
Collection fondée par

Le Barbier de Séville
ou
la Précaution inutile

BEAUMARCHAIS

comédie

Édition présentée,
annotée et commentée
par
Béatrice TESTUD-TEUDES,
Professeur certifié de Lettres modernes
et
Pierre TESTUD,
Professeur des Universités

© Larousse/VUEF, 2002
© Larousse-Bordas, Paris, 1998 – ISBN 2-03-871610-2

SOMMAIRE

Avant d'aborder le texte

Le Barbier de Séville
BEAUMARCHAIS

Comment lire l'œuvre

Avant d'aborder le texte

Illustration pour une édition du XIXe siècle du Barbier de Séville.

Le Barbier de Séville

Genre : comédie.

Auteur : Beaumarchais (Pierre Augustin Caron de).

Structure : quatre actes.

Personnages principaux : le comte Almaviva (amoureux de Rosine), Rosine (jeune fille sous l'autorité de son tuteur Bartholo, amoureuse du Comte), Bartholo (médecin, tuteur de Rosine, qu'il prétend épouser), Figaro (barbier, auxiliaire du Comte dans son entreprise), Bazile (maître de chant de Rosine et allié de Bartholo).

Sujet : « Un vieillard amoureux prétend épouser demain sa pupille ; un jeune amant plus adroit le prévient, et ce jour même en fait sa femme à la barbe et dans la maison du tuteur. » (Beaumarchais, « Lettre modérée » ; voir *infra* p. 61).

Première représentation : 23 février 1775, dans une version en cinq actes (échec). Après une réduction à quatre actes, deuxième représentation le 26 février (succès).

Première édition : 30 mai 1775 (sans la « Lettre modérée ») ; réimpression à la fin du mois de juillet, avec la « Lettre modérée ».

PIERRE AUGUSTIN CARON DE
BEAUMARCHAIS
(1732 - 1799)

Les années de jeunesse

24 janvier 1732

Naissance de Pierre Augustin Caron, à Paris. Son père est un horloger d'origine protestante.

1742-1745

Il est pensionnaire dans une école professionnelle d'Alfort, aujourd'hui Maisons-Alfort (près de Paris).

1745-1753

Il travaille dans l'atelier de son père. Quelques incartades, ou amourettes imprudentes, lui valent d'être chassé de la maison. Il doit, pour y revenir, faire acte écrit de soumission.

Les débuts dans le monde

1753-1754

Il invente tout un mécanisme d'horlogerie (un « échappement », mot qui désigne ce qui transmet le mouvement du ressort). Mais Jean Lepaute, « horloger du roi », revendique cette invention. Une polémique s'ensuit. L'Académie des sciences tranche en faveur du fils Caron. Le roi Louis XV et Mme de Pompadour lui passent commande. Il est introduit à la Cour.

1755

Il fait la connaissance de Franquet, « contrôleur de la

bouche » à la Cour (chargé de surveiller les mets présentés sur la table du roi). Vieux, malade, Franquet vend sa charge à Pierre Augustin.

1756

Mort de Franquet et mariage de Pierre Augustin avec sa veuve, onze mois plus tard.

1757

Il ajoute à son nom celui de Beaumarchais (du nom d'une terre de sa femme). Mais le voici bientôt veuf (en septembre), « nu » et « accablé de dettes », selon ses termes.

1758

Connaissance du financier Charles Guillaume Le Normant d'Étiolles (mari de Mme de Pompadour). Beaumarchais est par lui introduit dans le monde des affaires, et il s'initie au théâtre en écrivant, pour les divertissements du château d'Étiolles, des « parades » (voir p. 23-24). Cette activité durera au moins jusqu'en 1765.

1759

Ses talents de musicien le font apprécier de Mesdames, filles du roi : il est leur professeur de harpe.

Il fait la connaissance de Joseph Pâris-Duverney, l'un des financiers les plus importants de l'époque, chargé des fournitures aux armées royales.

L'essor de l'homme d'affaires
1760

Ses relations à la Cour permettent à Beaumarchais de rendre service à Pâris-Duverney, qui veut intéresser le roi à la création d'une école militaire. En retour, celui-ci l'associe à ses affaires. C'est le début de la fortune de Beaumarchais. Il peut ainsi s'acheter deux charges, dont une de « secrétaire du Roi » (qui l'anoblit).

1763

Il travaille à son premier drame (voir p. 22-23), *Eugénie*, commencé peut-être dès 1759.

1764-1765

Voyage en Espagne, à Madrid. Selon Beaumarchais, il s'agit de défendre l'honneur de sa sœur Lisette, repoussée par son fiancé, Clavijo. En fait, le but du voyage est surtout de conclure des affaires pour Pâris-Duverney (vraisemblablement dans le commerce des esclaves noirs vers la Louisiane). Il rentre à Paris au printemps et revend sa charge de secrétaire du Roi.

1766

En association avec Pâris-Duverney, il est administrateur de la forêt de Chinon.

Les débuts dans la carrière théâtrale

1767

Première représentation d'*Eugénie* à la Comédie-Française. La pièce est mal accueillie. Beaumarchais reprend les deux derniers actes et obtient dès lors un succès honorable.

1768

Deuxième mariage de Beaumarchais avec une riche veuve.

1770

Représentation et échec d'un deuxième drame, *Les Deux Amis*. Pâris-Duverney meurt ; son neveu et légataire universel La Blache conteste l'acte réglant les comptes entre le financier et Beaumarchais. Ainsi débute un long et retentissant procès (il ne s'achèvera qu'en 1778). En novembre meurt Mme de Beaumarchais.

Les années du *Barbier de Séville*

1772

Rédaction du *Barbier de Séville*, sous forme de parade, puis d'opéra-comique (voir p. 38), que le Théâtre-Italien refuse.

1773

Une dispute avec son ami le duc de Chaulnes, à propos d'une femme, vaut à Beaumarchais un emprisonnement de trois mois dans la prison parisienne de For-l'Évêque.

Le magistrat Goëzman est nommé rapporteur du procès La Blache auprès du parlement de Paris. Son compte rendu est défavorable à Beaumarchais. Dès lors, le procès La Blache se transforme en « affaire Goëzman », le magistrat étant soupçonné de corruption. Pour sa défense, Beaumarchais publie trois *Mémoires*, où il attaque avec esprit son ennemi. Le succès de ces textes renverse la situation au profit de Beaumarchais.

1774

Publication d'un quatrième *Mémoire* contre Goëzman, qui rend Beaumarchais célèbre un peu partout en Europe. Il est chargé de missions secrètes en Angleterre (il s'agit de récupérer des manuscrits compromettants pour la Cour et la famille royale). La deuxième mission, émaillée d'épisodes rocambolesques, le conduit aussi en Hollande et en Autriche.

1775

Première représentation du *Barbier de Séville* le 23 février. Nouvelle mission en Angleterre, auprès du chevalier d'Éon, agent secret de Louis XV et détenteur de documents compromettants.

L'aide aux « insurgés » d'Amérique
1776

Beaumarchais soutient activement la cause des « insurgés » (indépendantistes) d'Amérique. Il obtient de Vergennes, ministre des Affaires étrangères, un million de livres pour financer une expédition secrète de secours et fonde à cet effet une maison de commerce : « Roderigue Hortalez et Cie ».

1777

L'activité de Beaumarchais se concentre sur l'envoi de fournitures aux Américains. Il adresse divers mémoires aux ministres, sur ce sujet et quelques autres.

Début du conflit entre Beaumarchais et les Comédiens-Français, à propos des droits d'auteur. Il fonde la Société des auteurs dramatiques.

Les années du *Mariage de Figaro*

1778

Poursuite des négociations avec les comédiens. Fin du procès La Blache et de l'« affaire Goëzman », à l'avantage de Beaumarchais. Achèvement du *Mariage de Figaro*.

1780

Il se lance dans l'édition des œuvres complètes de Voltaire (mort en 1778), tandis que se poursuit la polémique avec les Comédiens-Français.

1781

Le Mariage de Figaro se heurte à des oppositions de la part de la censure et dans l'entourage du roi. Début de l'« affaire Kornman » (Beaumarchais accepte de défendre publiquement Mme Kornman contre son mari, qui veut la déshériter).

1784

Le 27 avril, après plusieurs passages à la censure, *Le Mariage de Figaro* peut enfin être représenté à la Comédie-Française.

1787

Création et grand succès de *Tarare*, opéra philosophique.

Les années de la Révolution

1789

Après de multiples rebondissements dans l'« affaire Kornman », Beaumarchais obtient gain de cause contre Bergasse (l'avocat de Kornman, contre lequel Beaumarchais avait déposé plainte en 1788 pour diffamation), mais il est discrédité auprès du public. Des soupçons pèsent sur l'origine de sa fortune. La Révolution sera une période difficile pour lui, sa femme et sa fille. Épris de justice et de liberté, il est effrayé par les débordements populaires et les bouleversements politiques.

1790

Rédaction de *La Mère coupable* (drame conçu comme la suite du *Mariage de Figaro*).

1792

Représentation de *La Mère coupable*. Début de l'« affaire des fusils » : Beaumarchais veut acheter 60 000 fusils hollandais pour le compte de la Révolution, mais les difficultés s'accumulent. Emprisonné, il échappe de peu aux massacres de septembre (exécution sommaire d'un millier de prisonniers par les sans-culottes). Il se réfugie à Londres.

1793

Retour en France et nouvel exil à travers l'Europe.

1794

Il est considéré comme un émigré (terme nouveau alors, désignant toute personne ayant cherché refuge à l'étranger pour fuir les événements révolutionnaires). Les fusils de Hollande sont définitivement acquis par les Anglais.

1796

Rayé de la liste des émigrés, il peut enfin revenir en France.

1798

Il rétablit partiellement sa fortune et rédige des mémoires sur des sujets variés (impôt sur le sel, sépulture de Turenne, etc.).

18 mai 1799

Il meurt dans sa maison située près de la Bastille.

Le cadre historique, politique et idéologique

De Louis XV à Louis XVI

Lorsque Beaumarchais écrit *Le Barbier de Séville*, le monarque régnant est Louis XV, sur le trône depuis 1743 (Beaumarchais a alors onze ans). Quand la pièce est représentée, en février 1775, Louis XV est mort l'année précédente. Louis XVI lui a succédé. Il est le petit-fils de Louis XV, il vient d'avoir vingt ans. Ce changement de roi ne modifie naturellement pas le régime politique de la France : la monarchie, vieille de plusieurs siècles, paraît éternelle. Ce que constatent les sujets du nouveau roi, c'est que celui-ci manque de prestance, d'assurance, et pour tout dire de majesté.

Beaumarchais a personnellement connu Louis XV : il lui est présenté en 1754 ; il saura se faire une place à la Cour, au point de devenir en 1756 le maître de musique des trois filles du roi (à qui il donne des leçons de harpe) ; il acquiert diverses charges (dont celle, de 1761 à 1765, de conseiller secrétaire du roi) et, en 1774, se voit confier des missions secrètes au service de la monarchie ; l'avènement de Louis XVI n'interrompra pas cette activité. Elle se convertira à partir de 1776 en aide militaire apportée aux « insurgents » d'Amérique.

La société française dans les années 1770

La France du XVIIIᵉ siècle est le royaume le plus peuplé d'Europe ; elle compte, à l'époque de Beaumarchais, environ 26 millions d'habitants (il y en a plus du double aujourd'hui). Cette population, pour 85 % au moins, est rurale ; Paris compte environ 500 000 habitants. C'est une ville à cet égard plus importante que les autres capitales d'Europe. Le niveau d'instruction des Français est globalement faible, avec d'importantes disparités selon les régions : les historiens estiment que, malgré quelques progrès, 63 % sont analphabètes, c'est-à-dire sont même incapables de signer de leur nom. L'écart entre le monde des villes et celui de la campagne est grand, de même qu'entre Paris et les villes de province. Si l'on considère l'échelle des revenus, les inégalités sont énormes, de l'ordre de un pour mille : les ressources financières d'un noble se situent entre 40 000 et 100 000 livres par an, tandis qu'un journalier ou un serviteur ne gagnent que 100 livres (autant que l'on puisse convertir ces sommes en monnaie actuelle, elles sont à peu près l'équivalent de 8 000 F pour le dernier cas, et de 3 à 8 millions pour le premier). Beaumarchais, au temps de sa splendeur financière (dans les années 1780), figure parmi les millionnaires.

C'est à Paris, proche de la Cour, dont la résidence habituelle est Versailles, que s'épanouit une civilisation aristocratique, caractérisée par une intense vie mondaine, l'activité d'académies scientifiques et littéraires, la vitalité des salons et des théâtres. Civilisation aristocratique largement ouverte à tous les roturiers fortunés. Cette société parisienne mêle ceux qui ont des titres de noblesse à ceux qui n'ont d'autres titres que leur intelligence et leur esprit (Beaumarchais en a profité) ; elle accueille volontiers les idées nouvelles et se montre capable d'applaudir à sa propre critique. Aussi l'auteur du *Mariage de Figaro* ne faisait-il pas preuve d'une grande audace en glissant quelques impertinences dans sa pièce.

Les événements politiques

Depuis la fin de la guerre de Sept Ans, en 1763, la France connaît des années de paix. Cette période est surtout marquée par diverses tentatives pour restaurer les finances du royaume et l'autorité de la monarchie (contestée par les parlements, ces cours supérieures de justice dotées en outre du pouvoir d'enregistrer les édits et ordonnances du roi, ce qui leur conférait, le cas échéant, une puissance politique). C'est d'abord la réforme judiciaire de Maupeou en 1771, abandonnée à l'avènement de Louis XVI ; puis l'œuvre de Turgot (ministre de 1774 à 1776) concernant les finances, le commerce des grains, les corporations : il introduisit des réformes importantes, et bénéfiques, mais se fit en même temps beaucoup d'ennemis et fut remercié au bout de deux ans ; en 1777, le roi fit appel à Necker, puis en 1783 à Calonne, congédié à son tour en 1787, à Loménie de Brienne ensuite, lequel dut se résoudre à convoquer les états généraux en 1789. L'histoire politique du dernier quart du XVIIIᵉ siècle est une suite d'occasions ratées : l'opposition des parlements, appuyée par une noblesse soucieuse de préserver ses privilèges, parfois même par une opinion publique abusée par cette lutte contre l'absolutisme royal, et qui voyait dans les parlementaires les défenseurs des libertés, causa l'affaiblissement irrémédiable de la monarchie.

L'affirmation de l'idéologie des Lumières

L'affaiblissement de la monarchie tenait aussi à une cause insidieuse, dont l'importance est difficile à mesurer : les progrès de la diffusion de la philosophie des Lumières. La deuxième moitié du XVIIIᵉ siècle, que l'on a trop tendance à placer sous le signe de la sensibilité et de la rêverie sentimentale, est en fait une période d'affirmation vigoureuse des Lumières. Voltaire, après 1750, multiplie ses *Contes philosophiques*, écrit son *Essai sur les mœurs* (1756), son *Traité sur la tolérance* (1763), son *Dictionnaire philosophique* (1764), constamment enrichi au fil des années, et s'engage avec détermination dans sa lutte contre « l'infâme » (la religion chrétienne vue comme fanatisme et obscurantisme). Jusqu'à sa mort, en 1778, Voltaire combattra le christianisme, militera pour l'instauration d'une religion nouvelle, rationnelle et universelle, pour le respect de la liberté et de la dignité humaines. Diderot (mort en 1784) apparaît à ses contemporains comme le philosophe par excellence depuis qu'il publie, aidé de nombreux collaborateurs, les tomes de l'*Encyclopédie* (1750-1772). C'est à partir de 1760 qu'il rédige ses œuvres maîtresses, telles que *Le Neveu de Rameau* (1762), *Le Rêve de d'Alembert* (1769), *Jacques le*

Fataliste (1772), *Supplément au voyage de Bougainville* (1772). Il est vrai que ces textes ne seront publiés qu'après la Révolution, mais ils témoignent de la vitalité de la pensée des Lumières dans sa version athée et matérialiste. Rousseau (mort en 1778) a rompu avec Voltaire et Diderot, avec la littérature même, puisqu'il considère ses *Confessions* (achevées en 1770, publiées en 1782 et en 1789), ses *Dialogues* (1772-1776), ses *Rêveries du promeneur solitaire* (1776-1778) comme des œuvres de salut personnel, mais il reste l'auteur du *Contrat social* (1762), et, au-delà, du *Discours sur les sciences et les arts* (1750) et du *Discours sur l'origine et les fondements de l'inégalité parmi les hommes* (1755) ; il bénéficie d'une audience considérable, surtout depuis l'immense succès de sa *Nouvelle Héloïse* (1761). Il incarne à sa façon la figure du philosophe accusateur, mettant en cause les valeurs sociales établies.

La philosophie des Lumières ne se réduit pas à ces trois noms. Il faudrait également citer le baron d'Holbach, dont le *Système de la nature* (1770) est l'expression achevée du matérialisme des Lumières, Helvétius et son ouvrage intitulé *De l'homme* (1772), bien d'autres encore… Beaumarchais est l'exact contemporain de ces hommes et de ces œuvres. S'il n'a pas joint sa voix à celle des philosophes, du moins s'est-il senti en sympathie avec eux (d'autant plus que ses démêlés avec la justice de son temps lui donnaient un regard critique sur les institutions du royaume). S'il fut suspect aux yeux des révolutionnaires, du moins avait-il montré, en organisant le soutien aux colons révoltés d'Amérique, qu'il faisait sien l'idéal de liberté.

Le cadre culturel

En 1732, lorsque naît Beaumarchais, les arts, stimulés par la liberté de la Régence (1715-1723), sont florissants. Watteau est mort en 1721, laissant avec ses personnages de la Comédie-Italienne (son *Gilles* [1716], par exemple) et ses « fêtes galantes » (*L'Embarquement pour Cythère* [1717], entre autres) une œuvre picturale majeure. Elle avait de quoi séduire Beaumarchais, car une grande place y était faite aux comédiens et aux musiciens. Elle séduisit du reste tout le XVIIIe siècle, et charme encore le nôtre. À l'époque de la jeunesse de Beaumarchais, les peintres en vue sont Chardin (1699-1779), Boucher (1703-1770), Quentin de La Tour (1704-1788), Van Loo (1705-1765), Nattier (1685-1766), Vernet (1714-1789). La génération exactement contemporaine de Beaumarchais est celle de Fragonard, qui naît lui aussi en 1732 (il meurt en 1806), de Greuze (1725-1805), du célèbre paysagiste Hubert Robert (1733-1808). Si le plaisir de l'exotisme demeure (avec les chinoiseries de Boucher, les turqueries de Fragonard, par exemple), si la fascination pour le théâtre et les spectacles est sensible chez un Watteau, un Bernard Picard (1673-1733) ou un Boucher, signe d'un goût pour l'imaginaire et les travestissements du réel, la peinture du XVIIIe siècle a innové en puisant souvent son inspiration dans la vie quotidienne : les artistes essayent de rendre la vérité des expressions, des attitudes, dans des situations ordinaires. Il est significatif que le XVIIIe siècle ait beaucoup cultivé l'art du portrait. Aucune autre époque, sans doute, ne manifesta un intérêt aussi passionné pour le visage humain. En musique, Rameau détrône Lulli : il s'impose à partir de 1733, avec son opéra *Hippolyte et Aricie*, et confirme son triomphe avec *Les Indes galantes* en 1735, puis avec *Castor et Pollux* en 1737. La vie musicale est très développée, tant à la Cour qu'à Paris, où sont donnés, à partir de 1725, les premiers concerts publics. En 1752, une troupe italienne d'opéra bouffe (opéra parodique et joyeux) vient jouer à Paris la *Serva Padrona* de Pergolèse. Son succès divise l'opinion ; une querelle musicale s'ensuit (dite « querelle des Bouffons ») entre les partisans de la musique italienne (privilégiant la mélodie) et les partisans de la musique française (jugée plus savante, privilégiant l'harmonie). La musique italienne (prônée entre autres par Rousseau) va s'imposer de plus en plus au fil du siècle ; Diderot s'en fait l'écho dans *Le Neveu de Rameau*. Mais en 1773, Gluck (1714-1787) arrive en France, invité par Marie-Antoinette. Son *Iphigénie en Aulide*, en 1774, est une révélation et remporte un immense succès. La musique de Gluck, influencée par l'école allemande, renouvelle la tradition française. Elle suscite immédiatement une nouvelle querelle, entre « gluckistes » et « piccinistes » (partisans de Piccini, compositeur italien). Beaumarchais, qui était resté à l'écart de la « querelle des Bouffons », est enthousiasmé par la musique de Gluck ; c'est elle qui lui inspire le désir d'écrire un livret d'opéra : ce sera *Tarare* (créé en 1787). La musique en sera confiée à Salieri, un disciple de Gluck. Mais l'époque de Beaumarchais est aussi celle de Mozart (1756-1791). En 1763, Mozart, alors âgé de sept ans, avait été présenté dans les salons parisiens, où sa précocité musicale avait suscité l'émerveillement. Il y revient de 1777 à 1779, sans s'engager dans le conflit des « gluckistes » et des « piccinistes » : il forge alors son style propre, issu d'une synthèse des langages allemand, italien et français, style qui fait de lui un musicien européen par excellence. Ses chefs-d'œuvre lyriques sont postérieurs à ce séjour : *L'Enlèvement au sérail* (1782), *Les Noces de Figaro* (1786), *Don Giovanni* (1787), *Così fan tutte* (1790), *La Flûte enchantée* (1791), ainsi que ses grandes symphonies. Dans le domaine de la sculpture, Pigalle (1714-1785) et Falconet (1716-1791) s'affirment comme des maîtres dès la fin des années 1740. Houdon appartient à la génération suivante (1741-1828) : il représentera notamment quelques grands écrivains du siècle (Diderot, Rousseau, Voltaire). Le grand nom de l'architecture est Gabriel (1698-1782) : de 1757 à 1770, il édifie l'ensemble monumental de la place Louis XV (aujourd'hui place de la Concorde), et à Versailles, en 1768, le Petit Trianon.

Les écrivains ne sont pas restés en marge de cette activité artistique. À partir de 1759, Diderot se fait critique d'art : observateur attentif des peintres de son temps, il écrit ses fameux *Salons* (neuf, entre 1759 et 1781), où s'exprime toute une esthétique de la représentation. Rousseau est musicien : il compose un opéra en 1752 *(Le Devin du village)*, rédige un *Dictionnaire de musique* (1767). Beaumarchais donne des cours de harpe aux filles de Louis XV, compose des chansons, collabore avec Salieri pour *Tarare*, et intègre dans ses deux comédies de nombreuses parties chantées. Inversement, l'emprise de l'esthétique théâtrale sur l'inspiration picturale est évidente dans les pastorales de Boucher ou les scènes de la vie privée représentées par Greuze. Peinture, littérature et musique ont partie liée. La création se nourrit d'une réflexion esthétique généralisée.

Le cadre littéraire : le théâtre dans les années 1770

Le Théâtre-Italien et la Comédie-Française

Beaumarchais avait d'abord conçu son *Barbier* comme un opéra-comique et l'avait donc proposé en 1772 aux acteurs du Théâtre-Italien. Refusée, transformée en comédie, la pièce fut acceptée par les acteurs de la Comédie-Française et jouée par eux en 1775. Ces deux théâtres avaient chacun leur spécificité et leur place propre dans la vie théâtrale de l'époque, ce qui ne les empêcha pas d'être, pendant tout le XVIIIᵉ siècle, en concurrence directe.

Le Théâtre-Italien : la troupe italienne, expulsée en 1697 par Louis XIV, avait été rappelée par le régent Philippe d'Orléans en 1716. D'un répertoire d'abord exclusivement italien, elle était rapidement passée à un répertoire mixte, où alternaient pièces italiennes et pièces françaises (et même, durant quelque temps, pièces franco-italiennes, selon les rôles), enfin à un répertoire français. Il est à noter que dès 1720 Marivaux lui confia son *Arlequin poli par l'amour* (et c'est pour elle qu'il écrivit ensuite l'essentiel de son œuvre théâtrale). Au fil des années, cette troupe avait accordé une place de plus en plus grande à la danse et à la musique, empiétant ainsi sur le domaine de l'Opéra-Comique. En 1762, ces deux théâtres fusionnèrent ; la dénomination « Théâtre-Italien » demeura jusqu'en 1793, date à laquelle lui fut substituée celle d'« Opéra-Comique », plus conforme au répertoire qui s'était imposé depuis les années 1760. En 1772, il est logique que Beaumarchais se tourne vers le Théâtre-Italien pour faire jouer son opéra-comique.

La Comédie-Française : elle était, dans la hiérarchie officielle des théâtres, au-dessus du Théâtre-Italien. Depuis sa création, en 1680, elle constituait la troupe des « Comédiens ordinaires du Roi » et elle était le conservatoire du répertoire théâtral français (c'est là que l'on jouait régulièrement, comme aujourd'hui, Corneille, Molière, Racine et autres « classiques »). Elle avait aussi pour vocation de créer des pièces nouvelles, tragédies et comédies ; les tragédies étaient de son ressort exclusif ; les comédies devaient respecter le bon goût et la décence, être en accord avec la dignité et la noblesse dont elle se prévalait. Pour un dramaturge, elle était le lieu de la consécration par excellence. À l'origine, elle ne pouvait intégrer de la musique dans ses spectacles : c'était là le privilège de l'Opéra (ou « Académie royale de musique »). Mais ce privilège avait subi de plus en plus d'atteintes au cours du siècle, à l'initiative même de l'Opéra qui, pour assurer son équilibre financier, concédait à d'autres théâtres, contre redevance, l'usage de la musique. Ainsi, la Comédie-Française put accueillir des pièces où l'on chantait ; elle avait même un petit orchestre attitré. Mais la place de la musique et du chant était toujours contenue dans certaines limites. On en a une preuve avec les remous provoqués dans le public par l'ariette de Rosine, dans la scène 4 de l'acte III du *Barbier de Séville*. Cette ariette parut un intermède musical trop étendu, et Mlle Doligny, créatrice du rôle, renonça à la chanter après la première représentation. Beaumarchais en conçut bien du dépit, à en juger par sa note (voir p. 167), où il évoque les contraintes dues à la « dignité » sourcilleuse de la Comédie-Française. De fait, ce théâtre n'était sans doute pas le lieu le plus approprié pour une pièce aussi musicale que *Le Barbier de Séville*. Mais c'était le lieu le plus prestigieux : l'ambition commandait ce choix.

La comédie au XVIIIe siècle

Le goût du public et des auteurs tend à se détacher de « l'ancienne et franche gaieté » que Beaumarchais veut réintroduire sur la scène avec *Le Barbier de Séville*. On peut en voir un premier signe dans le relatif déclin du succès de Molière au XVIIIe siècle. Au début du siècle, Regnard obéit encore à une inspiration comique parfois proche de la bouffonnerie dans *Les Folies amoureuses* (1704), comédie dont se souvient Beaumarchais en écrivant son *Barbier*, et dans *Le Légataire universel* (1708). Mais à la même époque, le *Turcaret* de Lesage (1709) oriente la comédie dans la voie de la peinture sociale contemporaine, avec la mise à nu de ses ressorts (ici l'argent) dans toute leur dureté, voire leur violence. La « franche gaieté » a disparu derrière l'âpreté de la satire.

Au cours des années suivantes, c'est cette inspiration qui anime les dramaturges, avec le souci d'émouvoir et de moraliser. La comédie devient sérieuse et perd évidemment, dans cette dérive paradoxale, sa vertu comique.

Bien qu'occupant à tous égards une place à part, le théâtre de Marivaux (qui s'échelonne, pour l'essentiel, de 1720 à 1740) illustre la même tendance. Ses « comédies » ont un versant grave : des personnages souffrent de n'oser dire, ni à l'autre, ni à eux-mêmes, qu'ils aiment ; ils sont soumis à une épreuve, dont l'issue est heureuse certes, mais la traversée douloureuse.

Le drame

Le XVIII⁰ siècle est, en matière d'esthétique théâtrale (comme en bien d'autres domaines), un siècle d'innovation. Entre la comédie et la tragédie, il instaure un genre intermédiaire, appelé « drame », ou « drame bourgeois ». Ce genre est le fruit de la comédie sérieuse, qui a réduit l'écart entre tragédie et comédie. Cette réduction rend concevable un genre théâtral nouveau, résolument au service de la représentation concrète du monde réel.

C'est Diderot qui en pose les bases en 1757 *(Entretiens sur Le Fils naturel)* et en 1758 dans *De la poésie dramatique*, dans le droit fil de sa réflexion théorique sur le problème de la vérité en art. L'originalité féconde de Diderot est de proposer une écriture théâtrale nouvelle, fondée sur l'emploi de la prose, où une place doit être faite à l'expression gestuelle (réaction contre l'impérialisme de la parole dans la tradition théâtrale française), où les costumes et les décors doivent être décrits par le dramaturge lui-même, avec précision. Dans une formule qui dit tout, Diderot déclare qu'« il faut écrire le jeu ».

L'auteur qui réussit le mieux à illustrer le nouveau genre fut Louis Sébastien Mercier (1740-1814). Il publia lui aussi un texte théorique (*Du Théâtre ou Nouvel Essai sur l'art dramatique*, 1773), mais écrivit surtout, à partir de 1769, une vingtaine de drames bien accueillis par le public.

Beaumarchais apporta sa contribution au genre nouveau. En 1767, il publia, en guise de préface à sa pièce *Eugénie*, un *Essai sur le genre dramatique sérieux*, où il posait à son tour les principes de ce théâtre moderne, destiné à être, selon son expression, « le tableau fidèle de ce qui se passe dans le monde ». Lorsqu'après l'échec des *Deux Amis* (1770), il se tourne vers la comédie traditionnelle, il ne renie rien de sa foi dans les vertus théâtrales du drame : des passages de la « Lettre modéré » (voir p. 52-53) et une réplique de Bartholo (I, 3) en témoignent. Dans *Le Mariage de Figaro*, il saura parfois briser le ton de la comédie par des moments dignes du drame.

Le texte dans l'œuvre

En 1772, quand Beaumarchais termine la rédaction de sa pièce, il a quarante ans. Il n'est pas un dramaturge débutant, mais s'il a depuis longtemps le goût du théâtre, il se plaît aussi à récuser le statut d'homme de lettres : « Je n'ai point le mérite d'être auteur, écrit-il en 1767, dans la préface d'*Eugénie* [...] J'ai toujours été trop sérieusement occupé pour chercher autre chose qu'un délassement honnête dans les Lettres. » De fait, il fut tour à tour, ou simultanément, horloger, maître de musique, homme d'affaires, financier, armateur, agent secret... Il prétendait que sa première occupation était les affaires, la deuxième était de plaire aux femmes, la troisième de faire de la musique, et la quatrième d'écrire des comédies.

Premiers essais

Son expérience du théâtre remonte au début des années 1760, à l'époque où il écrit des « parades » pour les fêtes du château d'Étiolles, chez le banquier Charles Le Normant, jadis époux de celle qui est devenue (depuis 1744) la marquise de Pompadour. Ces « parades » sont des pièces comiques, assez brèves, écrites pour alimenter le répertoire d'un « théâtre de société » (voir p. 268). On y retrouve souvent les personnages du théâtre italien (Cassandre, Léandre, Arlequin, Isabelle) et des situations stéréotypées (Léandre veut épouser Isabelle, et le père d'Isabelle, Cassandre, veut y mettre obstacle). Les procédés comiques relèvent volontiers de la farce : plaisanteries appuyées, grivoiseries, déformation de mots (« tartagème » au lieu de « stratagème », par exemple), zézaiement (du type : « J'ai z'été z'averti »), liaisons cocasses (« l'épée t'à la main »). Six « parades » de Beaumarchais nous sont parvenues ; elles ont pour titre : *Colin et Colette*, *Les Bottes de sept lieues*, *Les Députés de la halle*, *Léandre marchand d'agnus*, *Jean-Bête à la foire*, *Zizabelle mannequin*. Il est probable qu'il en avait écrit quelques autres. Celles-ci ont été longtemps ignorées. Ce n'est qu'en 1952 qu'elles furent publiées pour la première fois dans leur intégralité (elles avaient été, en 1876, expurgées de tout ce qui était jugé indécent) ; en 1957, elles furent enfin intégrées dans le *Théâtre complet* (« Bibliothèque de la Pléiade »), à l'exception de *Zizabelle mannequin*, éditée seulement en 1977. On considère aujourd'hui que ces pièces constituent une partie non négligeable de la production théâtrale de Beaumarchais. Elles sont, dans le registre comique, des essais qui porteront leurs fruits quelques années plus tard.

Eugénie et *Les Deux Amis*

Parallèlement à cette activité au service du théâtre du château d'Étiolles, Beaumarchais s'est engagé dans la défense et l'illustration du « genre dramatique sérieux ». Il fait représenter, cette fois sur un théâtre public, et non des moindres puisqu'il s'agit de la Comédie-Française, deux « drames ». Le premier, *Eugénie*, est joué en 1767. À en juger par le nombre des manuscrits, les corrections, les tâtonnements dont ils témoignent, il est certain que la pièce a été longuement travaillée. Beaumarchais, bien qu'il se présente comme un amateur, n'a rien d'un écrivain désinvolte. Et par précaution, il lit son texte à des amis, demande leur avis, modifie en conséquence. Il procèdera toujours ainsi.

Encouragé par le succès honorable de ce premier « drame », qu'il publie la même année, avec une préface *(Essai sur le genre dramatique sérieux)* où, dans le sillage de Diderot, il en expose la théorie, il écrit *Les Deux Amis ou le Négociant de Lyon*. La représentation a lieu en janvier 1770. Le public lui fait mauvais accueil. Beaumarchais n'était pas homme à persévérer dans l'échec : il va désormais rechercher le succès dans la comédie.

Le Barbier de Séville, première pièce d'une trilogie

Les personnages du *Barbier* sont, en 1775, au début d'une longue carrière : ils seront de nouveau présents dans *Le Mariage de Figaro* (1784), puis dans *La Mère coupable* (1792). Dans la « Lettre modérée » (voir p. 61-64), Beaumarchais évoquait la possibilité d'une suite au *Barbier*. Cette suite est le célèbre *Mariage de Figaro*. On y retrouve en effet les principaux personnages du *Barbier*, avec Marceline, qui n'y était que mentionnée et qui trouve ici un rôle véritable. L'action se situe trois ans plus tard : le comte Almaviva et Rosine sont mariés ; Figaro est le concierge du château ; il doit bientôt épouser Suzanne, la femme de chambre de la Comtesse. Mais le Comte, déjà moins épris de sa femme, désire Suzanne ; s'il est favorable au mariage de Figaro et de Suzanne, c'est avec l'idée d'user de son « droit du seigneur ». L'intrigue se développe donc sur deux plans : celui du mariage à venir et celui du mariage passé. L'union conjugale du Comte et de la Comtesse est en crise : il s'agit pour Rosine de reconquérir un époux devenu volage. Suzanne et elle associeront leurs efforts pour rétablir le bonheur enfui et assurer le bonheur attendu. Ainsi, « tout finit par des chansons ».

Figaro, Suzanne, le comte Almaviva et la Comtesse sont encore présents dans *La Mère coupable*. Vingt ans ont passé. Deux enfants ont grandi dans la famille Almaviva : Léon (fils de la Comtesse et de Chérubin) et Florestine (fille naturelle du Comte). Ces deux enfants s'aiment, mais un intrigant, Bégearss, cherche à épouser Florestine pour bénéficier de la fortune de la famille Almaviva. Figaro et Suzanne parviendront à déjouer ses manœuvres. Cette pièce marque un retour au « drame », mais Beaumarchais a toujours tenu à souligner le lien étroit de ce drame avec les deux comédies. Dans sa préface, il va jusqu'à dire que « [ses] deux comédies espagnoles ne furent faites que pour le préparer ». Il est significatif aussi que, dans ce même texte, il dise approuver l'idée des comédiens de « présenter, en trois séances consécutives, tout le roman de la famille Almaviva ».

Jusqu'au milieu du XIXe siècle, ces trois pièces de Beaumarchais furent bien perçues comme formant une trilogie. Mais *La Mère coupable* n'a plus été jouée depuis 1850, et n'intéresse plus que les spécialistes du théâtre de Beaumarchais. Il reste un diptyque, dont les deux parties ne sont pas équilibrées : la perfection du *Mariage de Figaro*, l'attrait que cette pièce exerce sur les metteurs en scène actuels confèrent à cette comédie un rayonnement incomparable. Il en résulte un peu d'ombre portée sur le *Barbier*, pièce trop souvent jugée comme un prélude à l'épanouissement du génie théâtral de Beaumarchais. En fait, le père de Figaro était déjà en 1775 maître de son art.

Bartholo, *illustration d'Émile Bayard (1837-1891)*.

Vie	Œuvres
1732 Naissance (24 janvier) de Pierre Augustin Caron.	
1754 Il invente un système d'horlogerie. Est présenté à la Cour.	
1756 Mariage avec la veuve de M. Franquet.	
1757 Mort de sa femme. Il fait la connaissance du banquier Le Normant d'Étiolles. Prend le nom de Caron de Beaumarchais.	
1759 Donne des leçons de musique aux filles de Louis XV. Début de la relation avec le financier Pâris-Duverney.	
1760 Il commence à être associé aux affaires de Pâris-Duverney.	**1760** « Parades » pour le théâtre du château d'Étiolles.
1763 Achat de la charge de lieutenant général des chasses.	
1764 Séjour en Espagne.	
1765 Retour à Paris.	
1767 Il obtient l'adjudication de l'exploitation de la forêt de Chinon.	**1767** *Eugénie.*

ÉVÉNEMENTS CULTURELS ET ARTISTIQUES	ÉVÉNEMENTS HISTORIQUES ET POLITIQUES
1732 Voltaire : *Zaïre*. Marivaux : *Le Triomphe de l'amour*, *Les Serments indiscrets*. Naissance de Fragonard.	
1754 Diderot : *De l'interprétation de la nature*. Condillac : *Traité des sensations*.	**1754** Persécutions contre les protestants. 5 000 huguenots quittent le royaume. Rappel du parlement, exilé l'année précédente.
1756 Naissance de Mozart. Voltaire : *Poème sur le désastre de Lisbonne* (tremblement de terre de 1755), *Essai sur les mœurs*.	**1756** Début de la guerre de Sept Ans (1756-1763) : France, Autriche, Russie contre Prusse et Angleterre.
1757 Tome VII de l'*Encyclopédie*. Diderot : *Le Fils naturel* et *Entretiens sur Le Fils naturel*.	**1757** Attentat de Damiens.
1759 L'*Encyclopédie* est interdite. Voltaire : *Candide*. Suppression des sièges qui étaient sur la scène. Diderot : début des *Salons*.	
1760 Voltaire s'installe à Ferney. Palissot : *Les Philosophes*. Diderot : *La Religieuse*.	
1763 Mozart à Paris. Mort de Marivaux et de l'abbé Prévost. Voltaire : *Traité sur la tolérance*.	**1763** Traité de Paris mettant fin à la guerre coloniale entre la France et l'Angleterre : la France abandonne le Canada, l'Inde et la rive gauche du Mississippi.
1764 Voltaire : *Dictionnaire philosophique*.	**1764** Mort de la marquise de Pompadour. Suppression de la Compagnie de Jésus.
1765 Tomes VIII à XVII de l'*Encyclopédie*. Sedaine : *Le Philosophe sans le savoir*.	
1767 Voltaire : *L'Ingénu*. Gluck : *Alceste*.	

Vie	Œuvres
1768 Remariage.	
1770 Nouveau veuvage.	**1770** *Les Deux Amis.*
1772 Procès contre La Blache. Beaumarchais gagne en première instance.	
1773 *Le Barbier de Séville* est reçu à la Comédie-Française. Beaumarchais emprisonné à la suite de sa dispute avec le duc de Chaulnes. Perd en appel contre La Blache à cause de Goëzman. Début de « l'affaire Goëzman ».	**1773** Publication des trois premiers *Mémoires* contre Goëzman.
1774 Connaissance de Marie-Thérèse de Willer-Mawlas (il l'épousera en 1786). Mission en Angleterre, en Hollande et en Autriche.	**1774** Publication du quatrième *Mémoire* contre Goëzman.
1775 Suite de l'affaire La Blache. Nouvelles missions en Angleterre.	**1775** *Le Barbier de Séville.*
1776 Reçoit des fonds du Trésor public pour monter une expédition en faveur des insurgents d'Amérique. Fonde à cet effet une maison de commerce (« Roderigue Hortalez et Cie »).	
1777 Naissance d'Eugénie de Beaumarchais. Nombreux voyages en France, pour affaires. Conflit avec les Comédiens-Français au sujet des droits d'auteur.	

ÉVÉNEMENTS CULTURELS ET ARTISTIQUES	ÉVÉNEMENTS HISTORIQUES ET POLITIQUES
1768 Voltaire : *L'Homme aux quarante écus*. D'Holbach : *La Contagion sacrée*. Naissance de Chateaubriand.	**1768** Cession de la Corse à la France.
1770 Mercier : *Le Déserteur*, drame. D'Holbach : *Le Système de la nature*. Rousseau achève ses *Confessions*.	**1770** Mariage du Dauphin (futur Louis XVI) avec Marie-Antoinette. Exil de Choiseul. Abolition des parlements (jusqu'en 1774).
1772 Diderot : *Jacques le Fataliste*.	
1773 Diderot : *Les Deux Amis de Bourbonne, Paradoxe sur le comédien*.	**1773** Émeutes de la faim à Bordeaux (4 000 paysans marchent sur la ville).
	1774 Émeutes de la faim en Touraine. Exil de Maupeou. Rappel des parlements. Louis XVI devient roi de France. Turgot est contrôleur des Finances. Révolte des colonies anglaises d'Amérique.
1775 Rétif de la Bretonne : *Le Paysan perverti*. Mercier : *La Brouette du vinaigrier*.	**1775** Guerre de l'Indépendance américaine.
1776 Traduction de Shakespeare par Letourneur (jusqu'en 1782). Rousseau écrit *Les Rêveries du promeneur solitaire*. Houdon : statue de Voltaire.	**1776** Les colonies anglaises d'Amérique proclament leur indépendance. Renvoi de Turgot.
1777 Marmontel : *Les Incas*. Sade est emprisonné à la Bastille. Diderot fait représenter *Le Fils naturel*. Querelle entre « gluckistes » et « piccinistes ».	**1777** Necker remplace Turgot. Départ de La Fayette pour l'Amérique.

Vie	Œuvres
1778 Reprise du procès contre La Blache. Beaumarchais a gain de cause. Poursuite des tractations avec les Comédiens-Français. Achèvement du *Mariage de Figaro*.	
1779 Rédaction de divers mémoires. Début de l'entreprise d'édition des œuvres de Voltaire.	
1780 Reconnaissance officielle des droits des auteurs dramatiques.	
1781 *Le Mariage de Figaro* est reçu à la Comédie-Française. Début de l'affaire Kornman.	
1782 Difficultés pour faire représenter *Le Mariage de Figaro*. Intense activité commerciale et financière.	
	1784 27 avril : création du *Mariage de Figaro*.
1785 Emprisonné quelques jours en mars pour lèse-majesté. Interdiction de l'édition des œuvres de Voltaire.	
1786 Mariage avec Marie-Thérèse de Willer-Mawlas.	
1787 Début de la liaison avec Amélie Houret.	**1787** *Tarare*, opéra.

ÉVÉNEMENTS CULTURELS ET ARTISTIQUES	ÉVÉNEMENTS HISTORIQUES ET POLITIQUES
1778 Publication du *Théâtre complet* de Mercier. Mort de Voltaire et de Rousseau.	**1778** Traité d'alliance entre la France et les colons anglais d'Amérique.
1779 Rétif de la Bretonne : *La Vie de mon père*. Diderot : *Essai sur les règnes de Claude et de Néron*. Mme de Genlis : *Théâtre d'éducation*.	
1780 Rétif de la Bretonne : début de la publication des *Contemporaines* (42 volumes).	**1780** Nouvelle crise agricole. Début du règne de Joseph II en Autriche (1780-1790), exemple de despotisme éclairé.
1781 Mercier : *Tableau de Paris*. Diderot : *Est-il bon ? Est-il méchant ?* Rétif de la Bretonne : *La Découverte australe*.	**1781** Renvoi de Necker. Washington oblige l'armée anglaise à capituler à Yorktown.
1782 Laclos : *Les Liaisons dangereuses*. Rousseau : publication des six premiers livres des *Confessions*. Paisiello : *Le Barbier de Séville*.	**1782** Affiches hostiles au roi et à la reine sur les murs de Paris.
1784 Rivarol : *Discours sur l'universalité de la langue française*. Bernardin de Saint-Pierre : *Études de la nature*. Mort de Diderot.	**1784** Début de l'affaire du Collier. Expédition de La Pérouse.
1785 *Le Barbier de Séville* est joué à la Cour (Marie-Antoinette joue Rosine). Rétif achève les huit premières époques de *Monsieur Nicolas*.	
1786 Mozart : *Les Noces de Figaro*.	**1786** Révolte des soyeux à Lyon. Effondrement du prix des grains et des vins. Traité de commerce franco-anglais.
1787 Marmontel : *Éléments de littérature*. Bernardin de Saint-Pierre : *Paul et Virginie*.	**1787** Calonne est remplacé par Loménie de Brienne. Le parlement de Paris en conflit avec le pouvoir royal.

VIE	ŒUVRES
1789 Chargé de surveiller la démolition de la Bastille.	**1789** Publication du troisième *Mémoire* contre Kornman.
1790 Achèvement de l'édition des œuvres de Voltaire (échec financier). Rédaction de *La Mère coupable*.	
1791 Installation dans la demeure somptueuse du boulevard Saint-Antoine.	
1792 Début de l'affaire des fusils de Hollande. Dénoncé comme accapareur d'armes. Emprisonné (août). Voyages en Hollande et en Angleterre. Décrété d'accusation.	**1792** *La Mère coupable.*
1794 Placé sur la liste des émigrés. Il vit en Hollande et en Allemagne.	
1795 Ne peut toujours pas rentrer en France. **1796** Retour à Paris.	
1799 Meurt le 17 mai.	

ÉVÉNEMENTS CULTURELS ET ARTISTIQUES	ÉVÉNEMENTS HISTORIQUES ET POLITIQUES
1788 Rousseau : publication des six derniers livres des *Confessions*. Kant : *Critique de la raison pratique*. **1789** De nombreux journaux apparaissent.	**1788** Convocation des états généraux. Retour de Necker. **1789** Réunion des états généraux. Prise de la Bastille. Déclaration des droits de l'homme. Sieyès : *Qu'est-ce que le tiers état ?*
1790 Marmontel : *Nouveaux Contes moraux*. Kant : *Critique du jugement*. Goethe : 1re version de *Faust*. Mozart : *Così fan tutte*. **1791** Sade : *Justine*. Voyage de Chateaubriand en Amérique. Mozart : *La Flûte enchantée*. Mort de Mozart. **1792** Florian : *Fables*. Rouget de Lisle compose *La Marseillaise*.	**1790** Constitution civile du clergé. **1791** Mort de Mirabeau. Loi Le Chapelier (abolit les corporations). Fuite du roi et arrestation à Varennes. Assemblée législative. **1792** Guerre contre l'Autriche. Chute de la royauté. Massacres dans les prisons. Valmy. La Convention succède à l'Assemblée législative. Proclamation de la République. **1793** Exécution de Louis XVI (janvier). Exécution de Marie-Antoinette (octobre). Tribunal révolutionnaire. Comité de salut public. Assassinat de Marat.
1794 Exécution d'André Chénier. Transfert des restes de Rousseau au Panthéon. Condorcet : *Esquisse d'un tableau historique des progrès de l'esprit humain*. **1795** Sade : *Aline et Valcour*. *La Philosophie dans le boudoir*. **1796** Diderot : *Jacques le Fataliste* (publication posthume). Goethe : *Wilhelm Meister*. Rétif imprime son *Monsieur Nicolas* (publié en 1797). **1799** Naissance de Balzac. Senancour : *Rêveries*.	**1794** Exécution de Robespierre. **1795** Bonaparte devient général. Installation du Directoire. **1796** Première campagne d'Italie. **1799** Bonaparte devient Consul (coup d'État du 18 Brumaire).

GENÈSE
DE L'ŒUVRE

À l'origine du *Barbier de Séville* se trouve le désir de revenir à un genre théâtral traditionnel, après l'échec des *Deux Amis* (1770) succédant au modeste succès d'*Eugénie* (1767). Beaumarchais se détourne alors du « drame », genre moderne dont Diderot avait établi les principes esthétiques une dizaine d'années plus tôt (voir *infra* p. 22-23), pour écrire une franche comédie.

Sources d'inspiration

Le sous-titre, « La Précaution inutile », rattache d'emblée *Le Barbier de Séville* à un thème comique traditionnel : le barbon ridicule dupé par la jeunesse et l'amour. Plusieurs pièces portaient ce titre : *L'École des cocus ou la Précaution inutile* (1661) de Dorimont, *La Précaution inutile* (1692) de Nolant de Fatouville, *Les Précautions inutiles* (1760) d'Achard et Anseaume, ou encore, avec une variante, *On ne s'avise jamais de tout* (1761), opéra-comique de Sedaine et Monsigny. Beaumarchais cite du reste cette œuvre dans sa « Lettre modérée » (voir p. 73), pour suggérer l'originalité de sa comédie sous la surface d'un titre déjà bien employé.

Ce thème de la précaution inutile avait été exploité par Molière (1622-1673), notamment dans *L'École des femmes* (1662), où une jeune fille (Agnès), avec l'aide de son amoureux (Horace), déjoue le projet de son tuteur (Arnolphe), qui veut l'épouser en dépit de la différence d'âge. Il est présent aussi dans *L'Avare*, auquel Beaumarchais fait référence dans sa « Lettre modérée » (p. 61), notant que « le genre d'une pièce, comme celui de toute action, dépend moins du fond des choses que des caractères qui les mettent en œuvre ».

Beaumarchais voit en Molière le maître inégalé de la comédie, alors que le XVIIIe siècle a quelque peu dédaigné la vigueur comique de ce théâtre : dans le sillage de Boileau, goûtant *Le Misanthrope*, mais non *Les Fourberies de Scapin*, ce siècle privilégiait une comédie dite « sérieuse », qui ne se souciait plus guère de faire rire. Dans une lettre de 1781 au baron de Breteuil, Beaumarchais écrit : « J'ai tenté, dans *Le Barbier de Séville*, de ramener au théâtre l'ancienne et franche gaieté en l'alliant avec le ton léger, fin et délicat de notre plaisanterie actuelle. » Sa comédie est un retour aux sources.

Une première ébauche du *Barbier* : *Le Sacristain* « intermède espagnol »

En 1974 fut publié un manuscrit découvert peu de temps auparavant dans les papiers de la famille Beaumarchais, et intitulé *Le Sacristain*. Il s'agit des cinq premières scènes et de quelques fragments d'une comédie sans doute composée dans sa totalité. On estime qu'elle a été écrite vers 1765, après le voyage en Espagne (1764-1765), sur le modèle des *entremes* du théâtre espagnol, pièces comiques où les sacristains galants et les barbiers entremetteurs jouent les premiers rôles.

Malgré des différences, la parenté du *Sacristain* et du *Barbier* est évidente : un vieillard, le docteur Bartholo, tient sous surveillance la jeune Pauline (nom corrigé en Rosine dans des fragments plus tardifs), amoureuse de Lindor ; le jeune homme est obligé de se déguiser en soldat, puis en moine sacristain, élève de l'organiste Bazile, pour accéder à sa belle. Les différences tiennent à ce que Bartholo est ici l'époux de Pauline, et que Figaro est absent. Apparaissait-il plus tard dans la pièce ? Il ne semble pas.

L'inspiration espagnole dans la genèse du *Barbier de Séville* ne se limite donc pas à une superficielle couleur locale : elle procède de la connaissance d'un certain théâtre espagnol, dans lequel Beaumarchais pouvait certes retrouver le ton bouffon et polisson des « parades » qu'il écrivait alors pour le « théâtre de société », dans les années 1760.

Le Sacristain ne fut jamais représenté. Beaumarchais, dans les années 1765-1770, ambitionne de réussir au théâtre avec des « drames ». Il ne cultive le genre comique que pour le répertoire de scènes privées, auxquelles l'intermède espagnol, bien qu'il ne fût pas une « parade », était sans doute destiné. Il fallut l'échec des *Deux Amis* pour décider Beaumarchais à délaisser le « drame » et à chercher le succès public dans un autre domaine.

Le Barbier de Séville, opéra-comique

Beaumarchais ne se tourna pas tout de suite vers la comédie. Son goût pour la musique et sa compétence en la matière lui font composer d'abord un opéra-comique, c'est-à-dire une pièce où alternent des airs chantés et des dialogues parlés. Nous ne connaissons pas cette œuvre, dont le manuscrit s'est perdu dès le début du XIXe siècle. Comme elle n'a pas été représentée, à cause du refus des Comédiens-Italiens en 1772 (rappelons que le Théâtre-Italien et l'Opéra-Comique avaient fusionné en 1762), nous n'avons pas de témoignage nous permettant de nous en faire une idée, sinon celui de Gudin de la Brenellerie ; il évoque, dans sa biographie de Beaumarchais, un ouvrage « fort gai, orné de couplets sur des airs espagnols qu'il [Beaumarchais]avait rapportés de Madrid et sur des airs italiens qu'il voulait naturaliser en France ». On dispose aussi d'une feuille d'« observations » critiquant certains passages du dialogue et singulièrement de la partie musicale ; il s'agit sans doute de l'avis d'un acteur du Théâtre-Italien. Gudin prétend que la pièce fut refusée parce que l'acteur devant jouer le rôle de Figaro était un ancien barbier, peu désireux de rappeler ainsi son passé. Cette explication est trop anecdotique pour être pleinement satisfaisante.

Cet opéra-comique marquait en tout cas l'entrée en scène de Figaro. Sur le chemin conduisant du *Sacristain* au *Barbier*, Beaumarchais avait franchi une étape décisive.

Le Barbier de Séville, comédie

La réécriture de l'opéra-comique

Selon Beaumarchais, sa comédie aurait été écrite dès 1772. Cette date est d'autant plus crédible que l'on connaît sa rapidité de réaction face à l'adversité (voir *infra* sa promptitude à remanier sa pièce après l'échec de la première représentation). Cependant la comédie n'est pas le résultat d'un simple élagage des parties musicales de l'opéra-comique. Beaumarchais a réécrit sa pièce. Composée de quatre actes, elle est acceptée par les Comédiens-Français au mois de janvier 1773.

De l'acceptation (1773) à la première représentation (1775) : une histoire mouvementée.

La vie interfère ici avec la carrière théâtrale. En février 1773, une dispute avec le duc de Chaulnes aboutit à l'emprisonnement de Beaumarchais (jusqu'au début du mois de mai) ; à partir du mois d'avril s'ajoutent les péripéties du procès La Blache, qui devient très vite « l'affaire Goëzman », dans laquelle Beaumarchais est accusé de corruption de juge. Il n'est plus question, en cette année 1773, de faire jouer *Le Barbier de Séville*.

Cependant, le 5 février 1774, malgré le procès en cours, la pièce est une deuxième fois approuvée par un censeur et obtient l'autorisation de représentation pour le 12. Mais la publication, le 10, du quatrième *Mémoire* contre Goëzman fait condamner son auteur à un « blâme » (équivalant à une déchéance civique) et entraîne une nouvelle interdiction de la pièce. Entre mars et octobre, de nombreux voyages à l'étranger comme agent secret de Louis XV, puis de Louis XVI, éloignent Beaumarchais de Paris. En décembre, la pièce est soumise à un troisième censeur, qui donne un avis favorable. C'est après cette nouvelle approbation que Beaumarchais augmente le texte de sa pièce, le distribue en cinq actes. Les événements de 1773 et 1774 ont stimulé sa verve. Il éprouve le besoin d'étoffer sa comédie, notamment par des allusions à ses démêlés avec la justice. Le jeudi 23 février 1775, *Le Barbier de Séville* vient enfin en représentation.

De la première représentation à la deuxième

Cette première représentation, si longtemps différée, est un échec total. Le jugement d'un journaliste en donne une idée :

« Les actes, extrêmement longs, sont chargés de scènes oisives que l'auteur a imaginées pour produire de la gaieté, et qui n'y jettent que de l'ennui. Le comique de situation est ainsi totalement manqué, et celui du dialogue n'est qu'un remplissage de trivialités, de turlupinades, de calembours, de jeux de mots bas et même obscènes : en un mot, c'est une parade fatigante, une farce insipide indigne du théâtre français. »

Beaumarchais ne s'entête pas. En bon praticien du théâtre, il accorde une valeur absolue à la réception du public : l'épreuve de la représentation est décisive ; le texte n'est rien s'il ne passe pas la rampe. Sacrifiant immédiatement toutes les additions qu'il avait pris tant de plaisir à écrire (n'en doutons pas), Beaumarchais revient à la version en quatre actes. Elle est représentée trois jours après, le dimanche 26, et cette fois, c'est un triomphe. Cette réussite est couronnée le 14 mars par une représentation à la Cour. Il y aura, en cette année 1775, vingt-sept représentations publiques, ce qui est, pour l'époque, le signe d'un succès éclatant.

La mise en scène de 1775

Il est difficile de la reconstituer, faute de documents scéniques, mais il est permis d'en imaginer certains aspects, à partir de quelques informations.

Il faut d'abord rappeler que le personnage du metteur en scène, tel que nous le connaissons aujourd'hui, n'existe pas au XVIIIe siècle. Ce sont les acteurs eux-mêmes qui organisent le jeu. À la Comédie-Française, la tendance de chaque acteur est de se mettre le plus possible en valeur, par sa diction, ses gestes, ses mimiques, mais aussi par sa place dans l'espace scénique : il cherche à être au plus près de la rampe, face au public, afin d'être bien vu. Le jeu collectif, la recherche d'une mise en scène au service de la théâtralité ne peuvent ainsi qu'être négligés.

Beaumarchais, sensible au prestige de la Comédie-Française, n'en avait pas moins des relations difficiles avec les comédiens. Son conflit avec eux au sujet des droits d'auteur (conflit qui commence dès la fin de 1775 et se poursuivra jusqu'en

1791, date à laquelle un décret de la Constituante sur la propriété littéraire mettra un terme à cette affaire) est l'aspect financier d'une méfiance également théâtrale. Il ne veut pas que sa pièce soit laissée à la discrétion des acteurs. Aussi inscrit-il dans son texte de nombreuses indications propres à orienter le jeu, et précise-t-il le détail des costumes (voir p. 82-83 la présentation des personnages par Beaumarchais). S'ébauche ainsi, dans *Le Barbier de Séville*, une écriture scénique qui s'épanouira dans *Le Mariage de Figaro*.

En outre, nous connaissons les interprètes de 1775, et nous possédons quelques témoignages sur leur jeu.

Le rôle du comte Almaviva était confié à Bellecour, alors âgé de cinquante ans (nettement plus âgé que Désessarts, qui jouait Bartholo). « Ce bellâtre de Bellecour » (selon l'expression de Voltaire, vingt ans plus tôt) avait de la prestance, une excellente diction. Selon la *Correspondance littéraire* de Grimm, il joua « avec beaucoup d'intelligence et de noblesse ». C'est dire qu'il n'a sans doute pas mis dans son rôle la désinvolture et la gaieté que suggère le texte de la pièce à plusieurs reprises.

Rosine était jouée par Louise Doligny. Elle avait vingt-neuf ans et était rompue à l'emploi de jeune amoureuse. Elle paraît avoir mis dans son interprétation beaucoup d'entrain et de vivacité, sans chercher à faire valoir ce qu'il pouvait y avoir de pathétique dans la situation d'une jeune fille séquestrée par son tuteur.

Préville était Figaro. Cet acteur était alors âgé de cinquante-quatre ans. Aucun metteur en scène actuel n'aurait l'idée de confier ce rôle à un acteur de cet âge. Mais il est vrai que le texte n'impose pas un jeune acteur, bien au contraire (voir acte I, scène 2 : « Te voilà si gros et si gras », lui dit le Comte ; acte II, scène 1 : « un bon homme qui m'a montré quelquefois de la pitié », dit Rosine ; acte II, scène 11 et acte III, scène 5 : allusion à une « petite Figaro » ; acte III, scène 5, il se dit « un peu déformé » par l'âge). Préville fut du reste jugé excellent.

Le rôle de Bartholo fut confié à Désessarts, alors âgé de trente-huit ans. Il était donc, quoique dans un emploi de barbon, plus jeune que le Comte et plus jeune aussi que Figaro.

Mais il était très corpulent, voire obèse. Aussi peut-on imaginer que son physique suffisait à assurer le ridicule de ses prétentions conjugales. Encore fallait-il que cet aspect cocasse ne masquât pas trop le sérieux de son intelligence soupçonneuse. Bazile, lui, avait parfaitement le physique de l'emploi. L'acteur Augé est en effet décrit comme une personne grande, maigre, au visage très expressif, où se lisait, écrit un contemporain, « et l'amour de l'intrigue et la soif du butin ». Il était spécialisé dans les rôles de bouffon.

Quelques extraits significatifs du *Sacristain*, « intermède imité de l'espagnol »

La scène 1 s'ouvre sur une chanson de Pauline, dans laquelle elle évoque son rêve : son amant Lindor lui témoignait tout son amour. Elle monologue ensuite :

« Ah ! Lindor, mon cher Lindor, si je ne puis te voir, au moins suis-je occupée de toi sans cesse. Éveillée, endormie, je ne songe qu'à mon Lindor. Faut-il que l'avarice de mes parents leur ait fait sacrifier mon bonheur à l'appât de quelques richesses, en me livrant à ce vieux Bartholo qui m'enferme toute la journée, et ne m'a encore montré du mariage que les horreurs d'un odieux asservissement ! Pardonne, cher Lindor, je fus forcée d'obéir : je t'en ai dédommagé depuis. Et si les occasions de nous voir ont été rares, c'est que je vis sous les yeux d'un jaloux qui rôde et veille sans cesse autour de moi […] Il faut pourtant convenir qu'il n'est pas trop malaisé de l'attraper. *(Elle rit)* Ah ! ah ! ah ! Je ne puis m'empêcher de rire en me rappelant le dernier stratagème que mon amant imagina pour me voir. L'idée de loger dans sa chambre un grenadier qui passait et de venir en sa place présenter à mon jaloux le billet de logement du soldat est une des plus plaisantes choses… Ah ! ah ! ah ! Sous cet habit grivois, avec ces moustaches d'emprunt, ce sabre, ce bonnet en mauvais garçon, je ne reconnaissais pas d'abord mon bachelier. L'air ivre mort qu'il se donna mit la défiance de Bartholo en défaut. Ah ! ah ! ah ! Je l'entendais qui disait en le conduisant à son lit : "Pour celui-ci, je ne le crains pas, il n'a besoin que de dormir." Et moi, jamais je ne l'ai trouvé tant éveillé ! Ah ! ah ! ah ! Ha ! qu'est-ce que j'entends ? Le bruit des clefs ! C'est mon geôlier qui revient. Son seul aspect glacerait la joie la plus immodérée. »

Scène 2 : Pauline, Bartholo

« **Bartholo.** — Bonsoir, ma chère Pauline, ma petite femme, mon cœur. Je rentre un peu tard, bien las, bien fatigué. Ne va pas me reprocher une course indispensable : tu sais que je te quitte le moins qu'il m'est possible.

Pauline, *en bâillant.* — Ah ! Mon Dieu oui, je le sais.

Bartholo. — Tu me fais bâiller, mon enfant. Sentirais-tu déjà les approches du sommeil ?

Pauline. — Je dormais quand vous êtes arrivé.

Bartholo. — Nous nous retirerons ce soir de bonne heure. Il y a plusieurs nuits que je n'ai fermé l'œil : j'ai entendu des bruits sourds, comme des gémissements, et puis un ferraillement, un tapage de chaînes, des voix terribles qui me glaçaient d'effroi.

Pauline. — Je n'ai rien entendu.

Bartholo. — Malgré mes frayeurs, j'ai respecté ton sommeil. Mais pourtant si c'étaient des esprits, des revenants ? Cette maison appartenait avant moi à un corregidor ou chef de justice, et tu sais que ceux qui abusent de leur vivant de ce ministère ont plus besoin que d'autres de prières après leur mort.

Pauline, *à part.* — C'est peut-être quelque tour de Lindor.
[...]

Bartholo. — [...] Dom Bazile est-il venu te donner ta leçon de musique ?

Pauline. — Quand il se serait présenté, ne m'avez-vous pas enfermée en sortant ?

Bartholo. — Tu as raison, mon minet. Je suis pourtant fâché de t'avoir fait perdre une leçon.

Pauline. — Vous pouvez vous dispenser de la regretter, monsieur. Quand vous auriez été ici, je ne l'aurais pas prise.

Bartholo. — Et pourquoi, ma bergère ?

Pauline. — Qu'ai-je besoin de talents ? Pour quoi les acquérir ? Devant qui les exercer ? Je suis condamnée à ne voir personne, et je n'ai jamais si bien senti que ce que vous donnez à Dom Bazile est de l'argent perdu. *(On entend heurter à la porte.)* On frappe. Si c'est Dom Bazile, je vous prie de le renvoyer tout à fait : je ne veux plus entendre parler de rien. Un de ces matins je briserai ma harpe et je jetterai toute ma musique au feu. »

Scène 3 : Bartholo *seul*

« Quelle humeur ! Quelle humeur ! Faites tout au monde pour plaire aux femmes ! Si vous omettez un seul point, je dis un seul, soyez bien sûr qu'elles ne vous savent aucun gré de tout le reste. *(On heurte une seconde fois.)* Voyons qui c'est ! *(Il va ouvrir.)* »

Scène 4 : Bartholo, Lindor *en moine*

« Lindor. — Que la paix et la joie habitent toujours céans !

Bartholo. — Jamais souhait ne vint plus à propos. Y a-t-il quelque chose pour votre service ici, mon révérend Père ?

Lindor. — Monsieur, je m'appelle Dom Roch. J'ai l'honneur d'être sacristain du couvent de monseigneur Saint Antoine. Le révérend Père, l'organiste Dom Bazile qui montre la musique à dona Pauline votre respectable épouse, étant incommodé depuis hier, m'a prié de continuer toutes ses écolières et de donner surtout mes soins particuliers à la signora Bartholo dont les progrès rapides...

Bartholo. — Je crains bien que vous n'ayez pris une peine inutile. Ma femme est d'une humeur, ce soir... Quand vous avez frappé, elle me chargeait de renvoyer pour toujours Dom Bazile et menaçait de jeter au feu tous ses instruments. J'ai bien à souffrir, mon révérend Père, j'ai bien à souffrir.

Lindor. — Ces petites divisions intestines ne sont malheureusement que trop communes chez les plus honnêtes gens. Mais, monsieur, quand les maris ne peuvent réussir à ramener le cœur ou l'esprit de leurs femmes, ils ont recours à nous. Tous nos Pères se font un plaisir de venir à leur secours et de les suppléer. Je suis persuadé que madame est pleine de sens et de raison. Vous devriez essayer de l'amener ici. Mais la musique a cela de bon qu'elle rend le calme à une âme agitée, la dispose à recevoir des impressions plus douces, et la met dans une situation dont l'époux peut ensuite profiter pour ramener chez lui la paix et les plaisirs ineffables qui font le bonheur du mariage.

Bartholo. — Vous me consolez un peu, Père sacristain. Je vais essayer de lui faire entendre raison. Si cela est possible toutefois : disposez ce qu'il faut pour la leçon. »

Scène 5 : Lindor *seul*

« Enfin je vais la revoir. Ce nouveau déguisement m'ouvre une entrée libre ici le jour, et peut-être tirerai-je un aussi grand parti de mes vacarmes nocturnes ! Heureux Lindor ! C'est pourtant un bon diable que ce Bazile qui pour quelques pistoles d'or me prête son froc et m'envoie donner la leçon à sa place. Je vais voir ma Pauline ! Contiens-toi, mon cœur. Mais songeons à préparer la leçon. *(Il chante avec la harpe.)* Je ne sais ce que j'ai ce soir. Je sens en moi non plus d'amour, cela est impossible, mais une ardeur, un feu… Cet habit est-il donc fait de la robe du centaure ? Je me sens embrasé comme Hercule. Tâchons cependant de nous modérer. *(Il chante avec la harpe.)* On dispute là-dedans. Si elle allait refuser de venir ! O ciel ! Écoutons. […] »

Bartholo (Gaston Vacchia), Rosine (Sabine Paturel) dans la mise en scène de Gaston Vacchia, Grand Trianon de Versailles, 1991.

Beaumarchais par Jean-Marc Nattier (1685-1766).
Collection privée.

Le Barbier de Séville
ou
la Précaution inutile

BEAUMARCHAIS

comédie en quatre actes

*Représentée et tombée
sur le théâtre de la Comédie-Française
aux Tuileries le 23 février 1775*

Fortifications mauresques de Séville.
Dessin d'Émile Rouargue (1859).

Lettre modérée[1]
sur la chute
et la critique
du Barbier de Séville

L'auteur, vêtu modestement et courbé,
présentant sa pièce au lecteur

Monsieur,

J'ai l'honneur de vous offrir un nouvel opuscule[2] de ma
façon. Je souhaite vous rencontrer dans un de ces moments
heureux où, dégagé de soins[3], content de votre santé, de vos
affaires, de votre maîtresse, de votre dîner, de votre estomac,
5 vous puissiez vous plaire un moment à la lecture de mon
Barbier de Séville ; car il faut tout cela pour être homme
amusable et lecteur indulgent.

Mais si quelque accident a dérangé votre santé, si votre
état[4] est compromis, si votre belle a forfait à[5] ses serments,
10 si votre dîner fut mauvais ou votre digestion laborieuse,

---

1. **Modérée** : écrite avec retenue, sans emportement.
2. **Opuscule** : petit ouvrage. Beaumarchais en avait déjà produit un : l'*Essai sur le genre dramatique sérieux*, en préface au drame *Eugénie* (1767).
3. **Soins** : soucis.
4. **État** : position sociale.
5. **A forfait à** : a trahi. « Forfaire » signifie littéralement « faire quelque chose contre son devoir, son honneur ».

ah ! laissez mon *Barbier* ; ce n'est pas là l'instant ; examinez l'état de vos dépenses, étudiez le *factum*[1] de votre adversaire, relisez ce traître billet surpris à Rose, ou parcourez les chefs-d'œuvre de Tissot[2] sur la tempérance[3], et faites des réflexions
15 politiques, économiques, diététiques[4], philosophiques ou morales.

Ou si votre état est tel qu'il vous faille absolument l'oublier, enfoncez-vous dans une bergère[5], ouvrez le journal établi dans Bouillon[6] avec encyclopédie, approbation et
20 privilège[7], et dormez vite une heure ou deux.

Quel charme aurait une production légère au milieu des plus noires vapeurs[8] ? Et que vous importe, en effet, si Figaro le barbier s'est bien moqué de Bartholo le médecin, en aidant un rival à lui souffler sa maîtresse ? On rit peu de la gaieté
25 d'autrui, quand on a de l'humeur pour son propre compte.

Que vous fait encore si ce barbier espagnol, en arrivant dans Paris, essuya quelques traverses[9], et si la prohibition de

---

1. **Factum** : dans un procès, mémoire établi par les parties, pour l'accusation ou pour la défense.
2. **Tissot** : médecin célèbre au XVIIIᵉ siècle (1728-1797), auteur d'ouvrages très répandus comme *De la santé des gens de lettres* (1769) et *Essai sur les maladies des gens du monde* (1770).
3. **Tempérance** : modération dans la satisfaction des désirs, notamment dans le domaine du boire et du manger.
4. **Diététiques** : relatives à la diète (au sens de « régime réglant la consommation alimentaire »).
5. **Bergère** : fauteuil profond, muni d'un épais coussin.
6. **Bouillon** : allusion au *Journal encyclopédique par une société de gens de lettres*, publié à Bouillon (ville des Ardennes belges) à partir de 1760. Ce journal s'était rangé du côté des ennemis de Beaumarchais dans l'affaire Goëzman et venait d'attaquer *Le Barbier de Séville*.
7. **Approbation et privilège** : sous l'Ancien Régime, toute production imprimée était soumise à l'approbation de la censure royale et l'imprimeur pouvait obtenir un privilège (une autorisation) d'exclusivité.
8. **Noires vapeurs** : humeurs sombres.
9. **Traverses** : difficultés, obstacles. Allusion aux difficultés rencontrées par Beaumarchais pour faire représenter sa pièce.

ses exercices a donné trop d'importance aux rêveries de mon bonnet ? On ne s'intéresse guère aux affaires des autres que 30 lorsqu'on est sans inquiétude sur les siennes.

Mais enfin tout va-t-il bien pour vous ? Avez-vous à souhait double estomac, bon cuisinier, maîtresse honnête et repos imperturbable ? Ah ! parlons, parlons ; donnez audience à mon *Barbier*.

35 Je sens trop, Monsieur, que ce n'est plus le temps où, tenant mon manuscrit en réserve, et semblable à la coquette qui refuse souvent ce qu'elle brûle toujours d'accorder, j'en faisais quelque avare lecture à des gens préférés, qui croyaient devoir payer ma complaisance par un éloge pompeux de mon 40 ouvrage.

Ô jours heureux ! Le lieu, le temps, l'auditoire à ma dévotion, et la magie d'une lecture adroite assurant mon succès, je glissais sur le morceau faible en appuyant[1] les bons endroits ; puis, recueillant les suffrages du coin de l'œil avec 45 une orgueilleuse modestie, je jouissais d'un triomphe d'autant plus doux que le jeu d'un fripon[2] d'acteur ne m'en dérobait pas les trois quarts pour son compte.

Que reste-t-il hélas ! de toute cette gibecière[3] ? À l'instant qu'il faudrait des miracles pour vous subjuguer, quand la 50 verge de Moïse y suffirait à peine, je n'ai plus même la ressource du bâton de Jacob[4] ; plus d'escamotage, de tricherie, de coquetterie, d'inflexions de voix, d'illusion théâtrale, rien. C'est ma vertu toute nue que vous allez juger.

---

1. **Appuyant** : soulignant de la voix.
2. **Fripon** : voleur adroit.
3. **Gibecière** : ici, grande poche utilisée par les charlatans pour leurs tours de passe-passe.
4. **Bâton de Jacob** : dans la Bible, Jacob franchit le Jourdain grâce à son bâton ; mais l'expression désignait couramment la baguette des prestidigitateurs. La « verge de Moïse », capable de faire jaillir l'eau du rocher, représente ici un instrument de bien plus grande puissance.

Ne trouvez donc pas étrange, Monsieur, si, mesurant mon
55 style à ma situation, je ne fais pas comme ces écrivains qui
se donnent le ton de vous appeler négligemment *lecteur, ami
lecteur, cher lecteur, bénin*[1] ou *benoît*[2] *lecteur*, ou de telle
autre dénomination cavalière, je dirais même indécente, par
laquelle ces imprudents essayent de se mettre au pair avec[3]
60 leur juge, et qui ne fait bien souvent que leur en attirer
l'animadversion[4]. J'ai toujours vu que les airs ne séduisaient
personne, et que le ton modeste d'un auteur pouvait seul
inspirer un peu d'indulgence à son fier lecteur.

Eh ! quel écrivain en eut jamais plus besoin que moi ? Je
65 voudrais le cacher en vain : j'eus la faiblesse autrefois,
Monsieur, de vous présenter, en différents temps, deux tristes
drames[5], productions monstrueuses, comme on sait ! Car
entre la tragédie et la comédie, on n'ignore plus qu'il n'existe
rien ; c'est un point décidé[6], le maître l'a dit, l'école en
70 retentit[7], et pour moi, j'en suis tellement convaincu, que si
je voulais aujourd'hui mettre au théâtre une mère éplorée,
une épouse trahie, une sœur éperdue, un fils déshérité, pour
les présenter décemment au public, je commencerais par leur
supposer un beau royaume où ils auraient régné de leur
75 mieux, vers l'un des archipels[8] ou dans tel autre coin du

---

1. **Bénin** : doux, porté à l'indulgence (dans la langue du XVIIIe siècle).
2. **Benoît** : béni (dans la langue du XVIe siècle). Cet archaïsme est ici employé pour faire un écho plaisant à « bénin ».
3. **Se mettre au pair avec** : se mettre sur un pied d'égalité avec.
4. **Animadversion** : désapprobation.
5. **Deux tristes drames** : *Eugénie* (1767) et *Les Deux Amis* (1770). Ces deux pièces sont qualifiées de tristes non seulement parce que les drames ne portent pas à rire, mais parce que Beaumarchais feint ici de les considérer comme médiocres et fait une allusion à leur insuccès.
6. **C'est un point décidé** : l'échec du *Fils naturel* de Diderot, en 1771, semblait avoir définitivement condamné le genre du drame.
7. **L'école en retentit** : tout le monde répète et clame les paroles du maître.
8. **L'un des archipels** : allusion à l'archipel grec, berceau de la tragédie.

monde ; certain après cela que l'invraisemblance du roman[1], l'énormité des faits, l'enflure des caractères, le gigantesque des idées et la bouffissure du langage, loin de m'être imputés à reproche, assureraient encore mon succès.

80 Présenter des hommes d'une condition moyenne, accablés et dans le malheur, fi donc ! On ne doit jamais les montrer que bafoués. Les citoyens ridicules et les rois malheureux, voilà tout le théâtre existant et possible, et je me le tiens pour dit ; c'est fait, je ne veux plus quereller avec personne.

85 J'ai donc eu la faiblesse autrefois, Monsieur, de faire des drames qui n'étaient pas *du bon genre,* et je m'en repens beaucoup.

Pressé depuis par les événements, j'ai hasardé de malheureux mémoires[2], que mes ennemis n'ont pas trouvés 90 *du bon style,* et j'en ai le remords cruel.

Aujourd'hui, je fais glisser sous vos yeux une comédie fort gaie, que certains maîtres de goût n'estiment pas *du bon ton,* et je ne m'en console point.

Peut-être un jour oserai-je affliger votre oreille d'un opéra[3], 95 dont les jeunes gens d'autrefois diront que la musique n'est pas *du bon français,* et j'en suis tout honteux d'avance.

Ainsi, de fautes en pardons, et d'erreurs en excuses, je passerai ma vie à mériter votre indulgence, par la bonne foi naïve avec laquelle je reconnaîtrai les unes en vous présentant 100 les autres.

Quant au *Barbier de Séville,* ce n'est pas pour corrompre votre jugement que je prends ici le ton respectueux ; mais on m'a fort assuré que lorsqu'un auteur était sorti, quoique échiné[4], vainqueur au théâtre, il ne lui manquait plus que

---

1. **Roman** : ici, intrigue.
2. **Mémoires** : les *Mémoires contre Goëzman,* 1773 (voir p. 10-11 et 263).
3. **Opéra** : Beaumarchais écrira le livret d'un opéra *(Tarare)* en 1787. Peut-être songe-t-il déjà à ce projet.
4. **Échiné** : accablé de coups (littéralement : « l'échine rompue »).

105 d'être agréé par vous, Monsieur, et lacéré dans quelques journaux, pour avoir obtenu tous les lauriers littéraires. Ma gloire est donc certaine, si vous daignez m'accorder le laurier de votre agrément, persuadé que plusieurs de messieurs les journalistes ne me refuseront pas celui de leur dénigrement.

110 Déjà l'un d'eux, établi dans Bouillon avec approbation et privilège, m'a fait l'honneur encyclopédique[1] d'assurer à ses abonnés que ma pièce était sans plan, sans unité, sans caractères, vide d'intrigue et dénuée de comique.

Un autre[2], plus naïf encore, à la vérité sans approbation,
115 sans privilège, et même sans encyclopédie, après un candide exposé de mon drame[3], ajoute au laurier de sa critique cet éloge flatteur de ma personne : « La réputation du sieur de Beaumarchais est bien tombée ; et les honnêtes gens sont enfin convaincus que, lorsqu'on lui aura arraché les plumes du
120 paon, il ne restera plus qu'un vilain corbeau noir, avec son effronterie et sa voracité. »

Puisqu'en effet j'ai eu l'effronterie de faire la comédie du *Barbier de Séville*, pour remplir l'horoscope entier[4], je pousserai la voracité jusqu'à vous prier humblement,
125 Monsieur, de me juger vous-même, et sans égard aux critiques passés, présents et futurs ; car vous savez que, par état, les gens de feuilles[5] sont souvent ennemis des gens de lettres ; j'aurai même la voracité de vous prévenir qu'étant

---

1. **Honneur encyclopédique** : allusion au titre du journal de Bouillon (voir ci-dessus la note 6, p. 50).
2. **Un autre** : il s'agit du rédacteur de *la Correspondance littéraire secrète*. Beaumarchais cite approximativement, ensuite, un passage du numéro du 25 février 1775.
3. **Drame** : le mot a ici son sens originel et désigne toute pièce de théâtre (même acception p. 73, ligne 635).
4. **Remplir l'horoscope entier** : réaliser toutes les prédictions (du critique).
5. **Gens de feuilles** : journalistes (expression forgée par Beaumarchais à partir de « gens de lettres »).

saisi de mon affaire, il faut[1] que vous soyez mon juge
130 absolument, soit que vous le vouliez ou non, car vous êtes
mon lecteur.

Et vous sentez bien, Monsieur, que si, pour éviter ce tracas
ou me prouver que je raisonne mal, vous refusiez
constamment de me lire, vous feriez vous-même une pétition
135 de principe au-dessous de vos lumières[2] : n'étant pas mon
lecteur, vous ne seriez pas celui à qui s'adresse ma requête.

Que si, par dépit de la dépendance où je parais vous mettre,
vous vous avisiez de jeter le livre en cet instant de votre
lecture, c'est, Monsieur, comme si, au milieu de tout autre
140 jugement, vous étiez enlevé du tribunal par la mort ou tel
accident qui vous rayât du nombre des magistrats. Vous ne
pouvez éviter de me juger qu'en devenant nul, négatif,
anéanti, qu'en cessant d'exister en qualité de mon lecteur.

Eh ! quel tort vous fais-je en vous élevant au-dessus de
145 moi ? Après le bonheur de commander aux hommes, le plus
grand honneur, Monsieur, n'est-il pas de les juger ?

Voilà donc qui est arrangé. Je ne reconnais plus d'autre
juge que vous, sans excepter messieurs les spectateurs, qui, ne
jugeant qu'en premier ressort, voient souvent leur sentence
150 infirmée à votre tribunal.

L'affaire avait d'abord été plaidée devant eux au théâtre,
et, ces messieurs ayant beaucoup ri, j'ai pu penser que j'avais
gagné ma cause à l'audience. Point du tout ; le journaliste
établi dans Bouillon prétend que c'est de moi qu'on a ri. Mais
155 ce n'est là, Monsieur, comme on dit en style de palais[3],
qu'une mauvaise chicane de procureur : mon but ayant été
d'amuser les spectateurs, qu'ils aient ri de ma pièce ou de

---

1. **Il faut** : il est inévitable.
2. **Une pétition [...] lumières** : un faux raisonnement indigne de votre esprit.
3. **En style de palais** : en style juridique (de palais de justice).

moi, s'ils ont ri de bon cœur, le but est également rempli ; ce que j'appelle avoir gagné ma cause à l'audience.

160 Le même journaliste assure encore, ou du moins laisse entendre, que j'ai voulu gagner quelques-uns de ces messieurs en leur faisant des lectures particulières, en achetant d'avance leur suffrage par cette prédilection[1]. Mais ce n'est encore là, Monsieur, qu'une difficulté de publiciste allemand[2]. Il est
165 manifeste que mon intention n'a jamais été que de les instruire : c'étaient des espèces de consultations que je faisais sur le fond de l'affaire. Que si les consultants, après avoir donné leur avis, se sont mêlés parmi les juges, vous voyez bien, Monsieur, que je n'y pouvais rien de ma part, et que
170 c'était à eux de se récuser par délicatesse, s'ils se sentaient de la partialité pour mon barbier andalou.

Eh ! plût au ciel qu'ils en eussent un peu conservé pour ce jeune étranger ! Nous aurions eu moins de peine à soutenir notre malheur éphémère. Tels sont les hommes : avez-vous
175 du succès, ils vous accueillent, vous portent, vous caressent, ils s'honorent de vous ; mais gardez de broncher dans la carrière[3] ; au moindre échec, ô mes amis ! souvenez-vous qu'il n'est plus d'amis.

Et c'est précisément ce qui nous arriva le lendemain de la
180 plus triste soirée[4]. Vous eussiez vu les faibles amis du *Barbier* se disperser, se cacher le visage ou s'enfuir ; les femmes, toujours si braves quand elles protègent, enfoncées dans les

---

1. **Prédilection :** préférence accordée d'avance.
2. **Publiciste allemand :** un publiciste est un juriste spécialisé dans le droit public. Les publicistes allemands avaient grande réputation au XVIIIᵉ siècle. Mais, ici, Beaumarchais fait également allusion à la situation de la ville de Bouillon dans l'Empire germanique et à un texte de Goëzman intitulé « Lettre d'un publiciste allemand à un jurisconsulte français » (1770).
3. **Broncher dans la carrière :** en parlant d'un cheval, trébucher dans l'arène, le champ de courses.
4. **La plus triste soirée :** la soirée de la première représentation du *Barbier*, le 23 février 1775.

coqueluchons[1] jusqu'aux panaches[2], et baissant des yeux confus ; les hommes courant se visiter, se faire amende
185 honorable[3] du bien qu'ils avaient dit de ma pièce, et rejetant sur ma maudite façon de lire les choses tout le faux plaisir qu'ils y avaient goûté. C'était une désertion totale, une vraie désolation[4].

Les uns lorgnaient à gauche en me sentant passer à droite,
190 et ne faisaient plus semblant de me voir[5] : ah ! dieux ! D'autres, plus courageux, mais s'assurant bien si personne ne les regardait, m'attiraient dans un coin pour me dire : « Eh ! comment avez-vous produit en nous cette illusion ? car, il faut en convenir, mon ami, votre pièce est la plus grande platitude
195 du monde.

— Hélas ! messieurs, j'ai lu ma platitude, en vérité, tout platement comme je l'avais faite ; mais, au nom de la bonté que vous avez de me parler encore après ma chute, et pour l'honneur de votre second jugement, ne souffrez pas qu'on
200 redonne la pièce au théâtre : si, par malheur, on venait à la jouer comme je l'ai lue, on vous ferait peut-être une nouvelle tromperie, et vous vous en prendriez à moi de ne plus savoir quel jour vous eûtes raison ou tort ; ce qu'à Dieu ne plaise ! »

On ne m'en crut point ; on laissa rejouer la pièce, et pour
205 le coup je fus prophète en mon pays. Ce pauvre Figaro, *fessé* par la cabale[6] *en faux-bourdon*[7] et presque enterré le

---

1. **Coqueluchons** : capuchons (terme familier).
2. **Panaches** : ornements de plumes surmontant la coiffure.
3. **Se faire amende honorable** : s'avouant les uns aux autres leur faute (d'avoir dit du bien de la pièce) pour en obtenir le pardon.
4. **Désolation** : abandon total (sens étymologique).
5. **Ne faisaient [...] voir** : ne semblaient plus me voir.
6. **Cabale** : conspiration contre un ouvrage.
7. **Faux-bourdon** : technique de chant d'église où la basse (le « bourdon ») est transportée à la partie supérieure (elle devient donc une fausse basse) et constitue le chant principal.

vendredi, ne fit point comme Candide ; il prit courage[1], et mon héros se releva le dimanche[2], avec une vigueur que l'austérité d'un carême entier et la fatigue de dix-sept séances
210 publiques[3] n'ont pas encore altérée. Mais qui sait combien cela durera ? Je ne voudrais pas jurer qu'il en fût seulement question dans cinq ou six siècles, tant notre nation est inconstante et légère !

Les ouvrages de théâtre, Monsieur, sont comme les enfants
215 des femmes : conçus avec volupté, menés à terme avec fatigue, enfantés avec douleur, et vivant rarement assez pour payer les parents de leurs soins, ils coûtent plus de chagrins qu'ils ne donnent de plaisirs. Suivez-les dans leur carrière : à peine ils voient le jour que, sous prétexte d'enflure, on leur applique
220 les censeurs ; plusieurs en sont restés en chartre[4]. Au lieu de jouer doucement avec eux, le cruel parterre les rudoie et les fait tomber. Souvent, en les berçant, le comédien les estropie. Les perdez-vous un instant de vue, on les trouve, hélas ! traînant partout, mais dépenaillés, défigurés, rongés
225 d'extraits[5] et couverts de critiques. Échappés à tant de maux, s'ils brillent un moment dans le monde, le plus grand de tous les atteint ; le mortel oubli les tue ; ils meurent, et, replongés au néant, les voilà perdus à jamais dans l'immensité des livres.

---

1. **Ne fit point [...] courage** : référence au chapitre VI de *Candide* de Voltaire, où le héros est « fessé en cadence » au son d'une « belle musique en faux bourdon », et au chapitre VII, qui commence par ces mots : « Candide ne prit point courage ».

2. **Se releva le dimanche** : le dimanche 26 février eut lieu la deuxième représentation (la pièce étant ramenée à quatre actes), qui remporta un succès éclatant.

3. **Dix-sept séances publiques** : lorsque Beaumarchais écrit ces lignes, en juillet 1775, la pièce a été jouée dix-sept fois (entre le 26 février et le 27 mai).

4. **En chartre** : au sens propre, en prison. Mais, au sens figuré, « être en chartre » signifie « être hâve et anémié » (comme quelqu'un qui ne respire jamais à l'air libre).

5. **Extraits** : abrégés, sommaires (voir l. 428, p. 66, « donner l'extrait entier de la pièce »).

230   Je demandais à quelqu'un pourquoi ces combats, cette guerre animée entre le parterre et l'auteur, à la première représentation des ouvrages, même de ceux qui devaient plaire un autre jour. « Ignorez-vous, me dit-il, que Sophocle et le vieux Denys[1] sont morts de joie d'avoir remporté le prix
235 des vers au théâtre ? Nous aimons trop nos auteurs pour souffrir qu'un excès de joie nous prive d'eux en les étouffant ; aussi, pour les conserver, avons-nous grand soin que leur triomphe ne soit jamais si pur qu'ils puissent en expirer de plaisir. »

240   Quoi qu'il en soit des motifs de cette rigueur, l'enfant de mes loisirs, ce jeune, cet innocent *Barbier,* tant dédaigné le premier jour, loin d'abuser le surlendemain de son triomphe, ou de montrer de l'humeur à ses critiques, ne s'en est que plus empressé de les désarmer par l'enjouement de son
245 caractère.

    Exemple rare et frappant, Monsieur, dans un siècle d'ergotisme[2], où l'on calcule tout jusqu'au rire ; où la plus légère diversité d'opinions fait germer des haines éternelles ; où tous les jeux tournent en guerre ; où l'injure qui repousse
250 l'injure est à son tour payée par l'injure, jusqu'à ce qu'une autre effaçant cette dernière en enfante une nouvelle, auteur de plusieurs autres, et propage ainsi l'aigreur à l'infini, depuis le rire jusqu'à la satiété, jusqu'au dégoût, à l'indignation même du lecteur le plus caustique.

255   Quant à moi, Monsieur, s'il est vrai, comme on l'a dit, que tous les hommes soient frères (et c'est une belle idée), je voudrais qu'on pût engager nos frères les gens de lettres à laisser, en discutant, le ton rogue et tranchant à nos frères les libellistes[3], qui s'en acquittent si bien ! ainsi que les injures à

---

1. Sophocle était un poète tragique grec (v. 495-406 av. J.-C.) ; Denys l'Ancien (v. 430-367 av. J.-C.) fut tyran de Syracuse et poète.
2. **Ergotisme** : manie d'ergoter, c'est-à-dire de chicaner, de contester (néologisme de Beaumarchais).
3. **Libellistes** : auteurs de libelles (écrits satiriques ou injurieux).

260 nos frères les plaideurs..., qui ne s'en acquittent pas mal non
plus ! Je voudrais surtout qu'on pût engager nos frères les
journalistes à renoncer à ce ton pédagogue et magistral avec
lequel ils gourmandent les fils d'Apollon[1] et font rire la
sottise aux dépens de l'esprit.

265 Ouvrez un journal : ne semble-t-il pas voir un dur
répétiteur, la férule[2] ou la verge levée sur des écoliers
négligents, les traiter en esclaves au plus léger défaut dans le
devoir ? Eh ! mes frères, il s'agit bien de devoir ici ! la
littérature en est le délassement et la douce récréation.

270 À mon égard au moins, n'espérez pas asservir dans ses jeux
mon esprit à la règle : il est incorrigible, et, la classe du devoir
une fois fermée, il devient si léger et badin que je ne puis que
jouer avec lui. Comme un liège emplumé[3] qui bondit sur la
raquette, il s'élève, il retombe, il égaye mes yeux, repart en
275 l'air, y fait la roue, et revient encore. Si quelque joueur adroit
veut entrer en partie et ballotter à nous deux le léger volant[4]
de mes pensées, de tout mon cœur ; s'il riposte avec grâce et
légèreté, le jeu m'amuse et la partie s'engage. Alors on
pourrait voir les coups portés, parés, reçus, rendus, accélérés,
280 pressés, relevés même avec une prestesse, une agilité propre à
réjouir autant les spectateurs qu'elle animerait les acteurs.

Telle au moins, Monsieur, devrait être la critique, et c'est
ainsi que j'ai toujours conçu la dispute entre les gens polis
qui cultivent les lettres.

285 Voyons, je vous prie, si le journaliste de Bouillon a
conservé dans sa critique ce caractère aimable et surtout de
candeur[5] pour lequel on vient de faire des vœux.

« La pièce est une farce », dit-il.

Passons sur les qualités. Le méchant nom qu'un cuisinier

---

1. **Les fils d'Apollon** : les poètes.
2. **Férule** : espèce de règle plate, en bois ou en cuir, servant autrefois à frapper les doigts des écoliers fautifs.
3. **Liège emplumé** : volant.
4. **Ballotter [...] volant** : nous renvoyer la balle, ou le volant.
5. **Candeur** : ici (comme souvent au XVIIIe siècle), pureté d'âme.

290 étranger donne aux ragoûts français ne change rien à la
saveur : c'est en passant par ses mains qu'ils se dénaturent.
Analysons la farce de Bouillon.

« La pièce, a-t-il dit, n'a pas de plan. »

Est-ce parce qu'il est trop simple qu'il échappe à la sagacité
295 de ce critique adolescent ?

Un vieillard amoureux prétend épouser demain sa pupille ;
un jeune amant plus adroit le prévient, et ce jour même en
fait sa femme à la barbe et dans la maison du tuteur. Voilà
le fond, dont on eût pu faire, avec un égal succès, une
300 tragédie, une comédie, un drame, un opéra, *et cætera*.
L'Avare de Molière est-il autre chose ? Le grand *Mithridate*[1]
est-il autre chose ? Le genre d'une pièce, comme celui de toute
action, dépend moins du fond des choses que des caractères
qui les mettent en œuvre.

305 Quant à moi, ne voulant faire, sur ce plan, qu'une pièce
amusante et sans fatigue, une espèce *d'imbroille*[2], il m'a suffi
que le machiniste[3], au lieu d'être un noir scélérat, fût un drôle
de garçon, un homme insouciant, qui rit également du succès
et de la chute de ses entreprises, pour que l'ouvrage, loin de
310 tourner en drame sérieux, devînt une comédie fort gaie ; et
de cela seul que le tuteur est un peu moins sot que tous ceux
qu'on trompe au théâtre, il a résulté beaucoup de
mouvements dans la pièce, et surtout la nécessité d'y donner
plus de ressorts aux intrigants[4].

315 Au lieu de rester dans ma simplicité comique, si j'avais
voulu compliquer, étendre et tourmenter mon plan à la
manière tragique ou *dramique*[5], imagine-t-on que j'aurais

---

1. **Le grand** *Mithridate* : titre d'une tragédie de Racine (1673).
2. **Imbroille** : imbroglio (la forme francisée et la forme italienne du mot sont
employées concurremment au XVIIIᵉ siècle).
3. **Le machiniste** : celui qui met au point les « machines » (les intrigues, les
ruses) ; il s'agit bien sûr de Figaro.
4. **Intrigants** : ceux qui préparent des intrigues contre Bartholo.
5. **Dramique** : qui relève du drame sérieux (néologisme de Beaumarchais pour
éviter l'équivoque de « dramatique »).

manqué de moyens dans une aventure dont je n'ai mis en scènes que la partie la moins merveilleuse ?

320 En effet, personne aujourd'hui n'ignore qu'à l'époque historique où la pièce finit gaiement dans mes mains, la querelle commença sérieusement à s'échauffer, comme qui dirait derrière la toile, entre le docteur et Figaro, sur les cent écus. Des injures, on en vint aux coups. Le docteur, étrillé 325 par Figaro, fit tomber, en se débattant, le *rescille* ou filet qui coiffait le barbier, et l'on vit, non sans surprise, une forme de spatule imprimée à chaud sur sa tête rasée. Suivez-moi, Monsieur, je vous prie.

À cet aspect, moulu de coups qu'il est, le médecin s'écrie 330 avec transport : « Mon fils ! ô ciel, mon fils ! mon cher fils !... » Mais avant que Figaro l'entende, il a redoublé de horions[1] sur son cher père. En effet, ce l'était.

Ce Figaro, qui pour toute famille avait jadis connu sa mère, est fils naturel de Bartholo. Le médecin, dans sa jeunesse, eut 335 cet enfant d'une personne en condition[2], que les suites de son imprudence firent passer du service au plus affreux abandon.

Mais avant de les quitter, le désolé Bartholo, frater[3] alors, a fait rougir sa spatule ; il en a timbré son fils à l'occiput, pour le reconnaître un jour, si jamais le sort les rassemble. 340 La mère et l'enfant avaient passé six années dans une honorable mendicité, lorsqu'un chef de bohémiens, descendu de Luc Gauric[4], traversant l'Andalousie avec sa troupe, et consulté par la mère sur le destin de son fils, déroba l'enfant furtivement, et laissa par écrit cet horoscope à sa place :

---

1. **Horions** : coups.
2. **Personne en condition** : domestique.
3. **Frater** : frère (mot latin) ; le mot, originellement employé pour désigner les moines, s'appliquait aussi, par dérision, aux apprentis chirurgiens.
4. **Luc Gauric** : prélat italien (1476-1558) qui s'était fait une grande réputation d'astrologue.

345 *Après avoir versé le sang dont il est né,*
Ton fils assommera son père infortuné.
Puis, tournant sur lui-même et le fer et le crime,
Il se frappe, et devient heureux et légitime.

En changeant d'état sans le savoir, l'infortuné jeune homme
350 a changé de nom sans le vouloir ; il s'est élevé sous celui de
Figaro ; il a vécu. Sa mère est cette Marceline, devenue vieille
et gouvernante chez le docteur, que l'affreux horoscope de
son fils a consolé de sa perte. Mais aujourd'hui, tout
s'accomplit.

355 En saignant Marceline au pied, comme on le voit dans ma
pièce, ou plutôt comme on ne l'y voit pas[1], Figaro remplit le
premier vers :

Après avoir versé le sang dont il est né.

Quand il étrille innocemment le docteur, après la toile
360 tombée, il accomplit le second vers :

Ton fils assommera son père infortuné.

À l'instant, la plus touchante reconnaissance a lieu entre le
médecin, la vieille et Figaro : *C'est vous ! c'est lui ! c'est toi !*
c'est moi ! Quel coup de théâtre[2] ! Mais le fils, au désespoir
365 de son innocente vivacité, fond en larmes, et se donne un
coup de rasoir, selon le sens du troisième vers :

Puis, tournant sur lui-même et le fer et le crime,
Il se frappe, et...

Quel tableau ! En n'expliquant point si, du rasoir, il se
370 coupe la gorge ou seulement le poil du visage, on voit que
j'avais le choix de finir ma pièce au plus grand pathétique[3].

---

1. **Comme on ne l'y voit pas** : Marceline est mentionnée dans la pièce (II, 4),
mais n'apparaît pas. Elle sera plus tard un personnage du *Mariage de Figaro*.
2. **Quel coup de théâtre !** : ce coup de théâtre figurera dans *Le Mariage de*
Figaro (III, 16).
3. **Au plus grand pathétique** : de la manière la plus pathétique.

Enfin, le docteur épouse la vieille, et Figaro, suivant la dernière leçon,

> ... *devient heureux et légitime.*

375 Quel dénouement ! Il ne m'en eût coûté qu'un sixième acte ! Et quel sixième acte ! Jamais tragédie au Théâtre-Français... Il suffit. Reprenons ma pièce en l'état où elle a été jouée et critiquée. Lorsqu'on me reproche avec aigreur ce que j'ai fait, ce n'est pas l'instant de louer ce que j'aurais pu faire.

380 « La pièce est invraisemblable dans sa conduite », a dit encore le journaliste établi dans Bouillon avec approbation et privilège.

Invraisemblable ? Examinons cela par plaisir.

Son Excellence M. le comte Almaviva, dont j'ai, depuis
385 longtemps, l'honneur d'être ami particulier, est un jeune seigneur, ou, pour mieux dire, était, car l'âge et les grands emplois en ont fait depuis un homme fort grave, ainsi que je le suis devenu moi-même. Son Excellence était donc un jeune seigneur espagnol, vif, ardent, comme tous les amants de sa
390 nation, que l'on croit froide et qui n'est que paresseuse.

Il s'était mis secrètement à la poursuite d'une belle personne qu'il avait entrevue à Madrid, et que son tuteur a bientôt ramenée au lieu de sa naissance. Un matin qu'il se promenait sous ses fenêtres à Séville, où, depuis huit jours, il
395 cherchait à s'en faire remarquer, le hasard conduisit au même endroit Figaro le barbier. – Ah ! le hasard, dira mon critique, et si le hasard n'eût pas conduit ce jour-là le barbier dans cet endroit, que devenait la pièce ? – Elle eût commencé, mon frère, à quelque autre époque. – Impossible, puisque le tuteur,
400 selon vous-même, épousait le lendemain[1]. – Alors il n'y aurait pas eu de pièce ; ou, s'il y en avait eu, mon frère, elle aurait été différente. Une chose est-elle invraisemblable, parce qu'elle était possible autrement ?

---

1. **Le lendemain :** voir I, 5 et 6.

Réellement vous avez un peu d'humeur. Quand le cardinal
405 de Retz[1] nous dit froidement : « Un jour j'avais besoin d'un
homme ; à la vérité, je ne voulais qu'un fantôme ; j'aurais
désiré qu'il fût petit-fils de Henri le Grand[2] ; qu'il eût de
longs cheveux blonds ; qu'il fût beau, bien fait, bien
séditieux ; qu'il eût le langage et l'amour des Halles[3] : et voilà
410 que le hasard me fait rencontrer à Paris M. de Beaufort[4],
échappé de la prison du Roi ; c'était justement l'homme qu'il
me fallait. » Va-t-on dire au coadjuteur[5] : « Ah ! le hasard !
Mais si vous n'eussiez pas rencontré M. de Beaufort ? Mais
ceci, mais cela... ? »
415 Le hasard donc conduisit en ce même endroit Figaro le
barbier, beau diseur, mauvais poète, hardi musicien, grand
fringueneur de guitare[6], et jadis valet de chambre du comte ;
établi dans Séville, y faisant avec succès des barbes, des
romances et des mariages ; y maniant également le fer du
420 phlébotome[7] et le piston[8] du pharmacien ; la terreur des
maris, la coqueluche des femmes, et justement l'homme qu'il
nous fallait. Et comme en toute recherche ce qu'on nomme
passion n'est autre chose qu'un désir irrité par la
contradiction, le jeune amant, qui n'eût peut-être eu qu'un
425 goût de fantaisie pour cette beauté s'il l'eût rencontrée dans

---

1. **Le cardinal de Retz** : Paul de Gondi, cardinal de Retz (1613-1679), l'un des
acteurs de la Fronde, écrivit ses *Mémoires* sur cette période de l'histoire de
France. Beaumarchais paraphrase ensuite, plus qu'il ne cite, un passage de la
seconde partie des *Mémoires*.
2. **Henri le Grand** : Henri IV.
3. **Des Halles** : c'est-à-dire du peuple.
4. **M. de Beaufort** : petit-fils d'Henri IV, surnommé « le roi des Halles ».
5. **Coadjuteur** : Retz était le coadjuteur (l'auxiliaire) de l'archevêque de Paris.
6. **Fringueneur de guitare** : musicien qui sautille ou se trémousse en jouant de
son instrument (néologisme de Beaumarchais formé sur « fringuer », sautiller,
se trémousser).
7. **Phlébotome** : littéralement, « coupe-veine » ; ici, la lancette (le bistouri) du
chirurgien.
8. **Piston** : instrument pour donner des lavements.

le monde, en devient amoureux parce qu'elle est enfermée, au point de faire l'impossible pour l'épouser.

Mais vous donner ici l'extrait entier de la pièce, Monsieur, serait douter de la sagacité, de l'adresse avec laquelle vous
430 saisirez le dessein de l'auteur, et suivrez le fil de l'intrigue, en la lisant. Moins prévenu que le journal de Bouillon, qui se trompe, avec approbation et privilège, sur toute la conduite de cette pièce, vous verrez que *tous les soins de l'amant* ne *sont* pas *destinés à remettre simplement une lettre,* qui n'est
435 là qu'un léger accessoire à l'intrigue, mais bien à s'établir dans un fort défendu par la vigilance et le soupçon, surtout à tromper un homme qui, sans cesse éventant la manœuvre, oblige l'ennemi de se retourner assez lestement pour n'être pas désarçonné d'emblée.

440 Et lorsque vous verrez que tout le mérite du dénouement consiste en ce que le tuteur a fermé sa porte en donnant son passe-partout à Bazile, pour que lui seul et le notaire pussent entrer et conclure son mariage, vous ne laisserez pas d'être étonné qu'un critique aussi équitable se joue de la confiance
445 de son lecteur, ou se trompe, au point d'écrire, et dans Bouillon encore : *Le comte s'est donné la peine de monter au balcon par une échelle avec Figaro, quoique la porte ne soit pas fermée.*

Enfin, lorsque vous verrez le malheureux tuteur, abusé par
450 toutes les précautions qu'il prend pour ne le point être, à la fin forcé de signer au contrat du comte et d'approuver ce qu'il n'a pu prévenir, vous laisserez au critique à décider si ce tuteur était un *imbécile* de ne pas deviner une intrigue dont on lui cachait tout, lorsque lui, critique, à qui l'on ne cachait
455 rien, ne l'a pas devinée plus que le tuteur.

En effet, s'il l'eût bien conçue, aurait-il manqué de louer tous les beaux endroits de l'ouvrage ?

Qu'il n'ait point remarqué la manière dont le premier acte annonce et déploie avec gaieté tous les caractères de la pièce,
460 on peut le lui pardonner.

Qu'il n'ait pas aperçu quelque peu de comédie dans la grande scène du second acte[1], où, malgré la défiance et la fureur du jaloux, la pupille parvient à lui donner le change sur une lettre remise en sa présence, et lui faire demander pardon à genoux du soupçon qu'il a montré, je le conçois encore aisément.

Qu'il n'ait pas dit un seul mot de la scène de stupéfaction de Bazile au troisième acte[2], qui a paru si neuve au théâtre, et a tant réjoui les spectateurs, je n'en suis point surpris du tout.

Passe encore qu'il n'ait pas entrevu l'embarras où l'auteur s'est jeté volontairement au dernier acte, en faisant avouer par la pupille à son tuteur que le comte avait dérobé la clef de sa jalousie ; et comment l'auteur s'en démêle en deux mots et sort, en se jouant, de la nouvelle inquiétude qu'il a imprimée au spectateur[3]. C'est peu de chose en vérité.

Je veux bien qu'il ne lui soit pas venu à l'esprit que la pièce, une des plus gaies qui soient au théâtre, est écrite sans la moindre équivoque, sans une pensée, un seul mot dont la pudeur, même des petites loges[4], ait à s'alarmer ; ce qui pourtant est bien quelque chose, Monsieur, dans un siècle où l'hypocrisie de la décence est poussée presque aussi loin que le relâchement des mœurs. Très volontiers. Tout cela sans doute pouvait n'être pas digne de l'attention d'un critique aussi majeur.

Mais comment n'a-t-il pas admiré ce que tous les honnêtes gens n'ont pu voir sans répandre des larmes de tendresse et

---

1. **La grande scène du second acte** : la scène 15.
2. **La scène [...] troisième acte** : la scène 11.
3. **La nouvelle [...] spectateur** : voir acte IV, scène 3 et le début de la scène finale.
4. **Petites loges** : loges grillagées qui permettaient de voir sans être vu du reste de la salle.

de plaisir ? Je veux dire la piété filiale de ce bon Figaro, qui ne saurait oublier sa mère !

490   *Tu connais donc ce tuteur ?* lui dit le comte au premier acte. *Comme ma mère*, répond Figaro. Un avare aurait dit : *Comme mes poches*. Un petit-maître[1] eût répondu : *Comme moi-même* ; un ambitieux : *Comme le chemin de Versailles* ; et le journaliste de Bouillon : *Comme mon libraire* ; les

495 comparaisons de chacun se tirant toujours de l'objet intéressant. *Comme ma mère*, a dit le fils tendre et respectueux.

   Dans un autre endroit encore : *Ah ! vous êtes charmant !* lui dit le tuteur. Et ce bon, cet honnête garçon qui pouvait

500 gaiement assimiler cet éloge à tous ceux qu'il a reçus de ses maîtresses, en revient toujours à sa bonne mère, et répond à ce mot : *Vous êtes charmant ! – Il est vrai, monsieur, que ma mère me l'a dit autrefois*. Et le journal de Bouillon ne relève point de pareils traits ! Il faut avoir le cerveau bien desséché

505 pour ne les pas voir, ou le cœur bien dur pour ne pas les sentir.

   Sans compter mille autres finesses de l'Art répandues à pleines mains dans cet ouvrage. Par exemple, on sait que les comédiens ont multiplié chez eux les emplois à l'infini :

510 emplois de grande, moyenne et petite amoureuse ; emplois de grands, moyens et petits valets ; emplois de niais, d'important, de croquant[2], de paysan, de tabellion[3], de bailli[4] ; mais on sait qu'ils n'ont pas encore appointé[5] celui de bâillant. Qu'a fait l'auteur pour former un comédien peu

---

1. **Petit-maître** : personnage imbu de lui-même, d'une élégance et d'un comportement volontiers provocants.
2. **Croquant** : homme de rien, sans importance (terme qui s'oppose nettement au terme précédent).
3. **Tabellion** : notaire.
4. **Bailli** : personnage rendant la justice au nom du seigneur. Ni ce personnage, ni celui de tabellion ne font partie des emplois (catégories de rôles) traditionnels du théâtre : *tabellion* introduit *bailli*, qui permet le jeu de mots avec *bâillant*.
5. **Appointé** : rétribué.

515 exercé au talent d'ouvrir largement la bouche au théâtre ? Il s'est donné le soin de lui rassembler, dans une seule phrase, toutes les syllabes bâillantes du français : *Rien... qu'en... l'en... en... ten... dant... parler,* syllabes, en effet, qui feraient bâiller un mort, et parviendraient à desserrer les dents même
520 de l'envie !

En cet endroit admirable où, pressé par les reproches du tuteur qui lui crie : *Que direz-vous à ce malheureux qui bâille et dort tout éveillé ? Et l'autre qui, depuis trois heures, éternue à se faire sauter le crâne et jaillir la cervelle ? Que*
525 *leur direz-vous ?* Le naïf barbier répond : *Eh ! parbleu, je dirai à celui qui éternue : « Dieu vous bénisse ! » et : « Va te coucher » à celui qui bâille.* Réponse en effet si juste, si chrétienne et si admirable, qu'un de ces fiers critiques qui ont leurs entrées au paradis[1] n'a pu s'empêcher de s'écrier :
530 « Diable ! l'auteur a dû rester au moins huit jours à trouver cette réplique ! »

Et le journal de Bouillon, au lieu de louer ces beautés sans nombre, use encre et papier, approbation et privilège, à mettre un pareil ouvrage au-dessous même de la critique ! On
535 me couperait le cou, Monsieur, que je ne saurais m'en taire.

N'a-t-il pas été jusqu'à dire, le cruel ! que, *pour ne pas voir expirer ce barbier sur le théâtre, il a fallu le mutiler, le changer, le refondre, l'élaguer, le réduire en quatre actes, et le purger d'un grand nombre de pasquinades[2], de calembours,*
540 *de jeux de mots, en un mot, de bas comique ?*

À le voir ainsi frapper comme un sourd, on juge assez qu'il n'a pas entendu le premier mot de l'ouvrage qu'il décompose. Mais j'ai l'honneur d'assurer ce journaliste, ainsi que le jeune

---

1. **Paradis** : la galerie la plus élevée du théâtre (mais Beaumarchais joue naturellement sur le mot).
2. **Pasquinades** : railleries satiriques.

homme qui lui taille ses plumes et ses morceaux[1], que loin
545 d'avoir purgé la pièce d'aucun des *calembours, jeux de mots,*
etc., qui lui eussent nui le premier jour, l'auteur a fait rentrer
dans les actes restés au théâtre tout ce qu'il en a pu reprendre
à l'acte au portefeuille[2], tel un charpentier économe cherche,
dans ses copeaux épars sur le chantier, tout ce qui peut servir
550 à cheviller et boucher les moindres trous de son ouvrage.

Passerons-nous sous silence le reproche aigu qu'il fait à la
jeune personne, d'avoir *tous les défauts d'une fille mal
élevée ?* Il est vrai que, pour échapper aux conséquences d'une
telle imputation, il tente à[3] la rejeter sur autrui, comme s'il
555 n'en était pas l'auteur, en employant cette expression banale :
On trouve à la jeune personne, etc. On trouve !...

Que voulait-il donc qu'elle fît ? Quoi ! qu'au lieu de se
prêter aux vues d'un jeune amant très aimable et qui se trouve
un homme de qualité, notre charmante enfant épousât le
560 vieux podagre[4] médecin ? Le noble établissement qu'il lui
destinait là ! Et parce qu'on n'est pas de l'avis de Monsieur,
on a *tous les défauts d'une fille mal élevée !*

En vérité, si le journal de Bouillon se fait des amis en France
par la justesse et la candeur de ses critiques, il faut avouer
565 qu'il en aura beaucoup moins au-delà des Pyrénées,
et qu'il est surtout un peu bien dur pour les dames espagnoles.

---

1. **Taille [...] ses morceaux :** l'expression doit être entendue de plusieurs façons. « Tailler les morceaux » signifiait couper le pain, la viande, etc., de telle sorte qu'il n'y ait plus qu'à manger (d'où ici : mâcher la besogne, en préparant les articles) ; « tailler une matière » signifiait « parler à tort et à travers d'un sujet » (ici : allusion au mauvais travail du « nègre » du journaliste) ; enfin « tailler les morceaux à quelqu'un » signifiait notamment « lui prescrire ce qu'il a à faire, lui donner ses instructions » (voir un exemple dans *Le Mariage de Figaro*, II, 2 ; ici un plaisant contraste s'établit avec « tailler les plumes », qui désigne au contraire une tâche subalterne).
2. **L'acte au portefeuille :** l'acte qui a été rangé parmi les papiers de l'auteur, puisque non utilisé.
3. **Tente à :** construction aujourd'hui incorrecte, employée dans la langue classique parallèlement à *tenter de.* Voir un autre exemple scène 3 de l'acte I, p. 98 ligne 36.
4. **Podagre :** atteint de la goutte.

Eh ! qui sait si Son Excellence Madame la comtesse
Almaviva, l'exemple des femmes de son état, et vivant comme
un ange avec son mari, quoiqu'elle ne l'aime plus, ne se
570 ressentira pas un jour des libertés qu'on se donne à Bouillon,
sur elle, avec approbation et privilège ?

L'imprudent journaliste a-t-il au moins réfléchi que Son
Excellence ayant, par le rang de son mari, le plus grand crédit
dans les bureaux, eût pu lui faire obtenir quelque pension sur
575 la *Gazette d'Espagne,* ou la *Gazette* elle-même, et que, dans
la carrière qu'il embrasse, il faut garder plus de ménagements
pour les femmes de qualité ? Qu'est-ce que cela me fait, à
moi ? L'on sent bien que c'est pour lui seul que j'en parle.

Il est temps de laisser cet adversaire, quoiqu'il soit à la tête
580 des gens qui prétendent que, *n'ayant pu me soutenir en cinq
actes, je me suis mis en quatre pour ramener le public.* Eh !
quand cela serait ? Dans un moment d'oppression, ne vaut-il
pas mieux sacrifier un cinquième de son bien que de le voir
aller tout entier au pillage ?

585 Mais ne tombez pas, cher lecteur... (Monsieur, veux-je
dire), ne tombez pas, je vous prie, dans une erreur populaire
qui ferait grand tort à votre jugement.

Ma pièce, qui paraît n'être aujourd'hui qu'en quatre actes,
est réellement et de fait, en cinq, qui sont le premier, le
590 deuxième, le troisième, le quatrième et le cinquième, à
l'ordinaire[1].

Il est vrai que, le jour du combat, voyant les ennemis
acharnés, le parterre ondulant, agité, grondant au loin comme
les flots de la mer, et trop certain que ces mugissements
595 sourds, précurseurs des tempêtes, ont amené plus d'un
naufrage, je vins à réfléchir que beaucoup de pièces en cinq
actes (comme la mienne), toutes très bien faites d'ailleurs
(comme la mienne), n'auraient pas été au Diable en entier

---

1. À l'ordinaire : selon la manière habituelle.

(comme la mienne), si l'auteur eût pris un parti vigoureux
600 (comme le mien).

« Le dieu des cabales est irrité », dis-je aux comédiens avec force :

Enfants ! un sacrifice est ici nécessaire.

Alors, faisant la part au Diable, et déchirant mon
605 manuscrit :

« Dieu des siffleurs, moucheurs, cracheurs, tousseurs et perturbateurs, m'écriai-je, il te faut du sang ! Bois mon quatrième acte, et que ta fureur s'apaise ! »

À l'instant vous eussiez vu ce bruit infernal, qui faisait pâlir
610 et broncher[1] les acteurs, s'affaiblir, s'éloigner, s'anéantir ; l'applaudissement lui succéder, et des bas-fonds du parterre un *bravo* général s'élever en circulant jusqu'aux hauts bancs du paradis.

De cet exposé, Monsieur, il suit que ma pièce est restée en
615 cinq actes, qui sont le premier, le deuxième, le troisième au théâtre, le quatrième au Diable, le cinquième avec les trois premiers. Tel auteur même vous soutiendra que ce quatrième acte, qu'on n'y voit point, n'en est pas moins celui qui fait le plus de bien à la pièce, en ce qu'on ne l'y voit point.

620 Laissons jaser le monde ; il me suffit d'avoir prouvé mon dire ; il me suffit, en faisant mes cinq actes, d'avoir montré mon respect pour Aristote, Horace, Aubignac[2] et les Modernes, et d'avoir mis ainsi l'honneur de la règle à couvert.

Par le second arrangement, le Diable a son affaire : mon
625 char n'en roule pas moins bien sans la cinquième roue, le public est content, je le suis aussi. Pourquoi le journal de Bouillon ne l'est-il pas ? – Ah ! pourquoi ? C'est qu'il est bien difficile de plaire à des gens qui, par métier, doivent ne jamais

---

1. **Broncher** : voir la note 3, p. 56.
2. **Aubignac** : l'abbé d'Aubignac était l'auteur d'un ouvrage qui faisait autorité, *La Pratique du théâtre* (1657). La règle des cinq actes avait été énoncée par le poète latin Horace (dans son ouvrage intitulé *Art poétique*, au vers 189).

630 trouver les choses gaies assez sérieuses, ni les graves assez enjouées.

Je me flatte, Monsieur, que cela s'appelle raisonner principes[1], et que vous n'êtes pas mécontent de mon petit syllogisme.

Reste à répondre aux observations dont quelques 635 personnes ont honoré le moins important des drames[2] hasardés depuis un siècle au théâtre.

Je mets à part les lettres écrites aux comédiens, à moi-même, sans signature, et vulgairement appelées anonymes ; on juge, à l'âpreté du style, que leurs auteurs, peu versés dans 640 la critique, n'ont pas assez senti qu'une mauvaise pièce n'est point une mauvaise action, et que telle injure convenable à un méchant homme est toujours déplacée à un méchant écrivain. Passons aux autres.

Des connaisseurs ont remarqué que j'étais tombé dans 645 l'inconvénient de faire critiquer des usages français par un plaisant de Séville à Séville, tandis que la vraisemblance exigeait qu'il s'égayât sur les mœurs espagnoles. Ils ont raison : j'y avais même tellement pensé que, pour rendre la vraisemblance encore plus parfaite, j'avais d'abord résolu 650 d'écrire et de faire jouer la pièce en langage espagnol ; mais un homme de goût m'a fait observer qu'elle en perdrait peut-être un peu de sa gaieté pour le public de Paris, raison qui m'a déterminé à l'écrire en français ; en sorte que j'ai fait, comme on voit, une multitude de sacrifices à la gaieté, mais 655 sans pouvoir parvenir à dérider le journal de Bouillon.

Un autre amateur, saisissant l'instant qu'il y avait beaucoup de monde au foyer[3], m'a reproché, du ton le plus sérieux, que ma pièce ressemblait à *On ne s'avise jamais de*

---

1. **Raisonner principes** : raisonner selon les principes.
2. **Drame** : voir *supra* p. 54 note 3.
3. **Foyer** : foyer du théâtre (lieu où se rassemblaient acteurs et spectateurs).

tout[1]. « Ressembler, monsieur ! Je tiens que ma pièce est *On*
660 *ne s'avise jamais de tout* lui-même. – Et comment cela ? –
C'est qu'on ne s'était pas encore avisé de ma pièce. »
L'amateur resta court, et l'on en rit d'autant plus que celui-
là qui me reprochait *On ne s'avise jamais de tout* est un
homme qui ne s'est jamais avisé de rien.

665   Quelques jours après (ceci est plus sérieux), chez une dame
incommodée, un monsieur grave, en habit noir, coiffure
bouffante et canne à corbin[2], lequel touchait légèrement le
poignet de la dame, proposa civilement plusieurs doutes sur
la vérité des traits que j'avais lancés contre les médecins.
670 « Monsieur, lui dis-je, êtes-vous ami de quelqu'un d'eux ? Je
serais désolé qu'un badinage... – On ne peut pas moins[3] ; je
vois que vous ne me connaissez pas ; je ne prends jamais le
parti d'aucun ; je parle ici pour le corps en général. » Cela
me fit beaucoup chercher quel homme ce pouvait être. « En
675 fait de plaisanterie, ajoutai-je, vous savez, monsieur, qu'on ne
demande jamais si l'histoire est vraie, mais si elle est bonne.
– Eh ! croyez-vous moins perdre à cet examen qu'au
premier ? – À merveille, docteur, dit la dame. Le monstre qu'il
est ! n'a-t-il pas osé parler aussi mal de nous ? Faisons cause
680 commune. »

À ce mot de docteur, je commençai à soupçonner qu'elle
parlait à son médecin. « Il est vrai, madame et monsieur,
repris-je avec modestie, que je me suis permis ces légers torts
d'autant plus aisément qu'ils tirent moins à conséquence.

685   Eh ! qui pourrait nuire à deux corps puissants dont
l'empire embrasse l'univers et se partage le monde ? Malgré
les envieux, les belles y régneront toujours par le plaisir, et

---

1. **On ne s'avise jamais de tout** : titre d'un opéra-comique de Sedaine et
Monsigny (1761).
2. **Canne à corbin** : canne dont le pommeau a la forme d'un bec de corbeau.
3. **On ne peut pas moins** : on ne peut pas être moins blessé que moi par
votre attaque contre les médecins (l'expression répond à ce qui est resté
implicite dans la phrase précédente).

les médecins par la douleur, et la brillante santé nous ramène à l'Amour, comme la maladie nous rend à la médecine.

690 Cependant je ne sais si, dans la balance des avantages, la Faculté ne l'emporte pas un peu sur la Beauté. Souvent on voit les belles nous renvoyer aux médecins ; mais plus souvent encore les médecins nous gardent et ne nous renvoient plus aux belles.

695 En plaisantant donc, il faudrait peut-être avoir égard à la différence des ressentiments, et songer que si les belles se vengent en se séparant de nous, ce n'est là qu'un mal négatif ; au lieu que les médecins se vengent en s'en emparant, ce qui devient très positif.

700 Que, quand ces derniers nous tiennent, ils font de nous tout ce qu'ils veulent ; au lieu que les belles, toutes belles qu'elles sont, n'en font jamais que ce qu'elles peuvent.

Que le commerce des belles nous les rend bientôt moins nécessaires ; au lieu que l'usage des médecins finit par nous 705 les rendre indispensables.

Enfin, que l'un de ces empires ne semble établi que pour assurer la durée de l'autre, puisque, plus la verte jeunesse est livrée à l'Amour, plus la pâle vieillesse appartient sûrement à la médecine.

710 Au reste, ayant fait contre moi cause commune, il était juste, madame et monsieur, que je vous offrisse en commun mes justifications. Soyez donc persuadés que, faisant profession d'adorer les belles et de redouter les médecins, c'est toujours en badinant que je dis du mal de la Beauté ; comme 715 ce n'est jamais sans trembler que je plaisante un peu la Faculté.

Ma déclaration n'est point suspecte à votre égard, mesdames, et mes plus acharnés ennemis sont forcés d'avouer que, dans un instant d'humeur, où mon dépit contre une belle 720 allait s'épancher trop librement sur toutes les autres, on m'a vu m'arrêter tout court au vingt-cinquième couplet, et, par le plus prompt repentir, faire ainsi, dans le vingt-sixième, amende honorable aux belles irritées :

Sexe charmant, si je décèle
725 *Votre cœur en proie au désir,*
Souvent à l'amour infidèle,
Mais toujours fidèle au plaisir,
D'un badinage, ô mes déesses !
Ne cherchez point à vous venger :
730 *Tel glose[1], hélas ! sur vos faiblesses,*
Qui brûle de les partager[2].

Quant à vous, monsieur le docteur, on sait assez que Molière…

— Au désespoir, dit-il en se levant, de ne pouvoir profiter
735 plus longtemps de vos lumières ; mais l'humanité qui gémit ne doit pas souffrir de mes plaisirs. » Il me laissa, ma foi ! la bouche ouverte avec ma phrase en l'air. « Je ne sais pas, dit la belle malade en riant, si je vous pardonne ; mais je vois bien que notre docteur ne vous pardonne pas. – Le nôtre,
740 madame ? Il ne sera jamais le mien. – Eh ! pourquoi ? – Je ne sais ; je craindrais qu'il ne fût au-dessous de son état, puisqu'il n'est pas au-dessus des plaisanteries qu'on en peut faire.

Ce docteur n'est pas de mes gens. L'homme assez
745 consommé dans son art pour en avouer de bonne foi l'incertitude, assez spirituel pour rire avec moi de ceux qui disent infaillible, tel est mon médecin. En me rendant ses soins qu'ils appellent des visites, en me donnant ses conseils qu'ils nomment des ordonnances, il remplit dignement et sans faste
750 la plus noble fonction d'une âme éclairée et sensible. Avec plus d'esprit, il calcule plus de rapports, et c'est tout ce qu'on peut dans un art aussi utile qu'incertain. Il me raisonne, il me console, il me guide, et la nature fait le reste. Aussi, loin de s'offenser de la plaisanterie, est-il le premier à l'opposer au

---

1. **Glose** : critique, censure.
2. **Qui brûle de les partager** : Beaumarchais cite ici la dernière strophe de *La Galerie des femmes du siècle passé*, poème satirique de sa composition.

755 pédantisme. À l'infatué[1] qui lui dit gravement : "De quatre-vingts fluxions de poitrine que j'ai traitées cet automne, un seul malade a péri dans mes mains", mon docteur répond en souriant : "Pour moi, j'ai prêté mes secours à plus de cent cet hiver ; hélas ! je n'en ai pu sauver qu'un seul." Tel est mon

760 aimable[2] médecin.

— Je le connais. – Vous permettez bien que je ne l'échange pas contre le vôtre. Un pédant n'aura pas plus ma confiance en maladie, qu'une bégueule[3] n'obtiendrait mon hommage en santé. Mais je ne suis qu'un sot. Au lieu de vous rappeler

765 mon amende honorable[4] au beau sexe, je devais lui chanter le couplet de la bégueule ; il est tout fait pour lui :

Pour égayer ma poésie,
Au hasard j'assemble des traits ;
J'en fais, peintre de fantaisie,
770 *Des tableaux, jamais des portraits ;*
La femme d'esprit, qui s'en moque,
Sourit finement à l'auteur :
Pour l'imprudente qui s'en choque,
Sa colère est son délateur[5].

775 — À propos de chanson, dit la dame, vous êtes bien honnête d'avoir été donner votre pièce au Français[6] ! moi qui n'ai de petite loge qu'aux Italiens[7] ! Pourquoi n'en avoir pas fait un opéra-comique ? Ce fut, dit-on, votre première idée. La pièce est d'un genre à comporter de la musique.

780 — Je ne sais si elle est propre à la supporter, ou si je

---

1. **Infatué** : raccourci pour « infatué de sa personne », c'est-à-dire imbu de lui-même.
2. **Aimable** : au XVIIIe siècle, cet adjectif a encore son sens originel et signifie digne d'être aimé, ou estimé.
3. **Bégueule** : femme dont la vertu s'effarouche à tout propos.
4. **Vous rappeler [...] honorable** : vous rappeler que j'ai demandé pardon.
5. **Pour égayer [...] délateur** : ce couplet est l'avant-dernière strophe du poème mentionné à la note 2, p. 76.
6. **Au Français** : au Théâtre-Français (ou Comédie-Française).
7. **Aux Italiens** : au Théâtre-Italien.

m'étais trompé d'abord en le supposant ; mais, sans entrer dans les raisons qui m'ont fait changer d'avis, celle-ci, madame, répond à tout :

785 Notre musique dramatique ressemble trop encore à notre musique chansonnière pour en attendre un véritable intérêt ou de la gaieté franche. Il faudra commencer à l'employer sérieusement au théâtre quand on sentira bien qu'on ne doit y chanter que pour parler[1] ; quand nos musiciens se rapprocheront de la nature, et surtout cesseront de s'imposer 790 l'absurde loi de toujours revenir à la première partie d'un air après qu'ils en ont dit la seconde. Est-ce qu'il y a des reprises et des rondeaux[2] dans un drame ? Ce cruel radotage est la mort de l'intérêt, et dénote un vide insupportable dans les idées. »

795 « Moi qui ai toujours chéri la musique sans inconstance et même sans infidélité, souvent, aux pièces qui m'attachent le plus, je me surprends à pousser de l'épaule, à dire tout bas avec humeur : « Eh ! va donc, musique ! pourquoi toujours répéter ? N'es-tu pas assez lente ? Au lieu de narrer vivement, 800 tu rabâches ! Au lieu de peindre la passion, tu t'accroches aux mots ! Le poète se tue à serrer l'événement, et toi tu le délayes ! Que lui sert de rendre son style énergique et pressé, si tu l'ensevelis sous d'inutiles fredons[3] ? Avec ta stérile abondance, reste, reste aux chansons pour toute nourriture, 805 jusqu'à ce que tu connaisses le langage sublime et tumultueux des passions. »

En effet, si la déclamation[4] est déjà un abus de la narration[5] au théâtre, le chant, qui est un abus de la

---

1. **On ne doit [...] parler** : la musique doit être subordonnée aux dialogues.
2. **Rondeaux** : poésies mises en musique, dont le ou les premiers vers sont répétés à la fin.
3. **Fredons** : ornements musicaux.
4. **Déclamation** : art de dire un texte au théâtre, en mettant en valeur le ton et le rythme des phrases de façon appuyée.
5. **Narration** : art de dire (raconter) avec naturel, par opposition à la théâtralité de la déclamation.

déclamation, n'est donc, comme on voit, que l'abus de l'abus.
810 Ajoutez-y la répétition des phrases, et voyez ce que devient
l'intérêt. Pendant que le vice ici va toujours en croissant,
l'intérêt marche à sens contraire ; l'action s'alanguit ; quelque
chose me manque ; je deviens distrait ; l'ennui me gagne ; et
si je cherche alors à deviner ce que je voudrais, il m'arrive
815 souvent de trouver que je voudrais la fin du spectacle.

Il est un autre art d'imitation, en général beaucoup moins
avancé que la musique, mais qui semble en ce point lui servir
de leçon. Pour la variété seulement, la danse élevée[1] est déjà
le modèle du chant.

820 Voyez le superbe Vestris[2] ou le fier d'Auberval[3] engager
un pas de caractère. Il ne danse pas encore ; mais d'aussi loin
qu'il paraît, son port libre et dégagé fait déjà lever la tête aux
spectateurs. Il inspire autant de fierté qu'il promet de plaisir.
Il est parti[4]... Pendant que le musicien redit vingt fois ses
825 phrases et monotone[5] ses mouvements, le danseur varie les
siens à l'infini.

Le voyez-vous s'avancer légèrement à petits bonds, reculer
à grands pas, et faire oublier le comble de l'art par la plus
ingénieuse négligence ? Tantôt sur un pied, gardant le plus
830 savant équilibre, et suspendu sans mouvement pendant
plusieurs mesures, il étonne, il surprend par l'immobilité de
son aplomb... Et soudain, comme s'il regrettait le temps du
repos, il part comme un trait, vole au fond du théâtre, et
revient en pirouettant, avec une rapidité que l'œil peut suivre
835 à peine.

1. La danse élevée : implique sauts et figures acrobatiques, comme à l'Opéra, pour la distinguer de la danse mondaine, où les pieds ne quittent pas le sol.
2. Né en Italie, Vestris (1729-1808) fut l'un des plus célèbres danseurs de l'Opéra, de 1748 à 1781.
3. D'Auberval : Jean Bercher, dit Dauberval (1742-1806), autre fameux danseur de l'Opéra de Paris de 1761 à 1783.
4. Il est parti : il s'élance, se met à danser (cf. ligne 821 : « Il ne danse pas encore »).
5. Monotone : exprime de façon monotone (néologisme de Beaumarchais).

L'air a beau recommencer, rigaudonner[1], se répéter, se radoter[2], il ne se répète point, lui ! Tout en déployant les mâles beautés d'un corps souple et puissant, il peint les mouvements violents dont son âme est agitée ; il vous lance
840 un regard passionné que ses bras mollement ouverts rendent plus expressif ; et, comme s'il se lassait bientôt de vous plaire, il se relève avec dédain, se dérobe à l'œil qui le suit, et la passion la plus fougueuse semble alors naître et sortir de la plus douce ivresse. Impétueux, turbulent, il exprime une
845 colère si bouillante et si vraie qu'il m'arrache à mon siège et me fait froncer le sourcil. Mais, reprenant soudain le geste et l'accent d'une volupté paisible, il erre nonchalamment avec une grâce, une mollesse et des mouvements si délicats qu'il enlève autant de suffrages qu'il y a de regards attachés sur sa
850 danse enchanteresse.

Compositeurs ! chantez comme il danse, et nous aurons, au lieu d'opéras, des mélodrames[3]. Mais j'entends mon éternel censeur (je ne sais plus s'il est d'ailleurs ou de Bouillon) qui me dit : « Que prétend-on par ce tableau ? Je
855 vois un talent supérieur, et non la danse en général. C'est dans sa marche ordinaire qu'il faut saisir un art pour le comparer, et non dans ses efforts les plus sublimes. N'avons-nous pas... »

Je l'arrête à mon tour. Eh quoi ! si je veux peindre un
860 coursier et me former une juste idée de ce noble animal, irai-je chercher hongre[4] et vieux, gémissant au timon[5] du fiacre, ou trottinant sous le plâtrier qui siffle ? Je le prends au haras, fier étalon, vigoureux, découplé, l'œil ardent, frappant la terre et soufflant le feu par les naseaux, bondissant de désirs

---

1. **Rigaudonner** est un verbe forgé par Beaumarchais sur le terme « rigaudon », danse où l'on ne bougeait pas de place.
2. L'emploi pronominal du verbe « radoter » semble bien être une autre création de Beaumarchais.
3. **Mélodrames** : drames musicaux (mot tout récent alors).
4. **Hongre** : châtré (l'usage de châtrer les chevaux venait de Hongrie).
5. **Timon** : barre de traction à laquelle est attelé le cheval.

865 et d'impatience, ou fendant l'air qu'il électrise, et dont le brusque hennissement réjouit l'homme et fait tressaillir toutes les cavales de la contrée. Tel est mon danseur.

Et quand je crayonne un art, c'est parmi les plus grands sujets qui l'exercent que j'entends choisir mes modèles ; tous 870 les efforts du génie... Mais je m'éloigne trop de mon sujet, revenons au *Barbier de Séville*... ou plutôt, Monsieur, n'y revenons pas. C'est assez pour une bagatelle. Insensiblement je tomberais dans le défaut reproché trop justement à nos Français, de toujours faire de petites chansons sur les grandes 875 affaires[1], et de grandes dissertations sur les petites.

Je suis, avec le plus profond respect,

MONSIEUR,

Votre très humble et très obéissant serviteur,
L'AUTEUR.

---

1. **Toujours [...] affaires :** voir la fin du *Mariage de Figaro*.

Personnages

(Les habits des acteurs doivent être dans l'ancien costume espagnol[1].)

Le Comte Almaviva, *grand d'Espagne[2], amant[3] inconnu de Rosine, paraît, au premier acte, en veste et culotte de satin ; il est enveloppé d'un grand manteau brun, ou cape espagnole ; chapeau noir rabattu, avec un ruban de couleur autour de la forme. Au deuxième acte, habit uniforme de[4] cavalier, avec des moustaches et des bottines. Au troisième, habillé en bachelier[5], cheveux ronds[6], grande fraise[7] au cou ; veste, culotte, bas et manteau d'abbé. Au quatrième acte, il est vêtu superbement à l'espagnole avec un riche manteau ; par-dessus tout, le large manteau brun dont il se tient enveloppé.*

Bartholo, *médecin, tuteur de Rosine : habit noir, court, boutonné ; grande perruque ; fraise et manchettes relevées ; une ceinture noire ; et quand il veut sortir de chez lui, un long manteau écarlate.*

Rosine, *jeune personne d'extraction noble, et pupille de Bartholo : habillée à l'espagnole.*

Figaro, *barbier de Séville : en habit de majo[8] espagnol. La tête*

---

1. **L'ancien costume espagnol** : le costume caractérisé notamment par une cape et un chapeau à bord tombant sur les yeux (voir ci-après la description de l'habit du comte Almaviva) ; ce costume avait été interdit en 1766, mais Beaumarchais l'avait connu lors de son séjour à Madrid en 1764-1765.
2. **Grand d'Espagne** : titre donné aux plus hauts des seigneurs espagnols (qui avaient entre autres le privilège de rester couverts devant le roi).
3. **Amant** : amoureux (sens étymologique).
4. **Habit uniforme de** : en uniforme de.
5. **Bachelier** : étudiant en théologie.
6. **Cheveux ronds** : cheveux coupés à hauteur des épaules et formant un arrondi autour de la tête.
7. **Fraise** : col très étalé, à double rangée de plis empesés (la mode en était passée depuis le début du XVIIIe siècle).
8. **Majo** : homme d'une élégance trop recherchée (terme espagnol du XVIIIe siècle).

couverte d'un rescille[1] ou filet ; chapeau blanc, ruban de couleur autour de la forme, un fichu de soie attaché fort lâche à son cou, gilet et haut-de-chausse de satin, avec des boutons et boutonnières frangés d'argent ; une grande ceinture de soie ; les jarretières nouées avec des glands qui pendent sur chaque jambe ; veste de couleur tranchante, à grands revers de la couleur du gilet ; bas blancs et souliers gris.

Don Bazile, *organiste, maître à chanter de Rosine : chapeau noir rabattu, soutanelle[2] et long manteau, sans fraise ni manchettes.*

La Jeunesse, *vieux domestique de Bartholo.*

L'Éveillé, *autre valet de Bartholo, garçon niais et endormi. Tous deux habillés en Galiciens[3] ; tous les cheveux dans la queue[4] ; gilet couleur de chamois ; large ceinture de peau avec une boucle ; culotte bleue et veste de même, dont les manches, ouvertes aux épaules pour le passage des bras, sont pendantes par-derrière.*

Un notaire.

Un alcade, *homme de justice, avec une longue baguette blanche à la main[5].*

Plusieurs alguazils[6] et valets *avec des flambeaux.*

La scène est à Séville, dans la rue et sous les fenêtres de Rosine, au premier acte, et le reste de la pièce dans la maison du docteur Bartholo.

---

1. **Rescille** : filet retenant les cheveux (voir « résille »).
2. **Soutanelle** : soutane (vêtement de prêtre) courte (ne dépassant pas les genoux).
3. **Galiciens** : habitants de la Galice (province d'Espagne) ; leur costume traditionnel se trouve décrit par les précisions qui suivent.
4. **Tous les cheveux dans la queue** : tous les cheveux sont tirés en arrière pour former une queue.
5. Un alcade est un juge de paix (la baguette blanche est l'attribut de sa fonction).
6. **Alguazils** : agents de police (terme espagnol).

Illustration pour une édition du Barbier de Séville
publiée au XIXe siècle.

ACTE PREMIER

Le théâtre représente une rue de Séville, où toutes les croisées[1] sont grillées.

SCÈNE PREMIÈRE. LE COMTE,
seul, en grand manteau brun et chapeau rabattu.
Il tire sa montre en se promenant.

Le jour est moins avancé que je ne croyais. L'heure à laquelle elle a coutume de se montrer derrière sa jalousie[2] est encore éloignée. N'importe ; il vaut mieux arriver trop tôt que de manquer l'instant de la voir. Si quelque aimable[3] de la cour
5 pouvait me deviner à cent lieues de Madrid, arrêté tous les matins sous les fenêtres d'une femme à qui je n'ai jamais parlé, il me prendrait pour un Espagnol du temps d'Isabelle[4]... Pourquoi non ? Chacun court après le bonheur. Il est pour moi dans le cœur de Rosine... Mais quoi ! suivre
10 une femme à Séville, quand Madrid et la cour offrent de toutes parts des plaisirs si faciles ? Et c'est cela même que je fuis. Je suis las des conquêtes que l'intérêt, la convenance ou la vanité nous présentent sans cesse. Il est si doux d'être aimé pour soi-même ! Et si je pouvais m'assurer sous ce
15 déguisement... Au diable l'importun !

---

1. **Croisées** : fenêtres dont l'armature en forme de croix divise la surface vitrée en quatre parties.
2. **Jalousie** : treillis de bois doublant la fenêtre et permettant de voir à l'extérieur sans s'exposer aux regards.
3. **Aimable** : ici, homme élégant et cherchant à séduire (adjectif substantivé).
4. **Du temps d'Isabelle** : du temps du règne d'Isabelle la Catholique, dans la seconde moitié du XVe siècle, à l'époque de la chevalerie.

Scène 2. Figaro, Le Comte, *caché.*

Figaro, *une guitare sur le dos, attachée en bandoulière avec un large ruban ; il chantonne gaiement, un papier et un crayon à la main.*

1[1]

> *Bannissons le chagrin,*
> *Il nous consume :*
> *Sans le feu du bon vin*
> *Qui nous rallume,*
5 > *Réduit à languir,*
> *L'homme, sans plaisir,*
> *Vivrait comme un sot,*
> *Et mourrait bientôt.*

Jusque-là ceci ne va pas mal, hein, hein.

10 > *Et mourrait bientôt...*

> *Le vin et la paresse*
> *Se disputent mon cœur.*

Eh non ! ils ne se le disputent pas, ils y règnent paisiblement ensemble...

15 > *Se partagent... mon cœur.*

Dit-on se partagent ?... Eh ! mon Dieu, nos faiseurs d'opéras-comiques n'y regardent pas de si près. Aujourd'hui, ce qui ne vaut pas la peine d'être dit, on le chante. *(Il chante.)*

> *Le vin et la paresse*
20 > *Se partagent mon cœur.*

Je voudrais finir par quelque chose de beau, de brillant, de scintillant, qui eût l'air d'une pensée. *(Il met un genou en terre et écrit en chantant.)*

> *Se partagent mon cœur.*
> *Si l'une a ma tendresse...*
25 > *L'autre fait mon bonheur.*

---

1. Ce numéro renvoie aux morceaux de la partition (sur la musique du *Barbier de Séville*, voir « La musique dans *Le Barbier de Séville* », p. 241-244).

Fi donc ! c'est plat. Ce n'est pas ça... Il me faut une opposition, une antithèse :

> *Si l'une... est ma maîtresse*
> *L'autre...*

30 Eh ! parbleu, j'y suis...

> *L'autre est mon serviteur.*

Fort bien, Figaro !... *(Il écrit en chantant.)*

> *Le vin et la paresse*
> *Se partagent mon cœur ;*
35 *Si l'une est ma maîtresse,*
> *L'autre est mon serviteur.*
> *L'autre est mon serviteur.*
> *L'autre est mon serviteur.*

Hein, hein, quand il y aura des accompagnements là-
40 dessous, nous verrons encore, messieurs de la cabale[1], si je ne sais ce que je dis... *(Il aperçoit le Comte.)* J'ai vu cet abbé-là quelque part. *(Il se relève.)*

LE COMTE, *à part.* Cet homme ne m'est pas inconnu.

FIGARO. Eh non, ce n'est pas un abbé ! Cet air altier[2] et
45 noble...

LE COMTE. Cette tournure grotesque...

FIGARO. Je ne me trompe point ; c'est le comte Almaviva.

LE COMTE. Je crois que c'est ce coquin de Figaro.

FIGARO. C'est lui-même, monseigneur.

50 LE COMTE. Maraud[3] ! si tu dis un mot...

---

1. **Cabale** : groupe de personnes ayant décidé de faire échouer une pièce de théâtre (par ses manifestations hostiles au cours du spectacle).
2. **Altier** : fier, hautain.
3. **Maraud** : coquin. Injure très usitée ; elle revient encore p. 128 ligne 34 et p. 132 ligne 3.

FIGARO. Oui, je vous reconnais ; voilà les bontés familières dont vous m'avez toujours honoré.

Le Comte. Je ne te reconnaissais pas, moi. Te voilà si gros et si gras...

55 FIGARO. Que voulez-vous, monseigneur, c'est la misère.

Le Comte. Pauvre petit ! Mais que fais-tu à Séville ? Je t'avais autrefois recommandé dans les bureaux pour un emploi.

FIGARO. Je l'ai obtenu, monseigneur ; et ma recon-
60 naissance...

Le Comte. Appelle-moi Lindor. Ne vois-tu pas, à mon déguisement, que je veux être inconnu ?

FIGARO. Je me retire.

Le Comte. Au contraire. J'attends ici quelque chose, et
65 deux hommes qui jasent[1] sont moins suspects qu'un seul qui se promène. Ayons l'air de jaser. Eh bien, cet emploi ?

FIGARO. Le ministre, ayant égard à la recommandation de Votre Excellence, me fit nommer sur-le-champ garçon apothicaire.

70 Le Comte. Dans les hôpitaux de l'armée ?

FIGARO. Non ; dans les haras d'Andalousie.

Le Comte, riant. Beau début !

FIGARO. Le poste n'était pas mauvais ; parce qu'ayant le district des pansements et des drogues, je vendais souvent aux
75 hommes de bonnes médecines de cheval...

---

1. **Jasent** : ici, comme souvent au XVIIIe siècle, « bavarder, causer », et non, comme aujourd'hui, « médire, dire des choses malignes ».

LE COMTE. Qui tuaient les sujets du roi !

FIGARO. Ah ! ah ! il n'y a point de remède universel ; mais qui n'ont pas laissé de guérir[1] quelquefois des Galiciens, des Catalans, des Auvergnats[2].

80 LE COMTE. Pourquoi donc l'as-tu quitté ?

FIGARO. Quitté ? C'est bien lui-même[3] ; on m'a desservi auprès des puissances.
    L'envie aux doigts crochus, au teint pâle et livide[4]...

LE COMTE. Oh ! grâce ! grâce, ami ! Est-ce que tu fais aussi
85 des vers ? Je t'ai vu là griffonnant sur ton genou, et chantant dès le matin.

FIGARO. Voilà précisément la cause de mon malheur, Excellence. Quand on a rapporté au ministre que je faisais, je puis dire assez joliment, des bouquets à Chloris[5] ; que
90 j'envoyais des énigmes[6] aux journaux, qu'il courait des madrigaux[7] de ma façon ; en un mot, quand il a su que j'étais imprimé tout vif, il a pris la chose au tragique et m'a fait ôter mon emploi, sous prétexte que l'amour des lettres est incompatible avec l'esprit des affaires.

---

1. **Laissé de guérir :** manqué de guérir.
2. Les Auvergnats étaient présents comme mercenaires dans les armées espagnoles ; mais leur apparition dans ce contexte n'en crée pas moins une plaisante discordance (et suggère que Galiciens et Catalans étaient tenus pour des êtres aussi frustes que les Auvergnats du XVIIIe siècle).
3. **C'est bien lui-même :** c'est bien l'emploi lui-même qui m'a quitté.
4. **L'envie [...] livide :** variation sur un vers de Voltaire, dans *la Henriade* : « La sombre jalousie au teint pâle et livide » (chant IX, vers 45).
5. Un « bouquet » était une pièce de vers galants, en l'honneur d'une dame dont on voulait célébrer la fête ou l'anniversaire. Chloris est un nom de femme usuellement employé dans ce type de poésie.
6. **Énigmes :** devinettes, ou rébus, dont étaient friands les lecteurs de journaux de l'époque.
7. **Madrigaux :** poèmes exprimant avec finesse et esprit une pensée galante.

95 LE COMTE. Puissamment raisonné ! Et tu ne lui fis pas représenter[1]...

FIGARO. Je me crus trop heureux d'en être oublié, persuadé qu'un grand nous fait assez de bien quand il ne nous fait pas de mal.

100 LE COMTE. Tu ne dis pas tout. Je me souviens qu'à mon service tu étais un assez mauvais sujet.

FIGARO. Eh ! mon Dieu, monseigneur, c'est qu'on veut que le pauvre soit sans défaut.

LE COMTE. Paresseux, dérangé...

105 FIGARO. Aux vertus qu'on exige dans un domestique, Votre Excellence connaît-elle beaucoup de maîtres qui fussent dignes d'être valets ?

LE COMTE, *riant*. Pas mal. Et tu t'es retiré en cette ville ?

FIGARO. Non, pas tout de suite.

110 LE COMTE, *l'arrêtant*. Un moment... J'ai cru que c'était elle... Dis toujours, je t'entends de reste.

FIGARO. De retour à Madrid, je voulus essayer de nouveau mes talents littéraires ; et le théâtre me parut un champ d'honneur...

115 LE COMTE. Ah ! miséricorde !

FIGARO. *(Pendant sa réplique, le Comte regarde avec attention du côté de la jalousie.)* En vérité, je ne sais comment je n'eus pas le plus grand succès, car j'avais rempli le parterre des plus excellents travailleurs ; des mains... comme des battoirs ; j'avais interdit les gants, les cannes, tout
120 ce qui ne produit que des applaudissements sourds ; et

---

1. **Représenter** : observer, remarquer.

Figaro (Richard Berry) et le Comte (Raymond Acquaviva).
Mise en scène de Michel Etcheverry, Comédie-Française, 1979.

d'honneur, avant la pièce, le café[1] m'avait paru dans les meilleures dispositions pour moi. Mais les efforts de la cabale...

LE COMTE. Ah ! la cabale ! monsieur l'auteur tombé !

125 FIGARO. Tout comme un autre : pourquoi pas ? Ils m'ont sifflé ; mais si jamais je puis les rassembler...

LE COMTE. L'ennui te vengera bien d'eux ?

FIGARO. Ah ! comme je leur en garde[2], morbleu !

LE COMTE. Tu jures ! Sais-tu qu'on n'a que vingt-quatre
130 heures au palais pour maudire ses juges[3] ?

---

1. **Le café** : les cafés (singulier générique). Les cafés étaient alors le lieu de discussions littéraires (comme le café Procope), où naissaient éventuellement les cabales.
2. **Comme je leur en garde** : comme je me vengerai d'eux. L'expression attestée est : « je la leur garde bonne » (« la » = ma vengeance).
3. **Pour maudire ses juges** : pour faire appel.

FIGARO. On a vingt-quatre ans au théâtre ; la vie est trop courte pour user un pareil ressentiment.

LE COMTE. Ta joyeuse colère me réjouit. Mais tu ne me dis pas ce qui t'a fait quitter Madrid.

135 FIGARO. C'est mon bon ange, Excellence, puisque je suis assez heureux pour retrouver mon ancien maître. Voyant à Madrid que la république des lettres était celle des loups, toujours armés les uns contre les autres, et que, livrés au mépris où ce risible acharnement les conduit, tous les insectes,
140 les moustiques, les cousins, les critiques, les maringouins[1] , les envieux, les feuillistes[2], les libraires, les censeurs, et tout ce qui s'attache à la peau des malheureux gens de lettres, achevait de déchiqueter et sucer le peu de substance qui leur restait ; fatigué d'écrire, ennuyé de moi, dégoûté des autres,
145 abîmé de dettes et léger d'argent ; à la fin convaincu que l'utile revenu du rasoir est préférable aux vains honneurs de la plume, j'ai quitté Madrid ; et, mon bagage en sautoir, parcourant philosophiquement les deux Castilles, la Manche, l'Estramadure, la Sierra-Morena, l'Andalousie ; accueilli dans
150 une ville, emprisonné dans l'autre, et partout supérieur aux événements ; loué par ceux-ci, blâmé par ceux-là ; aidant au bon temps ; supportant le mauvais ; me moquant des sots, bravant les méchants ; riant de ma misère et faisant la barbe à tout le monde[3] ; vous me voyez enfin établi dans Séville,
155 et prêt à servir de nouveau Votre Excellence en tout ce qu'il lui plaira m'ordonner[4].

---

1. **Maringouins** : moucherons des pays chauds ; le mot a plu à Beaumarchais pour sa consonance avec Marin, journaliste hostile lors de l'affaire Goëzman.
2. **Feuillistes** : littéralement, ceux qui écrivent dans les « feuilles », c'est-à-dire dans les journaux. Le mot est une création de Beaumarchais.
3. **Faisant la barbe à tout le monde** : se jouant de tout le monde par ruse.
4. **Lui plaira m'ordonner** : l'absence de préposition entre le verbe *plaire* et l'infinitif était, dans la langue classique, la construction jugée préférable par les grammairiens.

LE COMTE. Qui t'a donné une philosophie aussi gaie ?

FIGARO. L'habitude du malheur. Je me presse de rire de tout, de peur d'être obligé d'en pleurer. Que regardez-vous donc toujours de ce côté ?

LE COMTE. Sauvons-nous.

FIGARO. Pourquoi ?

LE COMTE. Viens donc, malheureux ! tu me perds. *(Ils se cachent.)*

Gravure anonyme pour Le Barbier de Séville
(Bibliothèque nationale de France, Paris).

Repères

L'ouverture de la pièce :

• Avant même que le personnage en scène prononce ses premiers mots, le spectateur peut déjà, grâce aux didascalies (celle de l'acte I et celle de la scène 1) avoir une idée de la situation initiale ; quelles informations en tire-t-il ?

• Quel est l'intérêt dramaturgique de la première phrase du Comte ?

• Au cours de la scène 2, comment Beaumarchais maintient-il le lien avec la situation esquissée dans la scène 1 ?

Observation

• Dans le monologue du Comte (scène 1), quelle est la signification des points de suspension ?

• Malgré sa brièveté, la scène 1 apporte quelques informations essentielles ; lesquelles ?

• La scène 2 commence aussi par un monologue, mais l'effet théâtral est tout différent ; montrez en quoi le comportement de Figaro et son costume font contraste avec la première scène.

• La scène 2 brosse un portrait de Figaro à travers l'évocation de son passé : quelle image du personnage nous impose-t-elle ? En quoi sa chanson est-elle à l'unisson de sa « philosophie » ?

• Figaro n'apparaît pas seulement comme un homme gai : il est un compositeur aux prises avec les difficultés d'une création ; relevez les phrases qui soulignent cet aspect du personnage. Pourquoi Beaumarchais met-il en lumière ce talent de Figaro, talent qui par la suite ne sera pas employé ?

• Figaro a le sens de la formule : relevez les principaux exemples.

INTERPRÉTATIONS

• Les procédés dramaturgiques : en tant que monologue, la première scène pouvait présenter le risque d'être trop statique, au moment même du début de l'action ; comment Beaumarchais atténue-t-il cet inconvénient ? La scène 2 est conçue pour mettre au premier plan le personnage de Figaro, grâce à un monologue initial, certes, mais également à un dialogue où le Comte a le rôle d'un faire-valoir : relevez les répliques du Comte qui ont cette fonction.

• La relation entre le Comte et Figaro : montrez qu'elle manifeste une distance sociale, mais aussi une certaine connivence.

• Le comique : absent de la scène 1, il a sa place dans la scène 2. Quels en sont les éléments ? Quelles répliques du Comte explicitent ce comique ?

• La satire sociale : quelles en sont les cibles ? Cette satire est-elle très hardie ?

• Les allusions autobiographiques : quels sont les passages qui suggèrent que Beaumarchais se projette en partie dans le personnage de Figaro ?

SCÈNE 3. BARTHOLO, ROSINE
(La jalousie du premier étage s'ouvre, et Bartholo et Rosine se mettent à la fenêtre.)

ROSINE. Comme le grand air fait plaisir à respirer !... Cette jalousie s'ouvre si rarement...

BARTHOLO. Quel papier tenez-vous là ?

ROSINE. Ce sont des couplets de *La Précaution inutile*, que
5 mon maître à chanter m'a donnés hier.

BARTHOLO. Qu'est-ce que *La Précaution inutile* ?

ROSINE. C'est une comédie nouvelle.

BARTHOLO. Quelque drame encore ! quelque sottise d'un nouveau genre[1] !

10 ROSINE. Je n'en sais rien.

BARTHOLO. Euh, euh, les journaux et l'autorité nous en feront raison. Siècle barbare !...

ROSINE. Vous injuriez toujours notre pauvre siècle.

BARTHOLO. Pardon de la liberté[2] ! Qu'a-t-il produit pour
15 qu'on le loue ? Sottises de toute espèce : la liberté de penser,

---

1. Bartholo n'aimait pas les drames. Peut-être avait-il fait quelque tragédie dans sa jeunesse (note de Beaumarchais).
2. **Pardon de la liberté !** : raccourci pour « pardon de la liberté que je prends ! ».

l'attraction[1], l'électricité[2], le tolérantisme[3], l'inoculation[4], le quinquina[5], *l'Encyclopédie*[6], et les drames[7]...

ROSINE. *(Le papier lui échappe et tombe dans la rue.)* Ah ! ma chanson ! Ma chanson est tombée en vous écoutant ; courez, courez donc, monsieur ! Ma chanson, elle sera perdue !

BARTHOLO. Que diable aussi, l'on tient ce qu'on tient. *(Il quitte le balcon.)*

ROSINE *regarde en dedans et fait signe dans la rue.* St, st ! *(Le Comte paraît.)* Ramassez vite et sauvez-vous. *(Le Comte ne fait qu'un saut, ramasse le papier et rentre.)*

BARTHOLO *sort de la maison et cherche.* Où donc est-il ? Je ne vois rien.

---

1. **L'attraction** : l'attraction universelle, découverte par Newton en 1687, et vulgarisée en France au début du XVIIIe siècle.
2. Les phénomènes électriques, très à la mode depuis le début du XVIIIe siècle.
3. **Le tolérantisme** : ce terme est défini par le *Dictionnaire de l'Académie* (1762) comme « le système de ceux qui croient qu'on doit tolérer dans un État toutes sortes de religions ». Le mot a une valeur péjorative : Bartholo est opposé à cette idée de tolérance, valeur fondamentale de la philosophie des Lumières.
4. **Inoculation** : vaccination, encore controversée, contre la variole.
5. **Quinquina** : écorce aux vertus curatives connue depuis le XVIIe siècle. Son utilisation ne suscitait pas, à vrai dire, de polémique. Bartholo va un peu loin dans son refus des nouveautés...
6. *L'Encyclopédie* : parue en 17 volumes de 1751 à 1756, sous la direction de Diderot, elle avait été complétée par 11 volumes de planches (dessins gravés) ; le dernier datait de 1772, année de la rédaction du *Barbier*. Ce vaste dictionnaire était une manifestation essentielle de la pensée philosophique du siècle.
7. **Drames** : ici, le « genre dramatique sérieux » cher à Beaumarchais.

ROSINE. Sous le balcon, au pied du mur.

BARTHOLO. Vous me donnez là une jolie commission ! Il est donc passé quelqu'un ?

30 ROSINE. Je n'ai vu personne.

BARTHOLO, *à lui-même.* Et moi qui ai la bonté de chercher !... Bartholo, vous n'êtes qu'un sot, mon ami : ceci doit vous apprendre à ne jamais ouvrir de jalousie sur la rue. *(Il rentre.)*

ROSINE, *toujours au balcon.* Mon excuse est dans mon 35 malheur : seule, enfermée, en butte à la persécution d'un homme odieux, est-ce un crime de tenter à[1] sortir d'esclavage ?

BARTHOLO, *paraissant au balcon.* Rentrez, signora ; c'est ma faute si vous avez perdu votre chanson ; mais ce malheur 40 ne vous arrivera plus, je vous jure. *(Il ferme la jalousie à la clef.)*

---

1. **Tenter à :** voir *supra* p. 70 note 3.

Repères

• Cette scène fait apparaître deux nouveaux personnages : montrez en quoi il y a continuité et discontinuité par rapport aux deux scènes précédentes.
• L'intrigue se dévoile progressivement : quels sont les éléments connus ? Qu'ignore-t-on encore ?

Observation

• Comment l'entrée en scène de Bartholo et de Rosine est-elle rendue spectaculaire ? Pourquoi Beaumarchais a-t-il voulu les présenter d'abord côte à côte ?
• Quelles informations cette scène apporte-t-elle sur la relation entre Rosine et Bartholo ?
• À la différence des deux scènes précédentes, celle-ci repose sur une action : quels sont les facteurs qui lui confèrent une grande animation ?
• Quel effet produit la mention, par Rosine, du titre de la « comédie nouvelle » ? Quel en est l'intérêt dramaturgique ?
• Montrez comment l'ambivalence du mot *jalousie* se retrouve dans la première réplique de Rosine.
• À qui s'adresse sa dernière réplique ?
• Quelle est la réplique de Bartholo qui témoigne déjà de sa lucidité et montre qu'il ne sera pas un barbon facile à duper ?

Interprétations

• Une scène animée : montrez l'importance, à cet effet, des didascalies.
• Cette scène représente concrètement l'opposition des deux espaces constitutifs du dynamisme de la pièce : l'espace clos où est enfermée Rosine (celui de la jalousie) et l'espace ouvert de la rue (celui de la liberté et de l'amour). Relevez tous les éléments qui, dans le texte du dialogue comme dans celui des didascalies, expriment cette opposition fondamentale.

SCÈNE 4. LE COMTE, FIGARO
(Ils entrent avec précaution.)

LE COMTE. À présent qu'ils sont retirés, examinons cette chanson, dans laquelle un mystère est sûrement renfermé. C'est un billet !

FIGARO. Il demandait ce que c'est que *la Précaution inutile !*

5 LE COMTE *lit vivement.* « Votre empressement excite ma curiosité ; sitôt que mon tuteur sera sorti, chantez indifféremment, sur l'air connu de ces couplets, quelque chose qui m'apprenne enfin le nom, l'état et les intentions de celui qui paraît s'attacher si obstinément à l'infortunée
10 Rosine. »

FIGARO, *contrefaisant la voix de Rosine.* Ma chanson, ma chanson est tombée ; courez, courez donc *(Il rit)*, ah ! ah ! ah ! ah ! Oh ! ces femmes ! voulez-vous donner de l'adresse à la plus ingénue ? enfermez-la.

15 LE COMTE. Ma chère Rosine !

FIGARO. Monseigneur, je ne suis plus en peine des motifs de votre mascarade[1] ; vous faites ici l'amour en perspective[2].

LE COMTE. Te voilà instruit ; mais si tu jases[3]...

FIGARO. Moi, jaser ! Je n'emploierai point pour vous
20 rassurer les grandes phrases d'honneur et de dévouement dont on abuse à la journée ; je n'ai qu'un mot : mon intérêt vous répond de moi ; pesez tout à cette balance, et...

---

1. **Mascarade** : déguisement.
2. **Vous faites ici [...] en perspective** : vous courtisez en projet, en espérance.
3. **Jases** : voir *supra* p. 88 note 1.

LE COMTE. Fort bien. Apprends donc que le hasard m'a fait
rencontrer au Prado[1], il y a six mois, une jeune personne
25 d'une beauté !... Tu viens de la voir. Je l'ai fait chercher en
vain par tout Madrid. Ce n'est que depuis peu de jours que
j'ai découvert qu'elle s'appelle Rosine, est d'un sang noble,
orpheline, et mariée à un vieux médecin de cette ville, nommé
Bartholo.

30 FIGARO. Joli oiseau, ma foi ! difficile à dénicher ! Mais qui
vous a dit qu'elle était femme du docteur ?

LE COMTE. Tout le monde.

FIGARO. C'est une histoire qu'il a forgée en arrivant de
Madrid pour donner le change aux galants[2] et les écarter ;
35 elle n'est encore que sa pupille, mais bientôt...

LE COMTE, *vivement*. Jamais[3]. Ah ! quelle nouvelle ! J'étais
résolu de tout oser pour lui présenter mes regrets, et je la
trouve libre ! Il n'y a pas un moment à perdre ; il faut m'en
faire aimer, et l'arracher à l'indigne engagement qu'on lui
40 destine. Tu connais donc ce tuteur ?

FIGARO. Comme ma mère.

LE COMTE. Quel homme est-ce ?

FIGARO, *vivement*. C'est un beau, gros, court, jeune

---

1. **Prado** : grande avenue de Madrid qui était alors un lieu de promenade
fréquenté.
2. **Donner le change aux galants** : égarer les galants sur une autre piste (terme
de chasse).
3. **Jamais** : jamais elle ne sera sa femme (le Comte a compris tout de suite ce
qu'allait dire Figaro).

vieillard, gris pommelé, rusé, rasé, blasé, qui guette et furète
45 et gronde et geint tout à la fois.

Le Comte, *impatienté*. Eh ! je l'ai vu. Son caractère ?

Figaro. Brutal, avare, amoureux et jaloux à l'excès de sa
pupille, qui le hait à la mort[1].

Le Comte. Ainsi, ses moyens de plaire sont...

50 Figaro. Nuls.

Le Comte. Tant mieux. Sa probité ?

Figaro. Tout juste autant qu'il en faut pour n'être point
pendu.

Le Comte. Tant mieux. Punir un fripon en se rendant
55 heureux...

Figaro. C'est faire à la fois le bien public et particulier :
chef-d'œuvre de morale, en vérité, monseigneur !

Le Comte. Tu dis que la crainte des galants lui fait fermer
sa porte ?

60 Figaro. À tout le monde ; s'il pouvait la calfeutrer...

Le Comte. Ah ! diable, tant pis. Aurais-tu de l'accès
chez lui ?

Figaro. Si j'en ai ! *Primo*, la maison que j'occupe appartient
au docteur, qui m'y loge *gratis*...

65 Le Comte. Ah ! ah !

Figaro. Oui. Et moi, en reconnaissance, je lui promets dix
pistoles par an, *gratis* aussi...

---

1. À la mort : à mort.

LE COMTE, *impatienté.* Tu es son locataire ?

FIGARO. De plus, son barbier, son chirurgien, son
70 apothicaire ; il ne se donne pas dans sa maison un coup de
rasoir, de lancette[1] ou de piston[2], qui ne soit de la main de
votre serviteur.

LE COMTE *l'embrasse.* Ah ! Figaro, mon ami, tu seras mon
ange, mon libérateur, mon dieu tutélaire.

75 FIGARO. Peste ! comme l'utilité vous a bientôt rapproché les
distances ! Parlez-moi des gens passionnés !

LE COMTE. Heureux Figaro ! tu vas voir ma Rosine ! tu vas
la voir ! Conçois-tu ton bonheur ?

FIGARO. C'est bien là un propos d'amant ! Est-ce que je
80 l'adore, moi ? Puissiez-vous prendre ma place !

LE COMTE. Ah ! si l'on pouvait écarter tous les
surveillants !...

FIGARO. C'est à quoi je rêvais.

LE COMTE. Pour douze heures seulement !

85 FIGARO. En occupant les gens de leur propre intérêt, on les
empêche de nuire à l'intérêt d'autrui.

LE COMTE. Sans doute. Eh bien ?

FIGARO, *rêvant.* Je cherche dans ma tête si la pharmacie ne
fournirait pas quelques petits moyens innocents...

90 LE COMTE. Scélérat !

---

1. **Lancette** : instrument pour pratiquer les saignées.
2. **Piston** : ici, seringue à lavement.

FIGARO. Est-ce que je veux leur nuire ? Ils ont tous besoin de mon ministère. Il ne s'agit que de les traiter ensemble.

LE COMTE. Mais ce médecin peut prendre un soupçon.

FIGARO. Il faut marcher si vite que le soupçon n'ait pas le
95 temps de naître. Il me vient une idée !... Le régiment de Royal-Infant arrive en cette ville.

LE COMTE. Le colonel est de mes amis.

FIGARO. Bon. Présentez-vous chez le docteur en habit de cavalier, avec un billet de logement[1] ; il faudra bien qu'il
100 vous héberge ; et moi, je me charge du reste.

LE COMTE. Excellent !

FIGARO. Il ne serait même pas mal que vous eussiez l'air entre deux vins...

LE COMTE. À quoi bon ?

105 FIGARO. Et le mener un peu lestement sous cette apparence déraisonnable.

LE COMTE. À quoi bon ?

FIGARO. Pour qu'il ne prenne aucun ombrage, et vous croie plus pressé de dormir que d'intriguer chez lui.

110 LE COMTE. Supérieurement vu ! Mais que n'y vas-tu, toi ?

FIGARO. Ah ! oui, moi ! Nous serons bien heureux s'il ne vous reconnaît pas, vous qu'il n'a jamais vu. Et comment vous introduire après ?

---

1. **Billet de logement** : billet ordonnant à un civil de loger chez lui un ou plusieurs soldats.

LE COMTE. Tu as raison.

115 FIGARO. C'est que vous ne pourrez peut-être pas soutenir ce personnage difficile. Cavalier... pris de vin...

LE COMTE. Tu te moques de moi. *(Prenant un ton ivre.)* N'est-ce point ici la maison du docteur Bartholo, mon ami ?

FIGARO. Pas mal, en vérité ; vos jambes seulement un peu 120 plus avinées. *(D'un ton plus ivre.)* N'est-ce pas ici la maison...

LE COMTE. Fi donc ! tu as l'ivresse du peuple.

FIGARO. C'est la bonne, c'est celle du plaisir.

LE COMTE. La porte s'ouvre.

FIGARO. C'est notre homme : éloignons-nous jusqu'à ce 125 qu'il soit parti.

REPÈRES

Cette scène est la suite du dialogue entre le Comte et Figaro, dialogue interrompu par l'apparition de Bartholo et de Rosine à la fenêtre. En quoi est-elle complémentaire des scènes précédentes ?
• En ce qui concerne l'amour du Comte (voir scène 1) ?
• En ce qui concerne la situation actuelle de Figaro (voir scène 2) ?
• En ce qui concerne la relation entre Bartholo et Rosine (voir scène 3) ?

OBSERVATION

• En quoi la réplique de Figaro (« Comme ma mère. » l. 41) est-elle comique ? (Voir la « Lettre modérée », p. 68).
• Que veut dire le Comte, ligne 46 (« Eh ! je l'ai vu ») ?
• Que suggère la phrase de Figaro, lignes 111-112 ?
• Cette scène prolonge la scène précédente, mais ouvre aussi sur l'action à venir : où se situe exactement l'articulation entre ces deux versants ?
• Figaro possède l'art des formules : relevez-les.
• La vivacité du dialogue tient ici à la brièveté des répliques, mais aussi à leur enchaînement : relevez et analysez celles qui vous paraissent les plus intéressantes.
• De quelle façon l'information donnée par Figaro (Bartholo et Rosine ne sont pas encore mariés) modifie-t-elle l'intrigue initiale ?

INTERPRÉTATIONS

• Comparez le billet de Rosine avec celui d'Agnès dans *L'École des femmes* (acte III, scène 4).
• La relation entre Figaro et le Comte : analysez la transformation qui s'est opérée depuis la scène 2 et situez précisément le moment où l'attitude du Comte envers Figaro change.
• Une comédie dans la comédie : montrez en quoi la fin de cette scène est un redoublement théâtral.

SCÈNE 5. LE COMTE et FIGARO *cachés ;* BARTHOLO.

BARTHOLO *sort en parlant à la maison.* Je reviens à l'instant ; qu'on ne laisse entrer personne. Quelle sottise à moi d'être descendu ! Dès qu'elle[1] m'en priait, je devais bien me douter... Et Bazile qui ne vient pas ! Il devait tout arranger
5 pour que mon mariage se fît secrètement demain ; et point de nouvelles ! Allons voir ce qui peut l'arrêter.

SCÈNE 6. LE COMTE, FIGARO.

LE COMTE. Qu'ai-je entendu ? Demain il épouse Rosine en secret !

FIGARO. Monseigneur, la difficulté de réussir ne fait qu'ajouter à la nécessité d'entreprendre.

5 LE COMTE. Quel est donc ce Bazile qui se mêle de son mariage ?

FIGARO. Un pauvre hère qui montre la musique à sa pupille, infatué de son art, friponneau, besoigneux[2], à genoux devant un écu, et dont il sera facile de venir à bout, monseigneur...
10 *(Regardant à la jalousie.)* La v'là, la v'là.

LE COMTE. Qui donc ?

FIGARO. Derrière sa jalousie, la voilà, la voilà. Ne regardez pas, ne regardez donc pas !

---

1. **Dès qu'elle** : puisqu'elle, du moment qu'elle.
2. **Besoigneux** : qui est dans le besoin (forme ancienne, de « besogneux », encore attestée dans le *Dictionnaire de l'Académie* de 1835).

LE COMTE. Pourquoi ?

15 FIGARO. Ne vous écrit-elle pas : « Chantez indifféremment » ? c'est-à-dire, chantez comme si vous chantiez...
seulement pour chanter. Oh ! la v'là, la v'là.

LE COMTE. Puisque j'ai commencé à l'intéresser sans être
connu d'elle, ne quittons point le nom de Lindor que j'ai
20 pris ; mon triomphe en aura plus de charmes. *(Il déploie le
papier que Rosine a jeté.)* Mais comment chanter sur cette
musique ? Je ne sais pas faire de vers, moi !

FIGARO. Tout ce qui vous viendra, monseigneur, est
excellent : en amour, le cœur n'est pas difficile sur les
25 productions de l'esprit... Et prenez ma guitare.

LE COMTE. Que veux-tu que j'en fasse ? j'en joue si mal !

FIGARO. Est-ce qu'un homme comme vous ignore quelque
chose ? Avec le dos de la main, from, from, from... Chanter
sans guitare à Séville ! Vous seriez bientôt reconnu, ma foi,
30 bientôt dépisté. *(Figaro se colle au mur sous le balcon.)*

LE COMTE *chante en se promenant et s'accompagnant sur
sa guitare.*

2

PREMIER COUPLET
*Vous l'ordonnez, je me ferai connaître ;
Plus inconnu, j'osais[1] vous adorer :
En me nommant, que pourrais-je espérer ?
N'importe, il faut obéir à son maître.*

35 FIGARO, *bas.* Fort bien, parbleu ! Courage, monseigneur !

---

1. **Plus inconnu, j'osais...** : quand j'étais plus inconnu, j'osais...

LE COMTE.

DEUXIÈME COUPLET

> *Je suis Lindor, ma naissance est commune,*
> *Mes vœux sont ceux d'un simple bachelier ;*
> *Que n'ai-je, hélas ! d'un brillant chevalier*
> *À vous offrir le rang et la fortune !*

40 FIGARO. Et comment, diable ! Je ne ferais pas mieux, moi qui m'en pique.

LE COMTE.

TROISIÈME COUPLET

> *Tous les matins, ici, d'une voix tendre,*
> *Je chanterai mon amour sans espoir ;*
> *Je bornerai mes plaisirs à vous voir ;*
45 > *Et puissiez-vous en trouver à m'entendre !*

FIGARO. Oh ! ma foi, pour celui-ci !... *(Il s'approche, et baise le bas de l'habit de son maître.)*

LE COMTE. Figaro ?

FIGARO. Excellence ?

LE COMTE. Crois-tu que l'on m'ait entendu ?

ROSINE, *en dedans, chante.*

AIR du *Maître en droit*[1].

50 > *Tout me dit que Lindor est charmant,*
> *Que je dois l'aimer constamment...*
> *(On entend une croisée qui se ferme avec bruit.)*

FIGARO. Croyez-vous qu'on vous ait entendu, cette fois ?

---

1. Beaumarchais fait ici un emprunt au *Maître en droit*, opéra-comique de Lemonnier, sur une musique de Monsigny (1760). Voir p. 243.

LE COMTE. Elle a fermé sa fenêtre ; quelqu'un apparemment est entré chez elle.

55 FIGARO. Ah ! la pauvre petite, comme elle tremble en chantant ! Elle est prise[1], monseigneur.

LE COMTE. Elle se sert du moyen qu'elle-même a indiqué. « Tout me dit que Lindor est charmant. » Que de grâces ! que d'esprit !

60 FIGARO. Que de ruse ! que d'amour !

LE COMTE. Crois-tu qu'elle se donne à moi, Figaro ?

FIGARO. Elle passera plutôt à travers cette jalousie que d'y manquer.

LE COMTE. C'en est fait, je suis à ma Rosine... pour la vie.

65 FIGARO. Vous oubliez, monseigneur, qu'elle ne vous entend plus.

LE COMTE. Monsieur Figaro, je n'ai qu'un mot à vous dire : elle sera ma femme ; et si vous servez bien mon projet en lui cachant mon nom... Tu m'entends[2], tu me connais...

70 FIGARO. Je me rends. Allons, Figaro, vole à la fortune, mon fils.

LE COMTE. Retirons-nous, crainte de nous rendre suspects.

FIGARO, *vivement.* Moi, j'entre ici, où, par la force de mon art, je vais, d'un seul coup de baguette, endormir la vigilance, 75 éveiller l'amour, égarer la jalousie, fourvoyer l'intrigue[3], et

---

1. **Prise :** éprise (prise par le sentiment de l'amour).
2. **Tu m'entends :** tu me comprends.
3. **Fourvoyer l'intrigue :** aiguiller hors du chemin prévu le projet de mariage de Bartholo.

renverser tous les obstacles. Vous, monseigneur, chez moi, l'habit de soldat, le billet de logement, et de l'or dans vos poches.

LE COMTE. Pour qui, de l'or ?

80 FIGARO, *vivement*. De l'or, mon Dieu, de l'or : c'est le nerf de l'intrigue.

LE COMTE. Ne te fâche pas, Figaro, j'en prendrai beaucoup.

FIGARO, *s'en allant*. Je vous rejoins dans peu.

LE COMTE. Figaro !

85 FIGARO. Qu'est-ce que c'est ?

LE COMTE. Et ta guitare ?

FIGARO *revient*. J'oublie ma guitare, moi ? Je suis donc fou ! *(Il s'en va.)*

LE COMTE. Et ta demeure, étourdi ?

FIGARO *revient*. Ah ! réellement je suis frappé[1] ! – Ma 90 boutique à quatre pas d'ici, peinte en bleu, vitrage en plomb[2], trois palettes[3] en l'air, l'œil dans la main[4], *Consilio manuque*[5], FIGARO. *(Il s'enfuit.)*

---

1. **Frappé :** détraqué.
2. **Vitrage en plomb :** vitrage dont les châssis sont de plomb.
3. **Palettes :** petits récipients dans lesquels était recueilli le sang des saignées. Ces palettes sont ici « en l'air » parce qu'elles constituent une partie de l'enseigne : comme il était usuel à l'époque, le barbier Figaro est aussi chirurgien et pratique la saignée.
4. **L'œil dans la main :** autre emblème de l'enseigne, signifiant l'alliance de l'habileté et de l'attention.
5. *Consilio manuque* : devise latine de l'Académie de chirurgie, signifiant littéralement « par la réflexion et par la main » (c'est une variante de l'expression précédente).

REPÈRES

• Quelle information nouvelle apporte le monologue de Bartholo ?
• En quoi la scène 6 complète-t-elle l'exposition de la pièce ?

OBSERVATION

• Au début de la scène 5, quelle est la signification exacte de la didascalie ? Concerne-t-elle tout le monologue de Bartholo ?
• En quoi la première phrase exprime-t-elle en raccourci un aspect essentiel de l'intrigue ?
• Que signifie exactement la formule de Figaro au début de la scène 6 : « la difficulté de réussir ne fait qu'ajouter à la nécessité d'entreprendre » ?
• Pourquoi le comte Almaviva estime-t-il que sous le nom de Lindor son triomphe aura plus de charmes (lignes 19-20) ?
• Comparez la chanson du Comte à celle de Figaro dans la scène 2 : caractérisez l'une et l'autre.
• Ligne 64 : à la lumière de la réplique suivante de Figaro, comment doit-on interpréter cette phrase du Comte ?
• Les compliments adressés au Comte par Figaro sont-ils sincères ou ironiques ?
• Comment se manifeste, dans la deuxième moitié de la scène, l'excitation de Figaro ?
• Pourquoi est-il si excité à l'idée de servir les intérêts du Comte ?
• Quelle est la fonction de la description de la boutique de Figaro, à la fin de la scène ?

INTERPRÉTATIONS

• Relevez dans la scène 6 les éléments qui montrent que l'alliance entre le Comte, Figaro et Rosine est bien scellée, contre Bartholo.

La place de la musique

L'étourderie finale de Figaro permet de mettre en valeur la guitare (on peut supposer qu'elle est brandie par le Comte en direction de Figaro, donc bien mise en vue des spectateurs) et de figurer ainsi concrètement la présence de la musique dans cet acte. L'acte en effet est encadré par deux chansons, toutes deux associées à un travail de création musicale :

– dans la scène 2, Figaro compose ; il écrit, tâtonne et chantonne, sans accompagnement de guitare (elle est seulement suspendue en bandoulière) ;

– dans la scène 6, le Comte, inspiré par l'amour, improvise avec brio, en jouant de l'instrument : par cette prestation, il rétablit son image de noble et de jeune premier, un peu estompée depuis la scène 2 par le rayonnement de Figaro.

L'unité de temps

Le mariage de Bartholo et de Rosine est fixé au lendemain, ce qui rend urgente la réussite de l'entreprise du Comte. Mais l'action doit être contenue dans le cadre de vingt-quatre heures, afin de respecter l'unité de temps du théâtre classique ; la pièce, qui commence au petit jour, doit s'achever avant le jour suivant. De fait, comme Bartholo et le Comte veulent chacun prendre l'autre de vitesse, le mariage sera finalement célébré au cours de la nuit, à une heure « indue » (dernière scène).

La mise en place de l'action

Si l'on connaît tout de suite (scène 1) le rôle du Comte (l'amoureux cherchant à conquérir sa belle), rien n'est dit d'abord (scène 2) sur le rôle que va jouer Figaro, car le Comte ne l'informe pas de ses projets. Autant le personnage du Comte est conventionnel, autant celui de Figaro est dans un premier temps mystérieux, dans la mesure où le dialogue est tout entier tourné vers le passé, et ne dit rien sur ce qui va suivre : il y a là un paradoxe, à l'ouverture d'une pièce, et une habileté, parce qu'ainsi est créé un effet d'attente. Le spectateur est immédiatement informé de l'intrigue, mais non de l'action à venir. Il sera éclairé par la scène 4, où le rôle endossé par Figaro est doublement affirmé : il donne au Comte le moyen de s'introduire dans la maison et il va, pour sa part, neutraliser les « surveillants ».

Figaro meneur de jeu

Il détient des informations essentielles sur Bartholo ; de plus, il a ses entrées dans la place, et exerce, de par ses fonctions d'apothicaire, quelque pouvoir sur les gens de la maison. Il est inventif, a de l'esprit et le manifeste dans des formules qui s'imposent à notre attention. Au terme de cet acte, rien ne paraît devoir lui résister.

Le déguisement comme ressort de l'action

Dans cet acte, le Comte passe d'un premier déguisement (en homme dissimulé sous un habit couleur muraille ; le mot « déguisement » apparaît scène 1 ligne 15 et scène 2 ligne 62 ; Figaro emploie le terme de « mascarade », scène 4, ligne 17) au projet d'un deuxième (en habit de cavalier), avec une surenchère dans la composition, puisqu'il doit imiter un homme ivre.

Le jeu théâtral fondamental

Il est dans l'opposition entre ouverture et fermeture : Bartholo garde sa maison comme une place assiégée (par des galants éventuels), et ne fait que des sorties rapides et prudentes, toujours obsédé par la nécessité de fermer à clé. Voilà à ses yeux la « précaution » nécessaire, dont il ne sait pas encore qu'elle sera « inutile ». En revanche, il s'agit pour le Comte, aidé de Figaro, de se ménager une ouverture : on verra qu'après être passé par la porte (grâce à des déguisements), Almaviva entrera par la fenêtre.

Rosine (Anne Kessler) et Figaro (Thierry Hancisse).
Mise en scène de Jean-Luc Boutté, Comédie-Française, 1990.

ACTE II

Le théâtre représente l'appartement de Rosine. La croisée dans le fond du théâtre est fermée par une jalousie grillée.

SCÈNE PREMIÈRE. ROSINE, *seule, un bougeoir à la main. Elle prend du papier sur la table et se met à écrire.*

Marceline est malade, tous les gens¹ sont occupés, et personne ne me voit écrire. Je ne sais si ces murs ont des yeux et des oreilles, ou si mon Argus² a un génie malfaisant qui l'instruit à point nommé, mais je ne puis dire un mot ni faire
5 un pas dont il ne devine sur-le-champ l'intention... Ah ! Lindor ! *(Elle cachette la lettre.)* Fermons toujours ma lettre, quoique j'ignore quand et comment je pourrai la lui faire tenir. Je l'ai vu à travers ma jalousie parler longtemps au barbier Figaro. C'est un bon homme qui m'a montré
10 quelquefois de la pitié ; si je pouvais l'entretenir un moment !

---

1. **Gens** : serviteurs.
2. **Argus** : dans la mythologie gréco-latine, Argus était un géant pourvu de cent yeux, chargé par la déesse Junon de surveiller la nymphe Io. Par ce nom, on désigne tout surveillant particulièrement vigilant.

SCÈNE 2. ROSINE, FIGARO

ROSINE, *surprise.* Ah ! monsieur Figaro, que je suis aise de vous voir !

FIGARO. Votre santé, madame[1] ?

ROSINE. Pas trop bonne, monsieur Figaro. L'ennui me tue.

5 FIGARO. Je le crois ; il n'engraisse que les sots.

ROSINE. Avec qui parliez-vous donc là-bas si vivement ? Je n'entendais pas, mais...

FIGARO. Avec un jeune bachelier de mes parents, de la plus grande espérance ; plein d'esprit, de sentiments, de talents, et
10 d'une figure fort revenante[2].

ROSINE. Oh ! tout à fait bien, je vous assure ! Il se nomme ?...

FIGARO. Lindor. Il n'a rien. Mais s'il n'eût pas quitté brusquement Madrid, il pouvait y trouver quelque bonne place.

15 ROSINE, *étourdiment.* Il en trouvera, monsieur Figaro, il en trouvera. Un jeune homme tel que vous le dépeignez n'est pas fait pour rester inconnu.

FIGARO, *à part.* Fort bien. *(Haut.)* Mais il a un grand défaut, qui nuira toujours à son avancement.

20 ROSINE. Un défaut, monsieur Figaro ! Un défaut ! en êtes-vous bien sûr ?

FIGARO. Il est amoureux.

ROSINE. Il est amoureux ! et vous appelez cela un défaut !

---

1. **Votre santé, madame ?** : raccourci pour « comment va votre santé, madame ? ». Au XVIIIᵉ siècle, on appelait « madame » une jeune fille noble.
2. **D'une figure fort revenante** : d'apparence très plaisante.

FIGARO. À la vérité, ce n'en est un que relativement à sa
25 mauvaise fortune.

ROSINE. Ah ! que le sort est injuste ! Et nomme-t-il la
personne qu'il aime ? Je suis d'une curiosité...

FIGARO. Vous êtes la dernière, madame, à qui je voudrais
faire une confidence de cette nature.

30 ROSINE, *vivement.* Pourquoi, monsieur Figaro ? Je suis
discrète, ce jeune homme vous appartient[1], il m'intéresse
infiniment... Dites donc !

FIGARO, *la regardant finement.* Figurez-vous la plus jolie
petite mignonne, douce, tendre, accorte[2] et fraîche, agaçant
35 l'appétit, pied furtif[3], taille adroite[4], élancée, bras dodus,
bouche rosée, et des mains ! des joues ! des dents ! des
yeux !...

ROSINE. Qui reste[5] en cette ville ?

FIGARO. En ce quartier.

40 ROSINE. Dans cette rue peut-être ?

FIGARO. À deux pas de moi.

ROSINE. Ah ! que c'est charmant... pour monsieur votre
parent. Et cette personne est ?...

FIGARO. Je ne l'ai pas nommée ?

45 ROSINE, *vivement.* C'est la seule chose que vous ayez
oubliée, monsieur Figaro. Dites donc, dites donc vite ; si l'on
rentrait, je ne pourrais plus savoir...

---

1. **Vous appartient** : vous est apparenté (Figaro vient de dire : « un jeune
bachelier de mes parents »).
2. **Accorte** : vive et gracieuse.
3. **Furtif** : léger et rapide.
4. **Taille adroite** : taille qui sait se mouvoir avec souplesse.
5. **Qui reste** : qui demeure.

FIGARO. Vous le voulez absolument, madame ? Eh bien, cette personne est... la pupille de votre tuteur.

50 ROSINE.   La pupille ?...

FIGARO. Du docteur Bartholo, oui, madame.

ROSINE, *avec émotion*. Ah ! monsieur Figaro... Je ne vous crois pas, je vous assure.

FIGARO. Et c'est ce qu'il brûle de venir vous persuader lui-
55 même.

ROSINE. Vous me faites trembler, monsieur Figaro.

FIGARO. Fi donc, trembler ! mauvais calcul, madame. Quand on cède à la peur du mal, on ressent déjà le mal de la peur. D'ailleurs, je viens de vous débarrasser de tous vos
60 surveillants jusqu'à demain.

ROSINE. S'il m'aime, il doit me le prouver en restant absolument tranquille.

FIGARO. Eh ! madame ! amour et repos peuvent-ils habiter en même cœur ? La pauvre jeunesse est si malheureuse
65 aujourd'hui, qu'elle n'a que ce terrible choix : amour sans repos, ou repos sans amour.

ROSINE, *baissant les yeux*. Repos sans amour... paraît...

FIGARO. Ah ! bien languissant. Il semble, en effet, qu'amour sans repos se présente de meilleure grâce ; et pour moi, si
70 j'étais femme...

ROSINE, *avec embarras*. Il est certain qu'une jeune personne ne peut empêcher un honnête homme de l'estimer.

FIGARO. Aussi mon parent vous estime-t-il infiniment.

ROSINE. Mais s'il allait faire quelque imprudence, monsieur
75 Figaro, il nous perdrait.

FIGARO, *à part.* Il nous perdrait ! *(Haut.)* Si vous le lui défendiez expressément par une petite lettre... Une lettre a bien du pouvoir.

ROSINE *lui donne la lettre qu'elle vient d'écrire.* Je n'ai pas
80 le temps de recommencer celle-ci, mais en la lui donnant, dites-lui... dites-lui bien... *(Elle écoute.)*

FIGARO. Personne, madame.

ROSINE. Que c'est par pure amitié tout ce que je fais.

FIGARO. Cela parle de soi. Tudieu ! l'amour a bien une autre
85 allure !

ROSINE. Que par pure amitié, entendez-vous ? Je crains seulement que, rebuté par les difficultés...

FIGARO. Oui, quelque feu follet[1]. Souvenez-vous, madame, que le vent qui éteint une lumière allume un brasier, et que
90 nous sommes ce brasier-là. D'en parler seulement, il exhale un tel feu qu'il m'a presque enfiévré[2] de sa passion, moi qui n'y ai que voir !

ROSINE. Dieux ! j'entends mon tuteur. S'il vous trouvait ici... Passez par le cabinet du clavecin, et descendez le plus
95 doucement que vous pourrez.

FIGARO. Soyez tranquille. *(À part, montrant la lettre.)* Voici qui vaut mieux que toutes mes observations[3]. *(Il entre dans le cabinet.)*

---

1. **Oui, quelque feu follet :** raccourci d'expression pour « vous auriez raison si vous aviez affaire à un feu follet (un être inconsistant) ».
2. Le mot « enfiévré », qui n'est plus français, a excité la plus vive indignation parmi les puritains littéraires ; je ne conseille à aucun galant homme de s'en servir ; mais M. Figaro !... (Note de Beaumarchais.)
3. **Mes observations :** les observations qu'il va pouvoir faire en se postant dans le cabinet (petite pièce à l'écart).

Repères

• Le lieu théâtral s'est déplacé de l'extérieur vers l'intérieur. Cependant, un élément est commun entre ce décor et celui de l'acte I : lequel ? En quoi est-il important ?

• Que pensez-vous de l'enchaînement de la scène 1 à la scène 2 ? Quel est l'effet produit ?

Observation

• Cet acte s'ouvre, comme l'acte I, par un monologue : comparez ces deux monologues (leurs points communs et leurs différences).

• Quel est l'intérêt dramaturgique d'ouvrir cet acte sur une Rosine seule en scène ?

• Pourquoi Beaumarchais ne nous informe-t-il pas du contenu de la lettre ?

• En quoi ce monologue contribue-t-il à mieux faire connaître Rosine (qui n'a fait jusqu'ici qu'une apparition, acte I, scène 3) ?

• La scène 2 ajoute encore à notre connaissance de la jeune fille ; montrez-le.

• Quel jeu de mots peut-on voir au début de la première réplique de Figaro (ligne 13) ?

• Pourquoi Figaro reprend-il en aparté (ligne 76) les derniers mots de Rosine ?

• La note de Beaumarchais (note 2, p. 120) ne s'adresse évidemment qu'au lecteur de la pièce : quel effet les derniers mots (« Mais M. Figaro !... ») produisent-ils ? Le mot « enfiévré » est-il encore français ?

Interprétations

• Le jeu scénique dans la scène 1 : à lire le texte, très peu de temps s'écoule entre « se met à écrire » et « elle cachette la lettre ». Comment doit-on imaginer le jeu de l'actrice, à partir de ces indications ?

• Analyse du comique : la scène 2 réintroduit le comique (après le monologue plutôt pathétique de Rosine). Quels en sont les ressorts ?

• La relation entre Figaro et Rosine : en étudiant les répliques de Figaro, précisez la nature de cette relation.

SCÈNE 3. ROSINE, *seule*.

Je meurs d'inquiétude jusqu'à ce qu'il soit dehors... Que je l'aime, ce bon Figaro ! C'est un bien honnête homme, un bon parent[1] ! Ah ! voilà mon tyran ; reprenons mon ouvrage. *(Elle souffle la bougie[2], s'assied, et prend une broderie au tambour[3].)*

SCÈNE 4. BARTHOLO, ROSINE.

BARTHOLO, *en colère*. Ah ! malédiction ! l'enragé, le scélérat corsaire de Figaro ! Là, peut-on sortir un moment de chez soi sans être sûr en rentrant...

ROSINE. Qui vous met donc si fort en colère, monsieur ?

5 BARTHOLO. Ce damné barbier qui vient d'écloper[4] toute ma maison en un tour de main ; il donne un narcotique à L'Éveillé, un sternutatoire[5] à La Jeunesse ; il saigne au pied Marceline ; il n'y a pas jusqu'à ma mule... Sur les yeux d'une pauvre bête aveugle, un cataplasme ! Parce qu'il me doit cent
10 écus, il se presse de faire des mémoires[6]. Ah ! qu'il les apporte !... Et personne à l'antichambre ! On arrive à cet appartement comme à la place d'armes.

ROSINE. Eh ! qui peut y pénétrer que vous, monsieur ?

---

1. **Parent** : Figaro n'est pas parent avec Rosine ; il est ainsi désigné parce qu'il a présenté Lindor (Almaviva) comme son parent (p. 117 ligne 8 et p. 119 ligne 73) ; Rosine le trouve « bon » parce que bien dévoué aux intérêts de Lindor.
2. La flamme de la bougie lui a servi à cacheter sa lettre (voir la scène 1 de cet acte).
3. **Une broderie au tambour** : une broderie tendue sur son cadre de bois.
4. **Écloper** : rendre boiteuse, donc hors service.
5. **Sternutatoire** : produit qui fait éternuer.
6. **Mémoires** : factures, notes à payer.

BARTHOLO. J'aime mieux craindre sans sujet, que de
15 m'exposer sans précaution. Tout est plein de gens
entreprenants, d'audacieux... N'a-t-on pas, ce matin encore,
ramassé lestement votre chanson pendant que j'allais la
chercher ? Oh ! je...

ROSINE. C'est bien mettre à plaisir de l'importance à tout !
20 Le vent peut avoir éloigné ce papier, le premier venu, que
sais-je ?

BARTHOLO. Le vent, le premier venu !... Il n'y a point de
vent, madame, point de premier venu dans le monde ; et c'est
toujours quelqu'un posté là exprès qui ramasse les papiers
25 qu'une femme a l'air de laisser tomber par mégarde.

ROSINE. A l'air, monsieur ?

BARTHOLO. Oui, madame, a l'air.

ROSINE, *à part.* Oh ! le méchant vieillard !

Bartholo (Didier Mahieu) et Rosine (Laure Thiery)
Mise en scène d'Alain Bezu, théâtre des Deux-Rives, Rouen, 1991.

BARTHOLO. Mais tout cela n'arrivera plus, car je vais faire
30 sceller cette grille.

ROSINE. Faites mieux ; murez les fenêtres tout d'un coup[1].
D'une prison à un cachot la différence est si peu de chose !

BARTHOLO. Pour celles qui donnent sur la rue ? Ce ne serait
peut-être pas si mal... Ce barbier n'est pas entré chez vous
35 au moins ?

ROSINE. Vous donne-t-il aussi de l'inquiétude ?

BARTHOLO. Tout comme un autre.

ROSINE. Que vos répliques sont honnêtes[2] !

BARTHOLO. Ah ! fiez-vous à tout le monde, et vous aurez
40 bientôt à la maison une bonne femme pour vous tromper,
de bons amis pour vous la souffler, et de bons valets pour
les y aider.

ROSINE. Quoi ! vous n'accordez pas même qu'on ait des
principes contre la séduction de monsieur Figaro ?

45 BARTHOLO. Qui diable entend quelque chose à la bizarrerie
des femmes ? Et combien j'en ai vu, de ces vertus à
principes...

ROSINE, *en colère*. Mais, monsieur, s'il suffit d'être homme
pour nous plaire, pourquoi donc me déplaisez-vous si fort ?

50 BARTHOLO, *stupéfait*. Pourquoi ?... Pourquoi ?... Vous ne
répondez pas à ma question sur ce barbier.

ROSINE, *outrée*. Eh bien oui ! cet homme est entré chez moi ;
je l'ai vu, je lui ai parlé. Je ne vous cache pas même que je
l'ai trouvé fort aimable ; et puissiez-vous en mourir de dépit !
(Elle sort.)

---

1. **Tout d'un coup** : du même coup que le scellement de la grille.
2. **Honnêtes** : polies, courtoises (expression ironique ici).

REPÈRES

• Quelle est la fonction de la scène 3 ?
• Montrez le contraste entre la fin de la scène 3 et le début de la scène 4.
• Figaro a mis son plan à exécution : à quel moment l'avait-il annoncé ?
• La scène 4 est la deuxième réunissant Bartholo et Rosine (voir acte I, scène 3) : comparez les deux scènes en examinant l'attitude de Bartholo et le rapport entre les deux personnages.

OBSERVATION

• Parmi les méfaits énumérés par Bartholo au début de la scène 4, il en est un qui montre que Figaro aime jouer des tours pour le plaisir. Lequel ?
• Relevez les sentences qui émaillent le discours de Bartholo. Parmi celles-ci, quelles sont celles qui le rendent ridicule ?
• Dans quelle mesure la fin de cette scène préfigure-t-elle la fin de la pièce ?
• À quelle phrase de Bartholo la réplique de Rosine (lignes 48-49) répond-elle ? Mais sa colère n'est-elle pas motivée par la réplique précédente ? Quels sont les mots qui provoquent sa réaction ?

INTERPRÉTATIONS

• Un retournement de situation : la scène 4 est fondée sur ce principe très théâtral. En quoi consiste-t-il ici, et à quel moment la scène bascule-t-elle ?
• Bartholo, barbon lucide et ridicule en même temps : relevez les éléments qui illustrent l'un ou l'autre de ces deux traits de caractère.

Scène 5. Bartholo, *seul*.

Oh ! les juifs[1], les chiens de valets ! La Jeunesse ! L'Éveillé !
L'Éveillé maudit !

Scène 6. Bartholo, L'Éveillé.

L'Éveillé *arrive en bâillant, tout endormi.* Aah, aah,
ah, ah...

Bartholo. Où étais-tu, peste d'étourdi, quand ce barbier
est entré ici ?

5 L'Éveillé. Monsieur j'étais... ah, aah, ah...

Bartholo. À machiner quelque espièglerie, sans doute ? Et
tu ne l'as pas vu ?

L'Éveillé. Sûrement je l'ai vu, puisqu'il m'a trouvé tout
malade, à ce qu'il dit ; et faut bien que ça soit vrai, car j'ai
10 commencé à me douloir[2] dans tous les membres, rien qu'en
l'en entendant parl... Ah, ah, aah...

Bartholo *le contrefait.* Rien qu'en l'en entendant !... Où
donc est ce vaurien de La Jeunesse ? Droguer ce petit garçon[3]
sans mon ordonnance ! Il y a quelque friponnerie là-dessous.

---

1. Le mot « juif » désignait toute personne âpre au gain ; ici, l'injure est
plus spontanée qu'adaptée au cas des valets de Bartholo.
2. **Me douloir :** souffrir (le mot est déjà vieux au XVIIIe siècle).
3. Ce « petit garçon » est L'Éveillé ; sa « drogue » a été un somnifère (un
« narcotique »). L'Éveillé est tout jeune, alors que La Jeunesse est « un vieux
domestique » (selon la présentation des personnages).

Scène 7. Les acteurs précédents ;

La Jeunesse *arrive en vieillard avec une canne en béquille ; il éternue plusieurs fois.*

L'Éveillé, *toujours bâillant.* La Jeunesse ?

Bartholo. Tu éternueras dimanche.

La Jeunesse. Voilà plus de cinquante... cinquante fois... dans un moment ! *(Il éternue.)* Je suis brisé.

5 Bartholo. Comment ! Je vous demande à tous deux s'il est entré quelqu'un chez Rosine, et vous ne me dites pas que ce barbier...

L'Éveillé, *continuant de bâiller.* Est-ce que c'est quelqu'un donc, monsieur Figaro ? Aah ! ah...

10 Bartholo. Je parie que le rusé s'entend avec lui.

L'Éveillé, *pleurant comme un sot.* Moi... je m'entends !...

La Jeunesse, *éternuant.* Eh ! mais monsieur, y a-t-il... y a-t-il de la justice ?...

Bartholo. De la justice ! C'est bon entre vous autres 15 misérables, la justice ! Je suis votre maître, moi, pour avoir toujours raison.

La Jeunesse, *éternuant.* Mais, pardi, quand une chose est vraie...

Bartholo. Quand une chose est vraie ! Si je ne veux pas 20 qu'elle soit vraie, je prétends bien qu'elle ne soit pas vraie. Il n'y aurait qu'à permettre à tous ces faquins-là d'avoir raison, vous verriez bientôt ce que deviendrait l'autorité.

La Jeunesse, *éternuant.* J'aime autant recevoir mon congé. Un service terrible, et toujours un train d'enfer !

25 L'Éveillé, *pleurant*. Un pauvre homme de bien est traité comme un misérable.

Bartholo. Sors donc, pauvre homme de bien ! *(Il les contrefait.)* Et t'chi et t'cha ; l'un m'éternue au nez, l'autre m'y bâille.

30 La Jeunesse. Ah ! monsieur, je vous jure que, sans Mademoiselle, il n'y aurait... il n'y aurait pas moyen de rester dans la maison. *(Il sort en éternuant.)*

Bartholo. Dans quel état ce Figaro les a mis tous ! Je vois ce que c'est : le maraud[1] voudrait me payer mes cent écus
35 sans bourse délier...

Scène 8. Bartholo, Don Bazile ; Figaro,
caché dans le cabinet, paraît de temps en temps,
et les écoute.

Bartholo *continue*. Ah ! don Bazile, vous veniez donner à Rosine sa leçon de musique ?

Bazile. C'est ce qui presse le moins.

Bartholo. J'ai passé chez vous sans vous trouver.

5 Bazile. J'étais sorti pour vos affaires. Apprenez une nouvelle assez fâcheuse.

Bartholo. Pour vous ?

Bazile. Non, pour vous. Le comte Almaviva est en cette ville.

---

1. **Maraud** : voir *supra* p. 87, note 3.

Bazile, gravure d'Émile Bayard (1837-1891)
pour une édition du Barbier *publiée en 1876.*
Bibliothèque de l'Arsenal, fonds Rondel, Paris.

10 BARTHOLO. Parlez bas. Celui qui faisait chercher Rosine dans tout Madrid ?

BAZILE. Il loge à la grande place, et sort tous les jours déguisé.

BARTHOLO. Il n'en faut point douter, cela me regarde. Et
15 que faire ?

BAZILE. Si c'était un particulier[1], on viendrait à bout de l'écarter.

BARTHOLO. Oui, en s'embusquant le soir, armé, cuirassé...

BAZILE. *Bone Deus*[2] ! se compromettre ! Susciter une
20 méchante affaire, à la bonne heure ; et pendant la fermentation[3], calomnier à dire d'experts[4] ; *concedo*[5].

BARTHOLO. Singulier moyen de se défaire d'un homme !

BAZILE. La calomnie, monsieur ? Vous ne savez guère ce que vous dédaignez ; j'ai vu les plus honnêtes gens près d'en être
25 accablés. Croyez qu'il n'y a pas de plate méchanceté, pas d'horreurs, pas de conte absurde, qu'on ne fasse adopter aux oisifs d'une grande ville, en s'y prenant bien : et nous avons ici des gens d'une adresse !... D'abord un bruit léger, rasant le sol comme hirondelle avant l'orage, *pianissimo*[6], murmure
30 et file, et sème en courant le trait empoisonné. Telle bouche le recueille, et *piano*[7], *piano*, vous le glisse en l'oreille adroitement. Le mal est fait ; il germe, il rampe, il chemine,

---

1. **Particulier** : quelqu'un d'une condition sociale modeste (le mot s'oppose ici à « noble »).
2. ***Bone Deus !*** : bon Dieu ! Ce juron est du latin de fantaisie (Bazile n'a rien d'un érudit).
3. **Fermentation** : agitation des esprits (causée par la diffusion de calomnies).
4. **À dire d'experts** : avec la même autorité que des experts.
5. *Concedo* : je concède (mot latin utilisé dans l'argumentation scolastique).
6. *Pianissimo* : très lentement (terme de musique).
7. *Piano* : lentement.

et *rinforzando*[1] de bouche en bouche il va le diable[2], puis tout à coup, ne sais comment, vous voyez Calomnie se
35 dresser, siffler, s'enfler, grandir à vue d'œil. Elle s'élance, étend son vol, tourbillonne, enveloppe, arrache, entraîne, éclate et tonne, et devient, grâce au ciel, un cri général, un *crescendo*[3] public, un chorus universel de haine et de proscription[4]. Qui diable y résisterait ?

40 BARTHOLO. Mais quel radotage me faites-vous donc là, Bazile ? Et quel rapport ce *piano-crescendo* peut-il avoir à ma situation ?

BAZILE. Comment, quel rapport ? Ce qu'on fait partout pour écarter son ennemi, il faut le faire ici pour empêcher le
45 vôtre d'approcher.

BARTHOLO. D'approcher ? Je prétends bien épouser Rosine avant qu'elle apprenne seulement que ce comte existe.

BAZILE. En ce cas, vous n'avez pas un instant à perdre.

BARTHOLO. Et à qui tient-il[5], Bazile ? Je vous ai chargé de
50 tous les détails de cette affaire.

BAZILE. Oui, mais vous avez lésiné sur les frais ; et dans l'harmonie du bon ordre, un mariage inégal, un jugement inique, un passe-droit évident[6] sont des dissonances qu'on doit toujours préparer et sauver par l'accord parfait de l'or.

---

1. *Rinforzando* : en renforçant (terme de musique).
2. **Il va le diable** : il va à un train d'enfer.
3. *Crescendo* : en augmentant progressivement la voix ou les instruments.
4. **Proscription** : condamnation sans aucune garantie judiciaire.
5. **À qui tient-il ?** : à qui la faute ?
6. **Passe-droit évident** : dans cette énumération, le « mariage inégal » est celui de Bartholo, qui n'a ni le rang social de Rosine (elle est d'un « sang noble », p. 101, ligne 27), ni sa jeunesse. Mais les deux termes suivants ne s'appliquent plus à la situation particulière de Bartholo. Bazile évoque plus généralement le pouvoir de l'argent (Beaumarchais songe sans doute à l'affaire Goëzman et aux « dissonances » dont il a été victime).

55 BARTHOLO, *lui donnant de l'argent.* Il faut en passer par où vous voulez ; mais finissons.

BAZILE. Cela s'appelle parler. Demain tout sera terminé ; c'est à vous d'empêcher que personne, aujourd'hui, ne puisse instruire la pupille.

60 BARTHOLO. Fiez-vous-en à moi. Viendrez-vous ce soir, Bazile ?

BAZILE. N'y comptez pas. Votre mariage seul m'occupera toute la journée ; n'y comptez pas.

BARTHOLO *l'accompagne.* Serviteur[1].

65 BAZILE. Restez, docteur, restez donc.

BARTHOLO. Non pas. Je veux fermer sur vous la porte de la rue.

Scène 9. Figaro, *seul, sortant du cabinet.*

Oh ! la bonne précaution ! Ferme, ferme la porte de la rue, et moi je vais la rouvrir au comte en sortant. C'est un grand maraud que ce Bazile ! heureusement il est encore plus sot. Il faut un état, une famille, un nom, un rang, de la consistance
5 enfin, pour faire sensation dans le monde en calomniant. Mais un Bazile ! il médirait[2], qu'on ne le croirait pas.

---

1. **Serviteur** : formule de politesse pour prendre congé (raccourci de : je suis votre serviteur).
2. **Il médirait** : il tiendrait des propos malveillants fondés (alors que « calomnier », c'est dire du mal hors de toute vérité).

REPÈRES

• En dehors de la présence de Bartholo, quel est le lien entre la scène 4 et les scènes 5 et 6 ?

• Les scènes 6 et 7 présentent le tableau concret du traitement infligé par Figaro aux gens de la maison de Bartholo. De ce traitement, il a déjà été question deux fois : dans quelles scènes ?

• Dans sa « Lettre modérée », Beaumarchais attire l'attention sur ces deux scènes : retrouvez le passage et montrez-en l'intérêt.

• Dans quelle mesure les scènes 6 et 7, au cœur de l'acte II, constituent-elles un intermède ? Quelle est cependant leur utilité ?

• Un nouveau personnage apparaît (scène 8). Il est tout de suite nommé et donc identifiable par le spectateur, mais il avait cependant été décrit dans une scène antérieure : laquelle ? Dans quelle mesure Bazile correspond-il au portrait qui en a été fait ? Trouve-t-on dans cette pièce d'autres exemples de préparation à l'entrée en scène d'un personnage ?

• En quoi le monologue de Figaro (scène 9) est-il un commentaire de la scène précédente ?

OBSERVATION

• Pourquoi Figaro doit-il apparaître « de temps en temps » (selon la didascalie initiale de la scène 8) ?

• Pourquoi Bartholo s'est-il rendu chez Bazile (voir scène 8, ligne 4) ? Retrouvez le passage où il donne le motif de sa sortie.

• Dans « la tirade de la calomnie » (scène 8), étudiez le procédé d'accumulation ; les différentes métaphores ; les champs lexicaux du son et du mouvement.

• Que pensez-vous du commentaire de Bartholo (lignes 40-42) ?

• Pour quelle raison peut-on penser, au terme de la scène 8, que la vigilance de Bartholo va être accrue ?

• Cette scène ne suggère-t-elle pas un point commun entre Bazile et Figaro ?

INTERPRÉTATIONS

• Les scènes 6 et 7 relèvent d'un comique de farce : quels sont ici les ressorts de ce comique ?

• La scène 8 est épiée par Figaro : pourquoi est-il utile qu'il entende la conversation entre Bartholo et Bazile ?

SCÈNE 10. ROSINE, *accourant* ; FIGARO.

ROSINE. Quoi ! vous êtes encore là, monsieur Figaro ?

FIGARO. Très heureusement pour vous, mademoiselle. Votre tuteur et votre maître à chanter, se croyant seuls ici, viennent de parler à cœur ouvert...

5 ROSINE. Et vous les avez écoutés, monsieur Figaro ? Mais savez-vous que c'est fort mal !

FIGARO. D'écouter ? C'est pourtant ce qu'il y a de mieux pour bien entendre. Apprenez que votre tuteur se dispose à vous épouser demain.

10 ROSINE. Ah ! grands dieux !

FIGARO. Ne craignez rien ; nous lui donnerons tant d'ouvrage qu'il n'aura pas le temps de songer à celui-là.

ROSINE. Le voici qui revient ; sortez donc par le petit escalier. Vous me faites mourir de frayeur. *(Figaro s'enfuit.)*

SCÈNE 11. BARTHOLO, ROSINE.

ROSINE. Vous étiez ici avec quelqu'un, monsieur ?

BARTHOLO. Don Bazile que j'ai reconduit, et pour cause[1]. Vous eussiez mieux aimé que c'eût été monsieur Figaro ?

ROSINE. Cela m'est fort égal, je vous assure.

5 BARTHOLO. Je voudrais bien savoir ce que ce barbier avait de si pressé à vous dire ?

---

1. **Pour cause** : pour refermer la porte de la rue (voir la fin de la scène 8).

ROSINE. Faut-il parler sérieusement ? Il m'a rendu compte de l'état de Marceline, qui même n'est pas trop bien, à ce qu'il dit.

10 BARTHOLO. Vous rendre compte ! Je vais parier qu'il était chargé de vous remettre quelque lettre.

ROSINE. Et de qui, s'il vous plaît ?

BARTHOLO. Oh ! de qui ! De quelqu'un que les femmes ne nomment jamais. Que sais-je, moi ? Peut-être la réponse au 15 papier de la fenêtre.

ROSINE, *à part.* Il n'en a pas manqué une seule. *(Haut.)* Vous mériteriez bien que cela fût.

BARTHOLO *regarde les mains de Rosine.* Cela est. Vous avez écrit.

20 ROSINE, *avec embarras.* Il serait assez plaisant que vous eussiez le projet de m'en faire convenir.

BARTHOLO, *lui prenant la main droite.* Moi ! point du tout ; mais votre doigt est encore taché d'encre ! Hein ! rusée signora[1] !

25 ROSINE, *à part.* Maudit homme !

BARTHOLO, *lui tenant toujours la main.* Une femme se croit bien en sûreté, parce qu'elle est seule.

ROSINE. Ah ! sans doute... La belle preuve !... Finissez donc, monsieur, vous me tordez le bras. Je me suis brûlée en 30 chiffonnant[2] autour de cette bougie, et l'on m'a toujours dit qu'il fallait aussitôt tremper dans l'encre : c'est ce que j'ai fait.

---

1. **Signora** : madame, en italien (le respect de la couleur locale espagnole ferait plutôt attendre *señora*).
2. **Chiffonnant** : m'occupant de « chiffons », de tissus ou de lingerie.

BARTHOLO. C'est ce que vous avez fait ? Voyons donc si un second témoin confirmera la déposition du premier. C'est ce
35 cahier de papier où je suis certain qu'il y avait six feuilles ; car je les compte tous les matins, aujourd'hui encore.

ROSINE, *à part.* Oh ! imbécile !

BARTHOLO, *comptant.* Trois, quatre, cinq...

ROSINE. La sixième...

40 BARTHOLO. Je vois bien qu'elle n'y est pas, la sixième.

ROSINE, *baissant les yeux.* La sixième ? Je l'ai employée à faire un cornet pour des bonbons que j'ai envoyés à la petite Figaro.

BARTHOLO. À la petite Figaro ? Et la plume qui était toute
45 neuve, comment est-elle devenue noire ? Est-ce en écrivant l'adresse de la petite Figaro ?

ROSINE, *à part.* Cet homme a un instinct de jalousie !... *(Haut.)* Elle m'a servi à retracer une fleur effacée sur la veste que je vous brode au tambour.

50 BARTHOLO. Que cela est édifiant ! Pour qu'on vous crût, mon enfant, il faudrait ne pas rougir en déguisant coup sur coup la vérité, mais c'est ce que vous ne savez pas encore.

ROSINE. Eh ! qui ne rougirait pas, monsieur, de voir tirer des conséquences aussi malignes des choses les plus
55 innocemment faites ?

BARTHOLO. Certes, j'ai tort. Se brûler le doigt, le tremper dans l'encre, faire des cornets aux bonbons pour la petite Figaro, et dessiner ma veste au tambour ! quoi de plus innocent ? Mais que de mensonges entassés pour cacher un
60 seul fait !... « Je suis seule, on ne me voit point ; je pourrai mentir à mon aise. » Mais le bout du doigt reste noir, la plume est tachée, le papier manque ! On ne saurait penser à

tout. Bien certainement, signora, quand j'irai par la ville, un bon double tour me répondra de vous.

SCÈNE 12. LE COMTE, BARTHOLO, ROSINE.
(Le Comte, en uniforme de cavalerie, ayant l'air d'être entre deux vins et chantant : « Réveillons-là »[1] ; etc.)

BARTHOLO. Mais que nous veut cet homme ? Un soldat ! Rentrez chez vous, signora.

LE COMTE *chante :* « Réveillons-là », *et s'avance vers Rosine.* Qui de vous deux, mesdames, se nomme le docteur
5 Balordo ? *(À Rosine, bas.)* Je suis Lindor.

BARTHOLO. Bartholo !

ROSINE, *à part.* Il parle de Lindor.

LE COMTE. Balordo[2], Barque à l'eau, je m'en moque comme de ça. Il s'agit seulement de savoir laquelle des deux...
10 *(À Rosine, lui montrant un papier.)* Prenez cette lettre.

BARTHOLO. Laquelle ! Vous voyez bien que c'est moi. Laquelle ! Rentrez donc, Rosine ; cet homme paraît avoir du vin.

ROSINE. C'est pour cela, monsieur ; vous êtes seul. Une
15 femme en impose quelquefois.

BARTHOLO. Rentrez, rentrez ; je ne suis pas timide[3].

---

1. **Réveillons-là** : les manuscrits indiquent nettement la présence d'un accent sur le « a » ; il s'agit donc, non pas d'un air sentimental (« Réveillons la bien-aimée »), mais d'un air à caractère militaire (du genre : « Réveillons-nous là-dedans »). Le Comte adapte son répertoire à son rôle de soldat ivre.
2. **Balordo** : balourd (mot italien). Dans la comédie italienne, un personnage grotesque porte le nom de « docteur Balordo ».
3. **Timide** : ici, peureux.

SCÈNE 13. LE COMTE, BARTHOLO.

LE COMTE. Oh ! je vous ai reconnu d'abord à votre signalement.

BARTHOLO, *au Comte, qui serre la lettre.* Qu'est-ce que c'est donc que vous cachez là dans votre poche ?

5 LE COMTE. Je le cache dans ma poche, pour que vous ne sachiez pas ce que c'est.

BARTHOLO. Mon signalement ! Ces gens-là croient toujours parler à des soldats.

LE COMTE. Pensez-vous que ce soit une chose si difficile à
10 faire que votre signalement ?

> *Le chef branlant, la tête chauve,*
> *Les yeux vairons[1], le regard fauve,*
> *L'air farouche d'un Algonquin[2]...*

BARTHOLO. Qu'est-ce que cela veut dire ? Êtes-vous ici pour
15 m'insulter ? Délogez à l'instant.

LE COMTE. Déloger ! Ah ! fi ! que c'est mal parler ! Savez-vous lire, docteur... Barbe à l'eau ?

BARTHOLO. Autre question saugrenue.

LE COMTE. Oh ! que cela ne vous fasse point de peine car,
20 moi qui suis pour le moins aussi docteur que vous...

BARTHOLO. Comment cela ?

LE COMTE. Est-ce que je ne suis pas le médecin des chevaux

---

1. **Yeux vairons** : yeux dont l'iris est cerclé de blanc ou qui ne sont pas semblables (ne s'emploie communément qu'à propos des yeux des chevaux).
2. **Algonquin** : membre d'une ethnie indienne du Canada. Sur la musique de ces trois vers, voir p. 243.

du régiment ? Voilà pourquoi l'on m'a exprès logé chez un confrère.

25 BARTHOLO. Oser comparer un maréchal[1]...

LE COMTE.

(AIR : *Vive le vin*[2].)

(Sans chanter.)
> *Non, docteur, je ne prétends pas*
> *Que notre art obtienne le pas*
> *Sur Hippocrate*[3] *et sa brigade*[4],

(En chantant.)
> *Votre savoir, mon camarade,*
30 > *Est d'un succès plus général,*
> *Car s'il n'emporte point le mal,*
> *Il emporte au moins le malade.*

C'est-il poli ce que je vous dis là ?

BARTHOLO. Il vous sied bien, manipuleur[5] ignorant, de
35 ravaler ainsi le premier, le plus grand et le plus utile des arts !

LE COMTE. Utile tout à fait pour ceux qui l'exercent.

BARTHOLO. Un art dont le soleil s'honore d'éclairer les succès !

LE COMTE. Et dont la terre s'empresse de couvrir les bévues.

40 BARTHOLO. On voit bien, malappris, que vous n'êtes habitué de parler qu'à des chevaux.

---

1. **Maréchal** : un maréchal ferrait les chevaux (*cf.* « maréchal-ferrant ») et les soignait quand ils étaient malades ; dans l'armée, le terme désignait les soldats chargés du soin des chevaux et des écuries.
2. **Vive le vin** : air de Monsigny, emprunté à la pièce de Sedaine *Le Déserteur* (1769). Voir p. 243.
3. **Hippocrate** : médecin grec du Ve siècle av. J.-C., considéré comme le père de la médecine.
4. **Brigade** : troupe (de médecins, en l'occurrence).
5. **Manipuleur** : variante péjorative de « manipulateur », forgée par Beaumarchais.

LE COMTE. Parler à des chevaux ? Ah ! docteur ! pour un docteur d'esprit... N'est-il pas de notoriété que le maréchal guérit toujours ses malades sans leur parler ; au lieu que le
45 médecin parle beaucoup aux siens...

BARTHOLO. Sans les guérir, n'est-ce pas ?

LE COMTE. C'est vous qui l'avez dit.

BARTHOLO. Qui diable envoie ici ce maudit ivrogne ?

LE COMTE. Je crois que vous me lâchez des épigrammes[1],
50 L'Amour[2] !

BARTHOLO. Enfin, que voulez-vous ? que demandez-vous ?

LE COMTE, *feignant une grande colère.* Eh bien donc, il s'enflamme ! Ce que je veux ? Est-ce que vous ne le voyez pas ?

---

1. **Épigrammes :** petites pièces de vers d'inspiration satirique.
2. **L'Amour :** cette appellation est ici un surnom (comme La Jeunesse ou L'Éveillé) que donne ironiquement le Comte à Bartholo.

Repères

• Figaro est, dans la scène 10, tout à fait confiant dans l'efficacité de sa stratégie : cette confiance paraît-elle fondée, à la lumière de la scène 11 ?

• À la fin de la scène 4, c'est une Rosine en colère qui a quitté un Bartholo désemparé ; elle en a acquis une assurance dont semble témoigner sa première réplique de la scène 11. Montrez-le, en tenant compte de la fin de la scène 10.

• La scène 12 est une scène attendue : depuis quand ? Quel contraste établit-elle avec la scène précédente ?

Observation

Scène 10

• Figaro vient-il seulement d'apprendre l'imminence du mariage projeté ?

• En instruisant Rosine, il va à l'encontre d'une recommandation faite par Bazile à Bartholo : laquelle ?

• Il fait ici allusion à un autre aspect de son plan, déjà évoqué dans la scène 4 de l'acte I : lequel ? Et dans quelle réplique ?

Scène 11

• La supposition de Bartholo (lignes 10-11) prête à sourire : pourquoi ?

• À qui s'adresse le « Oh ! imbécile ! » de la ligne 37 ?

• Rosine manifeste beaucoup de présence d'esprit et trouve chaque fois une réponse aux questions de Bartholo : quelle est celle qui vous paraît la moins convaincante ?

• La phrase : « On ne saurait penser à tout » (lignes 62-63) est une variante d'un titre d'opéra-comique cité dans la « Lettre modérée ». Lequel ? En quoi cette phrase est-elle comique quand on connaît la fin de la pièce ?

• Les derniers mots de la scène manifestent une obsession de la fermeture chez Bartholo : quelles autres fins de scènes sont à cet égard comparables ?

Scènes 12 et 13

• Montrez que le Comte applique bien les consignes de Figaro (données dans la scène 4 de l'acte I).

• Où le Comte, et le spectateur, ont-ils eu le « signalement » de Bartholo ?

• En quoi la dernière réplique du Comte est-elle à double entente ?

INTERPRÉTATIONS

• La perspicacité de Bartholo : où se manifeste-t-elle ? Comment Beaumarchais la souligne-t-il ? À la différence de la scène 4, celle-ci est une victoire du barbon : comment s'exprime sa supériorité à la fin de la scène ?

• Analysez les ressorts du comique dans les scènes 12 et 13.

• Quels sont les éléments satiriques dans la scène 13 ?

Scène 14. Rosine, le Comte, Bartholo.

Rosine, *accourant*. Monsieur le soldat, ne vous emportez point, de grâce ! *(À Bartholo.)* Parlez-lui doucement, monsieur : un homme qui déraisonne...

Le Comte. Vous avez raison ; il déraisonne, lui ; mais nous
5 sommes raisonnables, nous ! Moi poli, et vous jolie... enfin suffit. La vérité, c'est que je ne veux avoir affaire qu'à vous dans la maison.

Rosine. Que puis-je pour votre service, monsieur le soldat ?

Le Comte. Une petite bagatelle, mon enfant. Mais s'il y a
10 de l'obscurité dans mes phrases...

Rosine. J'en saisirai l'esprit.

Le Comte, *lui montrant la lettre*. Non, attachez-vous à la lettre, à la lettre ; il s'agit seulement... mais je dis en tout bien, tout honneur, que vous me donniez à coucher ce soir.

15 Bartholo. Rien que cela ?

Le Comte. Pas davantage. Lisez le billet doux que notre maréchal des logis vous écrit.

Bartholo. Voyons. *(Le Comte cache la lettre et lui donne un autre papier. – Bartholo lit.)* « Le docteur Bartholo
20 recevra, nourrira, hébergera, couchera... »

Le Comte, *appuyant*. Couchera.

Bartholo. « Pour une nuit seulement, le nommé Lindor, dit l'Écolier, cavalier du régiment... »

Rosine. C'est lui, c'est lui-même.

25 Bartholo, *vivement, à Rosine*. Qu'est-ce qu'il y a ?

Le Comte. Eh bien ! ai-je tort à présent, docteur Barbaro ?

BARTHOLO. On dirait que cet homme se fait un malin plaisir de m'estropier de toutes les manières possibles. Allez au diable, Barbaro ! Barbe à l'eau ! et dites à votre impertinent
30 maréchal des logis que depuis mon voyage à Madrid, je suis exempt de loger des gens de guerre.

LE COMTE, *à part.* Ô ciel ! fâcheux contretemps !

BARTHOLO. Ah ! ah ! notre ami, cela vous contrarie et vous dégrise un peu ! Mais n'en décampez pas moins à l'instant.

35 LE COMTE, *à part.* J'ai pensé[1] me trahir. *(Haut.)* Décamper ! Si vous êtes exempt de gens de guerre, vous n'êtes pas exempt de politesse, peut-être ? Décamper ! Montrez-moi votre brevet d'exemption[2] ; quoique je ne sache pas lire, je verrai bientôt.

40 BARTHOLO. Qu'à cela ne tienne. Il est dans ce bureau.

LE COMTE, *pendant qu'il y va, dit, sans quitter sa place.* Ah ! ma belle Rosine !

ROSINE. Quoi, Lindor, c'est vous ?

LE COMTE. Recevez au moins cette lettre.

ROSINE. Prenez garde, il a les yeux sur nous.

45 LE COMTE. Tirez votre mouchoir, je la laisserai tomber. *(Ils s'approchent.)*

BARTHOLO. Doucement, doucement, seigneur soldat, je n'aime point qu'on regarde ma femme de si près.

LE COMTE. Elle est votre femme ?

BARTHOLO. Eh quoi donc ?

---

1. **J'ai pensé :** j'ai failli.
2. **Brevet d'exemption :** attestation délivrée par l'autorité militaire exemptant de la charge d'héberger des soldats en campagne.

50 LE COMTE. Je vous ai pris pour son bisaïeul paternel, maternel, sempiternel ; il y a au moins trois générations entre elle et vous.

BARTHOLO *lit un parchemin*. « Sur les bons et fidèles témoignages qui nous ont été rendus... »

LE COMTE *donne un coup de main sous les parchemins, qui*
55 *les envoie au plancher*. Est-ce que j'ai besoin de tout ce verbiage ?

BARTHOLO. Savez-vous bien, soldat, que si j'appelle mes gens, je vous fais traiter sur-le-champ comme vous le méritez ?

60 LE COMTE. Bataille ? Ah ! volontiers, bataille ! c'est mon métier, à moi *(montrant son pistolet de ceinture)*, et voici de quoi leur jeter de la poudre aux yeux. Vous n'avez peut-être jamais vu de bataille, madame ?

ROSINE. Ni ne veux en voir.

65 LE COMTE. Rien n'est pourtant aussi gai que bataille. Figurez-vous *(poussant le docteur)* d'abord que l'ennemi est d'un côté du ravin, et les amis de l'autre. *(À Rosine en lui montrant la lettre.)* Sortez le mouchoir. *(Il crache à terre[1].)* Voilà le ravin, cela s'entend. *(Rosine tire son mouchoir ; le comte laisse tomber la lettre entre elle et lui.)*

70 BARTHOLO, *se baissant*. Ah ! ah !

---

1. **Il crache à terre** : ce crachat, par lequel le Comte figure le ravin (et le ruisseau qui coule au fond) illustre assurément les manières rustres de la soldatesque. Mais il ne faut pas oublier que cracher à terre dans un appartement n'était pas inconvenant aux XVIIᵉ et XVIIIᵉ siècles (voir La Bruyère, les *Caractères*, XI, 7 : Ménalque « crache sur le lit et jette son chapeau à terre, en croyant faire tout le contraire » ; VI, 83 : Giton le riche « crache fort loin », mais Phédon, le pauvre, qui cherche à passer inaperçu, « crache presque sur [lui] »).

Le Comte *la reprend et dit :* Tenez... moi qui allais vous apprendre ici les secrets de mon métier... Une femme bien discrète, en vérité ! Ne voilà-t-il pas un billet doux qu'elle laisse tomber de sa poche ?

75 Bartholo. Donnez, donnez.

Le Comte. *Dulciter*[1], papa ! chacun son affaire. Si une ordonnance de rhubarbe était tombée de la vôtre ?

Rosine *avance la main.* Ah ! je sais ce que c'est, monsieur le soldat. *(Elle prend la lettre, qu'elle cache dans la petite poche de son tablier.)*

80 Bartholo. Sortez-vous enfin ?

Le Comte. Eh bien, je sors. Adieu, docteur ; sans rancune. Un petit compliment[2], mon cœur : priez la mort de m'oublier encore quelques campagnes ; la vie ne m'a jamais été si chère.

Bartholo. Allez toujours. Si j'avais ce crédit-là sur la
85 mort...

Le Comte. Sur la mort ! Ah ! docteur ! vous faites tant de choses pour elle, qu'elle n'a rien à vous refuser. *(Il sort.)*

Scène 15. Bartholo, Rosine.

Bartholo *le regarde aller.* Il est enfin parti ! *(À part.)* Dissimulons.

Rosine. Convenez pourtant, monsieur, qu'il est bien gai, ce

---

1. *Dulciter* : doucement (en bas latin).
2. **Compliment** : le Comte s'adresse ici à Rosine et lui demande, comme « compliment » (propos aimable, témoignage de l'estime), de prier pour qu'il ne meure pas au cours d'une de ses campagnes militaires.

jeune soldat ! À travers son ivresse, on voit qu'il ne manque
5 ni d'esprit, ni d'une certaine éducation.

BARTHOLO. Heureux, m'amour, d'avoir pu nous en
délivrer ! Mais n'es-tu pas un peu curieuse de lire avec moi
le papier qu'il t'a remis ?

ROSINE. Quel papier ?

10 BARTHOLO. Celui qu'il a feint de ramasser pour te le faire
accepter.

ROSINE. Bon ! c'est la lettre de mon cousin l'officier, qui
était tombée de ma poche.

BARTHOLO. J'ai idée, moi, qu'il l'a tirée de la sienne.

15 ROSINE. Je l'ai très bien reconnue.

BARTHOLO. Qu'est-ce qu'il coûte d'y regarder ?

ROSINE. Je ne sais pas seulement ce que j'en ai fait.

BARTHOLO, *montrant la pochette*[1]. Tu l'as mise là.

ROSINE. Ah ! ah ! par distraction.

20 BARTHOLO. Ah ! sûrement. Tu vas voir que ce sera quelque
folie.

ROSINE, *à part*. Si je ne le mets pas en colère, il n'y aura
pas moyen de refuser.

BARTHOLO. Donne donc, mon cœur.

25 ROSINE. Mais quelle idée avez-vous en insistant, monsieur ?
Est-ce encore quelque méfiance ?

BARTHOLO. Mais vous, quelle raison avez-vous de ne pas
le montrer ?

---

1. **Pochette** : petite poche (celle du tablier ; voir la scène précédente).

ROSINE. Je vous répète, monsieur, que ce papier n'est autre
30 que la lettre de mon cousin, que vous m'avez rendue hier
toute décachetée ; et puisqu'il en est question, je vous dirai
tout net que cette liberté me déplaît excessivement.

BARTHOLO. Je ne vous entends pas.

ROSINE. Vais-je examiner les papiers qui vous arrivent ?
35 Pourquoi vous donnez-vous les airs[1] de toucher à ceux qui
me sont adressés ? Si c'est jalousie, elle m'insulte ; s'il s'agit
de l'abus d'une autorité usurpée, j'en suis plus révoltée
encore.

BARTHOLO. Comment, révoltée ! Vous ne m'avez jamais
40 parlé ainsi.

ROSINE. Si je me suis modérée jusqu'à ce jour, ce n'était pas
pour vous donner le droit de m'offenser impunément.

BARTHOLO. De quelle offense parlez-vous ?

ROSINE. C'est qu'il est inouï qu'on se permette d'ouvrir les
45 lettres de quelqu'un.

BARTHOLO. De sa femme ?

ROSINE. Je ne la suis pas[2] encore. Mais pourquoi lui
donnerait-on la préférence d'une indignité qu'on ne fait à
personne ?

50 BARTHOLO. Vous voulez me faire prendre le change et
détourner mon attention du billet, qui sans doute est une
missive de quelque amant ! Mais je le verrai, je vous assure.

ROSINE. Vous ne le verrez pas. Si vous m'approchez, je

---

1. **Les airs** : les manières (« se donner les airs de » signifiait « se comporter
de telle ou telle façon », et non « faire semblant de »).
2. **Je ne la suis pas** : dans cet emploi, le pronom attribut s'accordait en
genre et en nombre avec le sujet ; il est neutre aujourd'hui (« je ne le suis
pas »).

m'enfuis de cette maison, et je demande retraite[1] au premier
55 venu.

BARTHOLO. Qui ne vous recevra point.

ROSINE. C'est ce qu'il faudra voir.

BARTHOLO. Nous ne sommes pas ici en France, où l'on
donne toujours raison aux femmes ; mais, pour vous en ôter
60 la fantaisie, je vais fermer la porte.

ROSINE, *pendant qu'il y va.* Ah ciel ! que faire ? Mettons
vite à la place la lettre de mon cousin, et donnons-lui beau
jeu à la prendre. *(Elle fait l'échange, et met la lettre du cousin
dans sa pochette, de façon qu'elle sorte un peu.)*

BARTHOLO, *revenant.* Ah ! j'espère maintenant la voir.

65 ROSINE. De quel droit, s'il vous plaît ?

BARTHOLO. Du droit le plus universellement reconnu, celui
du plus fort.

ROSINE. On me tuera plutôt que de l'obtenir de moi.

BARTHOLO, *frappant du pied.* Madame ! madame !...

ROSINE *tombe sur un fauteuil et feint de se trouver mal.*
70 Ah ! quelle indignité !...

BARTHOLO. Donnez cette lettre, ou craignez ma colère.

ROSINE, *renversée.* Malheureuse Rosine !

BARTHOLO. Qu'avez-vous donc ?

ROSINE. Quel avenir affreux !

75 BARTHOLO. Rosine !

---

1. Retraite : asile.

ROSINE. J'étouffe de fureur !

BARTHOLO. Elle se trouve mal.

ROSINE. Je m'affaiblis, je meurs.

80 BARTHOLO, *à part*. Dieux ! la lettre ! Lisons-la sans qu'elle en soit instruite. *(Il lui tâte le pouls, et prend la lettre qu'il tâche de lire en se tournant un peu.)*

ROSINE, *toujours renversée*. Infortunée ! ah !

BARTHOLO *lui quitte le bras, et dit à part :* Quelle rage a-t-on d'apprendre ce qu'on craint toujours de savoir !

ROSINE. Ah ! pauvre Rosine !

85 BARTHOLO. L'usage des odeurs[1]... produit ces affections spasmodiques. *(Il lit par-derrière le fauteuil en lui tâtant le pouls. Rosine se relève un peu, le regarde finement, fait un geste de tête, et se remet sans parler.)*

BARTHOLO, *à part*. Ô ciel ! c'est la lettre de son cousin. Maudite inquiétude ! Comment l'apaiser maintenant ? Qu'elle ignore au moins que je l'ai lue. *(Il fait semblant de la soutenir, et remet la lettre dans la pochette.)*

90 ROSINE *soupire*. Ah !...

BARTHOLO. Eh bien ! ce n'est rien, mon enfant ; un petit mouvement de vapeurs[2], voilà tout ; car ton pouls n'a seulement pas varié. *(Il va prendre un flacon sur la console.)*

ROSINE, *à part*. Il a remis la lettre ! fort bien.

---

1. **Odeurs** : parfums (employé au pluriel et sans épithète, le mot signifiait toujours « bonnes odeurs »).
2. **Vapeurs** : exhalaisons morbides montant des organes au cerveau et provoquant divers malaises, selon la médecine de l'époque.

95 BARTHOLO. Ma chère Rosine, un peu de cette eau spiritueuse[1].

ROSINE. Je ne veux rien de vous ; laissez-moi.

BARTHOLO. Je conviens que j'ai montré trop de vivacité sur ce billet.

100 ROSINE. Il s'agit bien du billet ! C'est votre façon de demander les choses qui est révoltante.

BARTHOLO, *à genoux*. Pardon ; j'ai bientôt senti tous mes torts, et tu me vois à tes pieds, prêt à les réparer.

ROSINE. Oui, pardon ! lorsque vous croyez que cette lettre
105 ne vient pas de mon cousin.

BARTHOLO. Qu'elle soit d'un autre ou de lui, je ne veux aucun éclaircissement.

ROSINE, *lui présentant la lettre*. Vous voyez qu'avec de bonnes façons on obtient tout de moi. Lisez-la.

110 BARTHOLO. Cet honnête procédé dissiperait mes soupçons, si j'étais assez malheureux pour en conserver.

ROSINE. Lisez-la donc, monsieur.

BARTHOLO *se retire*. À Dieu ne plaise que je te fasse une pareille injure !

115 ROSINE. Vous me contrariez de la refuser.

BARTHOLO. Reçois en réparation cette marque de ma parfaite confiance. Je vais voir la pauvre Marceline, que ce Figaro a, je ne sais pourquoi, saignée au pied ; n'y viens-tu pas aussi ?

---

1. **Eau spirituese** : eau alcoolisée, utilisée traditionnellement contre les évanouissements.

120 ROSINE. J'y monterai dans un moment.

BARTHOLO. Puisque la paix est faite, mignonne, donne-moi ta main. Si tu pouvais m'aimer, ah ! comme tu serais heureuse !

ROSINE, *baissant les yeux*. Si vous pouviez me plaire, ah !
125 comme je vous aimerais.

BARTHOLO. Je te plairai, je te plairai ; quand je te dis que je te plairai ! *(Il sort.)*

SCÈNE 16. ROSINE *le regarde aller*.

Ah ! Lindor ! il dit qu'il me plaira !... Lisons cette lettre qui a manqué de me causer tant de chagrin. *(Elle lit et s'écrie.)* Ah !... j'ai lu trop tard : il me recommande de tenir une querelle ouverte avec mon tuteur ; j'en avais une si bonne, et
5 je l'ai laissée échapper ! En recevant la lettre, j'ai senti que je rougissais jusqu'aux yeux. Ah ! mon tuteur a raison : je suis bien loin d'avoir cet usage du monde qui, me dit-il souvent, assure le maintien des femmes en toute occasion ! Mais un homme injuste parviendrait à faire une rusée de l'innocence
10 même.

Repères

• Le retour de Rosine sur scène est justifié par l'inquiétude (feinte) que lui a causée la colère (feinte) de Lindor. Mais n'y a-t-il pas un lien plus subtil entre la dernière réplique du Comte et l'apparition de Rosine ?

Observation

Scène 14
• En quoi y a-t-il un jeu de mots, lignes 12-13 ?
• Comment le Comte tire-t-il habilement parti du « fâcheux contre-temps » que représente l'échec de la ruse du billet de logement ?
• L'enjeu de l'action est un geste simple en lui-même : donner la lettre à Rosine. Mais ce geste se heurte à bien des difficultés, d'où l'importance du comique visuel dans cette scène. Montrez-le. Quelle est la réplique qui exprime bien la primauté du geste sur la parole ?
• Analysez les deux emplois de « billet doux » (ligne 16 et ligne 73).
Scène 15
• Quelle est la stratégie d'abord adoptée par Rosine pour se tirer d'affaire ? À partir de quel moment en imagine-t-elle une autre ? Laquelle ?
• Quel est l'effet produit par la réplique de Bartholo, lignes 58-59 ?
Scène 16
• Pour quelles raisons, selon vous, Beaumarchais, ici encore (voir la scène 1 de cet acte), ne donne-t-il pas connaissance au spectateur du contenu de la lettre du Comte ?
• Quelle est la phrase de Rosine qui complète notre lecture de la scène 14 ? Pouvait-on se douter de cette gêne en lisant le texte ?

Interprétations

• Les obstacles imprévus : dans la scène 14, la stratégie du Comte subit deux échecs, lesquels ? Comment l'un et l'autre sont-ils surmontés ?
• Dans cette même scène, relevez ce qui appartient au registre du comique de farce.
• La scène 15 est une nouvelle scène d'affrontement entre Bartholo et Rosine : comparez-la avec les deux précédentes (scènes 4 et 11). Distinguez les différents moments de cet affrontement.

Le décor

Le lieu de l'action est à l'intérieur, et non plus dans la rue ; ce changement de décor entraîne un changement radical de perspective : la « croisée fermée par une jalousie grillée » est ce qui sépare de l'espace où pourraient se déployer amour et liberté, alors que dans le premier acte elle séparait les deux amants. Le thème fondamental de l'enfermement demeure, et il est fortement exprimé par la réunion des trois termes « croisée », « fermée » et « grillée ». Dans l'acte précédent, il s'agissait d'entrer dans la place ; il s'agit ici (et dans les actes suivants) d'en sortir, en enlevant Rosine à Bartholo. L'action se déroulant « dans l'appartement de Rosine », la jeune fille a dans cet acte une présence qu'elle n'avait pas encore eue, tant qu'elle était, vue de la rue, lointaine et inaccessible.

Présence de Rosine

Cet acte est centré sur le personnage de Rosine, qui était plutôt effacé dans l'acte I. Elle est ici présente dans dix scènes sur seize, dans les quatre premières continûment et les trois dernières, et plus précisément encore à l'ouverture et à la clôture de l'acte, par un monologue.

Unité de l'acte

L'encadrement de l'acte par deux monologues de Rosine est un facteur de cohésion, d'autant plus qu'ils sont reliés par une thématique commune, celle de la communication épistolaire. Dans la première scène, Rosine écrit à Lindor ; dans la dernière, elle lit une lettre de lui. Entre ces deux scènes, la ruse a permis le rapprochement des amoureux, sous le nez de Bartholo. Ce ne fut pas sans difficultés ni périls, mais cet acte constitue un premier pas vers le dénouement de l'intrigue.

Intérêt soutenu de l'action

L'entreprise du Comte, aidé de Figaro, est un lieu commun de la comédie : enlever une jeune fille promise à un mariage indigne et rétablir ainsi les droits de l'amour contre un abus de pouvoir. Mais l'originalité de Beaumarchais consiste à multiplier les difficultés en dressant face aux jeunes gens l'obstacle de la perspicacité vigilante du barbon. Dans la scène cruciale où le Comte s'introduit chez Bartholo en cavalier ivre (scènes 12 à 14), son plan est par deux fois déjoué : le billet de logement n'est pas utilisable puisque Bartholo est exempté de cette charge, et la remise de la lettre à Rosine, malgré les tours de passe-passe, n'échappe pas au regard du tuteur. Les ruses imaginées par Figaro fonctionnent bien d'abord (mise hors circuit des gens de la maison, déguisement efficace du Comte), mais des ratés apparaissent. Si la catastrophe, cependant, est évitée, c'est grâce à Rosine : rusée elle aussi, elle réussit à abuser Bartholo grâce à une substitution de lettre digne de l'habileté d'un Figaro et à retourner la situation en sa faveur (scène 15).

Diversité du comique

Beaumarchais dispose d'une palette comique très étendue. Il exploite tantôt des procédés de farce (scènes 6 et 7), tantôt des procédés de fine comédie (scène 2), ou bien encore use d'une distance humoristique envers le lieu commun (« et c'est toujours quelqu'un posté là exprès qui ramasse les papiers qu'une femme a l'air de laisser tomber par mégarde », scène 4), de la virtuosité verbale (la tirade de Bazile sur la calomnie, scène 8), de mots d'auteur (par exemple : « D'écouter ? C'est pourtant ce qu'il y a de mieux pour bien entendre », scène 10).

ACTE III

SCÈNE PREMIÈRE. BARTHOLO, *seul et désolé.*

Quelle humeur ! quelle humeur ! Elle paraissait apaisée... Là, qu'on me dise qui diable lui a fourré dans la tête de ne plus vouloir prendre leçon de don Bazile ! Elle sait qu'il se mêle de mon mariage... *(On heurte à la porte.)* Faites tout au 5 monde pour plaire aux femmes ; si vous omettez un seul petit point... je dis un seul... *(On heurte une seconde fois.)* Voyons qui c'est.

SCÈNE 2. BARTHOLO, LE COMTE, *en bachelier.*

LE COMTE. Que la paix et la joie habitent toujours céans[1] !

BARTHOLO, *brusquement.* Jamais souhait ne vint plus à propos. Que voulez-vous ?

LE COMTE. Monsieur, je suis Alonzo, bachelier, licencié...

5 BARTHOLO. Je n'ai pas besoin de précepteur.

LE COMTE. ... élève de don Bazile, organiste du grand couvent, qui a l'honneur de montrer la musique à madame votre...

BARTHOLO. Bazile ! organiste ! qui a l'honneur !... Je le 10 sais ; au fait.

LE COMTE, *à part.* Quel homme ! *(Haut.)* Un mal subit qui le force à garder le lit...

---

1. **Céans :** ici, dedans (le mot s'employait surtout à propos de la maison).

Bartholo (Roland Bertin), le Comte (Jean-Pierre Michael)
et Rosine (Anne Kessler).
Mise en scène de Jean-Luc Boutté, Comédie-Française, 1990.

BARTHOLO. Garder le lit ! Bazile ! Il a bien fait d'envoyer[1] ; je vais le voir à l'instant.

15 LE COMTE, *à part.* Oh ! diable ! *(Haut.)* Quand je dis le lit, monsieur, c'est... la chambre que j'entends[2].

BARTHOLO. Ne fût-il qu'incommodé[3]... Marchez devant, je vous suis.

LE COMTE, *embarrassé.* Monsieur, j'étais chargé... Personne 20 ne peut-il nous entendre ?

BARTHOLO, *à part.* C'est quelque fripon... *(Haut.)* Eh non, monsieur le mystérieux ! parlez sans vous troubler, si vous pouvez.

LE COMTE, *à part.* Maudit vieillard ! *(Haut.)* Don Bazile 25 m'avait chargé de vous apprendre...

BARTHOLO. Parlez haut, je suis sourd d'une oreille.

LE COMTE, *élevant la voix.* Ah ! volontiers. Que le comte Almaviva, qui restait à la grande place...

BARTHOLO, *effrayé.* Parlez bas, parlez bas !

30 LE COMTE, *plus haut.* ... en est délogé ce matin. Comme c'est par moi qu'il a su que le comte Almaviva...

BARTHOLO. Bas ; parlez bas, je vous prie.

LE COMTE, *du même ton.* ... était en cette ville, et que j'ai découvert que la signora Rosine lui a écrit...

---

1. **Envoyer** : employé sans complément, ce verbe signifiait « envoyer un messager ».
2. **Que j'entends** : que je veux dire.
3. **Ne fût-il qu'incommodé** : même s'il n'est victime que d'une légère indisposition (le Comte, en passant de « garder le lit » à « garder la chambre » a dédramatisé l'état de Bazile, en espérant que Bartholo renoncerait à son projet de visite).

Change?

35 BARTHOLO. Lui a écrit ? Mon cher ami, parlez plus bas, je
vous en conjure ! Tenez, asseyons-nous, et jasons[1] d'amitié.
Vous avez découvert, dites-vous, que Rosine...

LE COMTE, *fièrement.* Assurément. Bazile, inquiet pour
vous de cette correspondance, m'avait prié de vous montrer
40 sa lettre ; mais la manière dont vous prenez les choses...

BARTHOLO. Eh ! mon Dieu ! je les prends bien. Mais ne
vous est-il donc pas possible de parler plus bas ?

LE COMTE. Vous êtes sourd d'une oreille, avez-vous dit.

• BARTHOLO. Pardon, pardon, seigneur Alonzo, si vous
45 m'avez trouvé méfiant et dur ; mais je suis tellement entouré
d'intrigants, de pièges... Et puis votre tournure, votre âge,
votre air... Pardon, pardon. Eh bien ! vous avez la lettre ?

LE COMTE. À la bonne heure sur ce ton, monsieur ! Mais
je crains qu'on ne soit aux écoutes.

50 BARTHOLO. Et qui voulez-vous ? Tous mes valets sur les
dents[2] ! Rosine enfermée de fureur ! Le diable est entré chez
moi. Je vais encore m'assurer... *(Il va ouvrir doucement la
porte de Rosine.)*

LE COMTE, *à part.* Je me suis enferré de dépit[3]. Garder la
lettre à présent ![4] Il faudra m'enfuir : autant vaudrait n'être
55 pas venu... La lui montrer... Si je puis en prévenir Rosine, la
montrer est un coup de maître.

---

1. **Jasons :** voir *supra* p. 88, note 1.
2. **Sur les dents :** harassés, accablés de fatigue.
3. **Dépit :** le Comte a été dépité de voir que son stratagème se heurtait à
l'intelligence de Bartholo (voir : « Maudit vieillard ! », ligne 24). Il a donc joué
d'audace en proposant la lecture de la lettre de Rosine, mais il prend conscience
de la fâcheuse situation où cette improvisation l'a mis.
4. **Garder la lettre à présent !** : l'infinitif a ici une valeur hypothétique (ainsi
que dans « la lui montrer »), et équivaut à « si je veux à présent garder la lettre,
il faudra que je m'enfuie ».

BARTHOLO *revient sur la pointe du pied.* Elle est assise auprès de sa fenêtre, le dos tourné à la porte, occupée à relire une lettre de son cousin l'officier, que j'avais décachetée...
60 Voyons donc la sienne.

LE COMTE *lui remet la lettre de Rosine.* La voici. *(À part.)* C'est ma lettre qu'elle relit.

BARTHOLO *lit.* « Depuis que vous m'avez appris votre nom et votre état. » Ah ! la perfide ! c'est bien là sa main.

65 LE COMTE, *effrayé.* Parlez donc bas à votre tour.

BARTHOLO. Quelle obligation, mon cher !...

LE COMTE. Quand tout sera fini, si vous croyez m'en devoir, vous serez le maître[1]. D'après un travail que fait actuellement don Bazile avec un homme de loi...

70 BARTHOLO. Avec un homme de loi, pour mon mariage ?

LE COMTE. Sans doute. Il m'a chargé de vous dire que tout peut être prêt pour demain. Alors, si elle résiste...

BARTHOLO. Elle résistera.

LE COMTE *veut reprendre la lettre, Bartholo la serre.* Voilà
75 l'instant où je puis vous servir ; nous lui montrerons sa lettre, et s'il le faut *(plus mystérieusement)*, j'irai jusqu'à lui dire que je la tiens d'une femme à qui le comte l'a sacrifiée[2]. Vous sentez que le trouble, la honte, le dépit, peuvent la porter sur-le-champ...

80 BARTHOLO, *riant.* De la calomnie ! Mon cher ami, je vois bien maintenant que vous venez de la part de Bazile !... Mais

[handwritten marginal note: de l'Autricur de B.]

---

1. **Vous serez le maître** : vous pourrez décider (si vous me devez de la reconnaissance). Le Comte ironise : « quand tout sera fini », Bartholo ne pourra que maudire le Comte.
2. **L'a sacrifiée** : a fait le sacrifice de cette lettre, pour lui prouver que Rosine ne lui est plus rien (voir aussi IV, 3, note 2, p. 196).

pour que ceci n'eût pas l'air concerté, ne serait-il pas bon qu'elle vous connût d'avance ?

LE COMTE *réprime un grand mouvement de joie*. C'était
85 assez l'avis de don Bazile. Mais comment faire ? Il est tard... au peu de temps qui reste...

BARTHOLO. Je dirai que vous venez en sa place. Ne lui donnerez-vous pas bien une leçon ?

LE COMTE. Il n'y a rien que je ne fasse pour vous plaire.
90 Mais prenez garde que toutes ces histoires de maîtres supposés sont de vieilles finesses, des moyens de comédie. Si elle va se douter ?...

BARTHOLO. Présenté par moi, quelle apparence[1] ? Vous avez plus l'air d'un amant déguisé que d'un ami officieux[2].

95 LE COMTE. Oui ? Vous croyez donc que mon air peut aider à la tromperie ?

BARTHOLO. Je le donne au plus fin à deviner. Elle est ce soir d'une humeur horrible. Mais quand elle ne ferait que vous voir... Son clavecin est dans ce cabinet. Amusez-vous en
100 l'attendant ; je vais faire l'impossible pour l'amener.

LE COMTE. Gardez-vous bien de lui parler de la lettre.

BARTHOLO. Avant l'instant décisif ? Elle perdrait tout son effet. Il ne faut pas me dire deux fois les choses ; il ne faut pas me les dire deux fois. *(Il s'en va.)*

---

1. **Quelle apparence ?** : quelle vraisemblance ? (c'est-à-dire : comment peut-il paraître vraisemblable que Bartholo introduise lui-même un imposteur dans la maison ?).
2. **Officieux** : serviable.

REPÈRES

• En quoi les premiers mots de Bartholo sont-ils dans le prolongement de la dernière scène de l'acte précédent ? Que supposent-ils, du point de vue temporel ?

• Comparez ce monologue d'ouverture à ceux des deux actes précédents.

• Dans la scène 2, pourquoi Bartholo est-il si empressé de rendre visite à Bazile ?

OBSERVATION

• Dans le monologue de Bartholo, Beaumarchais utilise une phrase du *Sacristain*. Laquelle ? (voir des extraits de cette première ébauche du *Barbier de Séville* p. 42-45)

• Montrez où est l'habileté de Beaumarchais dramaturge dans les lignes 87-92 de la scène 2. Connaissez-vous une autre comédie où cette « vieille finesse » est employée ?

• Pourquoi le Comte tient-il à parler haut, malgré les recommandations répétées de Bartholo ?

• Quels sont les deux facteurs qui rendent Bartholo soupçonneux face au pseudo-Alonzo ?

• L'aparté de la ligne 62 vous paraît-il nécessaire ? Pourquoi Beaumarchais a-t-il jugé utile d'expliciter la phrase de Bartholo ?

• Que nous révèlent les didascalies des lignes 19 et 84 ?

• Le coup d'audace du Comte peut devenir, pense-t-il, « un coup de maître », à une condition : « en prévenir Rosine » (lignes 55-56). Quelle est la phrase, à la fin de la scène, qui exprime de façon comique la complicité involontaire de Bartholo ?

INTERPRÉTATIONS

• Le nouveau déguisement d'Amalviva : en quoi crée-t-il un effet théâtral différent du premier ? Il a été suggéré par ce que Figaro a entendu dans la scène 8 : précisez. Pourquoi ce déguisement est-il moins sûr que le déguisement en cavalier ivre (relevez la remarque de Bartholo à ce sujet) ?

• La part de l'imprévu : deux circonstances viennent perturber la réalisation du plan de Figaro, l'une est défavorable, l'autre est favorable. Précisez.

• Les trois temps de la scène : Bartholo passe de la méfiance à la confiance, puis à la complicité involontaire ; il y a donc non seulement retournement de situation, mais surenchère, puisque le trompé se fait l'auxiliaire de son trompeur. Repérez les articulations de cette scène.

• Des répliques à double entente : elles sont volontaires de la part du Comte, involontaires de la part de Bartholo, qui ne peut mesurer toute la portée de ce qu'il dit. Donnez des exemples de l'un et l'autre cas.

SCÈNE 3. LE COMTE, *seul*.

Me voilà sauvé. Ouf ! Que ce diable d'homme est rude à manier ! Figaro le connaît bien. Je me voyais mentir ; cela me donnait un air plat et gauche ; et il a des yeux !... Ma foi, sans l'inspiration subite de la lettre, il faut l'avouer, j'étais
5 éconduit comme un sot. Ô ciel ! on dispute là-dedans. Si elle allait s'obstiner à ne pas venir ! Écoutons... Elle refuse de sortir de chez elle, et j'ai perdu le fruit de ma ruse. *(Il retourne écouter.)* La voici ; ne nous montrons pas d'abord. *(Il entre dans le cabinet.)*

SCÈNE 4. LE COMTE, ROSINE, BARTHOLO.

ROSINE, *avec une colère simulée[1]*. Tout ce que vous direz est inutile, monsieur. J'ai pris mon parti ; je ne veux plus entendre parler de musique.

BARTHOLO. Écoute donc, mon enfant ; c'est le seigneur
5 Alonzo, l'élève et l'ami de don Bazile, choisi par lui pour être un de nos témoins. La musique te calmera, je t'assure.

ROSINE. Oh ! pour cela vous pouvez vous en détacher[2]. Si je chante ce soir !... Où donc est-il ce maître que vous craignez de renvoyer ? Je vais, en deux mots, lui donner son
10 compte, et celui de Bazile. *(Elle aperçoit son amant ; elle fait un cri.)* Ah !...

BARTHOLO. Qu'avez-vous ?

ROSINE, *les deux mains sur son cœur, avec un grand*

---

1. **Simulée** : Rosine applique en effet les consignes que lui donnait Lindor dans sa lettre (voir *supra* p. 152).
2. **Vous en détacher :** vous défaire de cette idée.

trouble. Ah ! mon Dieu, monsieur... Ah ! mon Dieu, monsieur...

15 BARTHOLO. Elle se trouve encore mal ! Seigneur Alonzo !

ROSINE. Non, je ne me trouve pas mal... mais c'est qu'en me tournant... Ah !...

LE COMTE. Le pied vous a tourné, madame ?

ROSINE. Ah ! oui, le pied m'a tourné. Je me suis fait un mal 20 horrible.

LE COMTE. Je m'en suis bien aperçu.

ROSINE, *regardant le Comte.* Le coup m'a porté au cœur.

BARTHOLO. Un siège, un siège. Et pas un fauteuil ici ? *(Il va le chercher.)*

LE COMTE. Ah ! Rosine !

25 ROSINE. Quelle imprudence !

LE COMTE. J'ai mille choses essentielles à vous dire.

ROSINE. Il ne nous quittera pas.

LE COMTE. Figaro va venir nous aider.

BARTHOLO *apporte un fauteuil.* Tiens, mignonne, assieds-30 toi. – Il n'y a pas d'apparence[1], bachelier, qu'elle prenne de leçon ce soir ; ce sera pour un autre jour. Adieu.

ROSINE, *au Comte.* Non, attendez, ma douleur est un peu apaisée. *(À Bartholo.)* Je sens que j'ai eu tort avec vous, monsieur. Je veux vous imiter, en réparant sur-le-champ...

35 BARTHOLO. Oh ! le bon petit naturel de femme ! Mais,

---

1. **Il n'y a pas d'apparence** : il n'est pas probable, il ne faut pas s'attendre à.

après une pareille émotion, mon enfant, je ne souffrirai pas que tu fasses le moindre effort. Adieu, adieu, bachelier.

ROSINE, *au Comte.* Un moment, de grâce ! *(À Bartholo.)* Je croirai, monsieur, que vous n'aimez pas à m'obliger, si vous
40 m'empêchez de vous prouver mes regrets en prenant ma leçon.

LE COMTE, *à part, à Bartholo.* Ne la contrariez pas, si vous m'en croyez.

BARTHOLO. Voilà qui est fini, mon amoureuse. Je suis si loin
45 de chercher à te déplaire que je veux rester là tout le temps que tu vas étudier.

ROSINE. Non, monsieur. Je sais que la musique n'a nul attrait pour vous.

BARTHOLO. Je t'assure que ce soir elle m'enchantera.

50 ROSINE, *au Comte, à part.* Je suis au supplice.

LE COMTE, *prenant un papier de musique sur le pupitre.* Est-ce là ce que vous voulez chanter, madame ?

ROSINE. Oui, c'est un morceau très agréable de *La Précaution inutile.*

BARTHOLO. Toujours *La Précaution inutile !*[1]

55 LE COMTE. C'est ce qu'il y a de plus nouveau aujourd'hui. C'est une image du printemps, d'un genre assez vif. Si madame veut l'essayer...

ROSINE, *regardant le Comte.* Avec grand plaisir : un tableau du printemps me ravit ; c'est la jeunesse de la nature. Au
60 sortir de l'hiver, il semble que le cœur acquière un plus haut degré de sensibilité ; comme un esclave, enfermé depuis

---

La Précaution inutile !
1. **Toujours** : voir *supra* la scène 3 de l'acte I.

longtemps, goûte avec plus de plaisir le charme de la liberté
qui vient de lui être offerte.

BARTHOLO, *bas au Comte.* Toujours des idées romanesques
65 en tête.

LE COMTE, *bas.* En sentez-vous l'application[1] ?

BARTHOLO. Parbleu ! *(Il va s'asseoir dans le fauteuil qu'a
occupé Rosine.)*

ROSINE *chante.*[2]

3

    Quand dans la plaine,
    L'amour ramène
      Le printemps
70 *Si chéri des amants,*
      Tout reprend l'être,
      Son feu pénètre
      Dans les fleurs
75 *Et dans les jeunes cœurs.*
      On voit les troupeaux
      Sortir des hameaux ;
      Dans tous les coteaux
      Les cris des agneaux
80 *Retentissent ;*

---

1. **En sentez-vous l'application ?** : comprenez-vous à quoi s'appliquent les propos de Rosine ?
2. Cette ariette, dans le goût espagnol, fut chantée le premier jour à Paris, malgré les huées, les rumeurs et le train usités au parterre en ces jours de crise et de combat. La timidité de l'actrice l'a depuis empêchée d'oser la redire, et les jeunes rigoristes du théâtre l'ont fort louée de cette réticence. Mais si la dignité de la Comédie-Française y a gagné quelque chose, il faut convenir que *Le Barbier de Séville* y a beaucoup perdu. C'est pourquoi sur les théâtres où quelque peu de musique ne tirera pas à conséquence, nous invitons tous directeurs à la restituer, tous acteurs à la chanter, tous spectateurs à l'écouter, et tous critiques à nous la pardonner, en faveur du genre de la pièce et du plaisir que leur fera le morceau. (Note de Beaumarchais.) Voir p. 20-21 et 243-244.

Ils bondissent ;
Tout fermente,
Tout augmente ;
Les brebis paissent
85   Les fleurs qui naissent ;
Les chiens fidèles
Veillent sur elles ;
Mais Lindor enflammé
Ne songe guère
90   Qu'au bonheur d'être aimé
De sa bergère.

MÊME AIR

Loin de sa mère
Cette bergère
Va chantant
95   Où son amant l'attend.
Par cette ruse,
L'amour l'abuse ;
Mais chanter
Sauve-t-il du danger ?
100   Les doux chalumeaux,
Les chants des oiseaux,
Ses charmes naissants,
Ses quinze ou seize ans,
Tout l'excite,
105   Tout l'agite ;
La pauvrette
S'inquiète.
De sa retraite,
Lindor la guette ;
110   Elle s'avance ;
Lindor s'élance ;
Il vient de l'embrasser :
Elle, bien aise,
Feint de se courroucer
115   Pour qu'on l'apaise.

PETITE REPRISE

Les soupirs,
Les soins, les promesses,
Les vives tendresses,
Les plaisirs,
120 *Le fin badinage,*
Sont mis en usage ;
Et bientôt la bergère
Ne sent plus de colère.
Si quelque jaloux
125 *Trouble un lien si doux,*
Nos amants d'accord
Ont un soin extrême...
De voiler leur transport ;
Mais quand on s'aime,
130 *La gêne ajoute encor*
Au plaisir même.

(En l'écoutant, Bartholo s'est assoupi. Le Comte, pendant la petite reprise, se hasarde à prendre une main qu'il couvre de baisers. L'émotion ralentit le chant de Rosine, l'affaiblit, et finit même par lui couper la voix au milieu de la cadence, au mot « extrême ». L'orchestre suit le mouvement de la chanteuse, affaiblit son jeu, et se tait avec elle. L'absence du bruit[1], qui avait endormi Bartholo, le réveille. Le Comte se relève, Rosine et l'orchestre reprennent subitement la suite de l'air. Si la petite reprise se répète, le même jeu recommence, etc.)

LE COMTE. En vérité, c'est un morceau charmant, et madame l'exécute avec une intelligence...

----

1. **Bruit** : au XVIIIᵉ siècle, ce mot pouvait désigner aussi « un assemblage de sons agréables » *(Dictionnaire de Trévoux)*. Même emploi dans la dernière didascalie de l'acte (« celui qui est gravé dans le recueil de la musique du *Barbier* »), où « celui » a pour antécédent « bruit » (mais dans son acception actuelle : « bruit d'orage »).

*Rosine (Laurence Maslian), le Comte (Pierre Gérard)
et Bartholo (Yann Collette).
Mise en scène d'Alain Bezu, théâtre des Deux-Rives, Rouen, 1988.*

ROSINE. Vous me flattez, seigneur ; la gloire est tout entière
135 au maître.

BARTHOLO, *bâillant.* Moi, je crois que j'ai un peu dormi
pendant le morceau charmant. J'ai mes malades. Je vais, je
viens, je toupille[1], et sitôt que je m'assieds, mes pauvres
jambes... *(Il se lève et pousse le fauteuil.)*

140 ROSINE, *bas au Comte.* Figaro ne vient point !

LE COMTE. Filons le temps[2].

BARTHOLO. Mais, bachelier, je l'ai déjà dit à ce vieux
Bazile : est-ce qu'il n'y aurait pas moyen de lui faire étudier
des choses plus gaies que toutes ces grandes arias[3], qui vont
145 en haut, en bas, en roulant, hi, ho, a, a, a, a, et qui me
semblent autant d'enterrements ? Là, de ces petits airs qu'on
chantait dans ma jeunesse, et que chacun retenait facilement.
J'en savais autrefois... Par exemple... *(Pendant la
ritournelle[4], il cherche en se grattant la tête et chante en
faisant claquer ses pouces et dansant des genoux comme les
vieillards.)*

> Veux-tu, ma Rosinette,
150 >   Faire emplette
>   Du roi des maris ?...

(Au Comte en riant.) Il y a Fanchonnette dans la chanson ;
mais j'y ai substitué Rosinette pour la lui rendre plus agréable
et la faire cadrer aux circonstances. Ah ! ah ! ah ! ah ! Fort
155 bien ? pas vrai ?

LE COMTE, *riant.* Ah ! ah ! ah ! Oui, tout au mieux.

---

1. **Je toupille :** je tournoie comme une toupie.
2. **Filons le temps :** gagnons du temps.
3. **Arias :** mélodies accompagnées d'un petit nombre d'instruments, ou d'un
seul (mot d'origine italienne).
4. **Ritournelle :** court motif instrumental servant d'introduction à un chant.

Repères

• Montrez que le monologue de la scène 3 est un commentaire de la scène précédente.

• Pourquoi, au début de la scène 4, la colère de Rosine est-elle « simulée » ?

Observation

• Bartholo est amené à s'éloigner un bref instant (pour chercher un siège), et cet instant est mis à profit par les deux jeunes gens : cherchez d'autres exemples d'un tel jeu de scène dans les scènes précédentes.

• L'enjeu de l'action est nettement exprimé par le Comte : « J'ai mille choses essentielles à vous dire » (ligne 26). Parmi elles, une est primordiale ; laquelle ?

• Cette leçon de musique se déroule sur fond d'attente : relevez les répliques qui le montrent. Pourquoi l'arrivée de Figaro est-elle si impatiemment souhaitée ?

• En principe, la Comédie-Française n'accueillait pas de pièces à intermèdes musicaux. L'ariette de Rosine a donc suscité des oppositions, dont la note de Beaumarchais se fait l'écho. Or, elle est nécessaire : analysez le jeu de scène qui la justifie. Retrouvez dans la « Lettre modérée » les passages où Beaumarchais préconise l'emploi de la musique au théâtre.

• Qu'exprime le « Ah ! oui » de la ligne 19 ?

• À quoi Rosine fait-elle allusion quand elle dit à Bartholo : « Je veux vous imiter, en réparant sur-le-champ... » (ligne 34) ?

• Sentez-vous aussi « l'application » des propos de Rosine, lignes 58-63 ?

INTERPRÉTATIONS

• Le renouvellement du lieu commun : montrez comment les lignes 54-55 (« Toujours *La Précaution inutile* ! — C'est ce qu'il y a de plus nouveau aujourd'hui. ») expriment de façon condensée le projet même de Beaumarchais en écrivant sa comédie. Montrez en quoi cette leçon de musique est originale, par rapport à d'autres pièces (voir notamment *Le Malade imaginaire*, acte III, scène 5).

• La révélation d'un Bartholo inattendu : il surprend et fait rire par son numéro grotesque. Mais n'est-il que ridicule ? Comparez avec *Le Misanthrope* (acte I, scène 2) où Alceste se met à chanter un air d'autrefois (« Si le roi m'avait donné / Paris, sa grand'ville »), et avec *Le Bourgeois gentilhomme* (acte I, scène 2), où M. Jourdain chante « Je croyais Jeanneton / Aussi douce que belle ».

• La surprise de Rosine reconnaissant Almaviva évoque celle de Lucile reconnaissant Cléonte dans *Le Bourgeois gentilhomme* (acte V, scène 5) et celle d'Angélique reconnaissant Cléante dans *Le Malade imaginaire* (acte II, scène 3) : quelles sont toutefois les différences ?

SCÈNE 5. FIGARO, *dans le fond,* ROSINE, BARTHOLO, LE COMTE.

BARTHOLO *chante.*

4

> Veux-tu, ma Rosinette,
>> Faire emplette
>> Du roi des maris ?
> Je ne suis point Tircis ;
>> Mais la nuit, dans l'ombre,
> Je vaux encor mon prix ;
>> Et quand il fait sombre,
> Les plus beaux chats sont gris.
> *(Il répète la reprise en dansant. Figaro, derrière lui, imite ses mouvements.)*
>> Je ne suis point Tircis, etc.

10 *(Apercevant Figaro.)* Ah ! entrez, monsieur le barbier ; avancez, vous êtes charmant !

FIGARO *salue.* Monsieur, il est vrai que ma mère me l'a dit autrefois[1] ; mais je suis un peu déformé depuis ce temps-là. *(À part, au comte.)* Bravo, monseigneur ! *(Pendant toute cette scène, le comte fait ce qu'il peut pour parler à Rosine ; mais l'œil inquiet et vigilant du tuteur l'en empêche toujours, ce qui forme un jeu muet de tous les acteurs, étranger au débat du docteur et de Figaro.)*

15 BARTHOLO. Venez-vous purger encore, saigner, droguer, mettre sur le grabat toute ma maison ?

FIGARO. Monsieur, il n'est pas tous les jours fête ; mais sans compter les soins quotidiens, monsieur a pu voir que,

---

1. **Ma mère me l'a dit autrefois** : voir sur cette réplique la « Lettre modérée », p. 68, lignes 498-506.

lorsqu'ils[1] en ont besoin, mon zèle n'attend pas qu'on lui
20 commande...

BARTHOLO. Votre zèle n'attend pas ! Que direz-vous,
monsieur le zélé, à ce malheureux qui bâille et dort tout
éveillé ? Et l'autre qui, depuis trois heures, éternue à se faire
sauter le crâne et jaillir la cervelle ! Que leur direz-vous ?

25 FIGARO. Ce que je leur dirai ?

BARTHOLO. Oui !

FIGARO. Je leur dirai... Eh ! parbleu ! je dirai à celui qui
éternue : « Dieu vous bénisse ! » et : « Va te coucher » à celui
qui bâille[2]. Ce n'est pas cela, monsieur, qui grossira le
30 mémoire.

BARTHOLO. Vraiment non ; mais c'est la saignée et les
médicaments qui le grossiraient, si je voulais y entendre[3].
Est-ce par zèle aussi que vous avez empaqueté les yeux de
ma mule ? et votre cataplasme lui rendra-t-il la vue ?

35 FIGARO. S'il ne lui rend pas la vue, ce n'est pas cela non plus
qui l'empêchera d'y voir.

BARTHOLO. Que je le trouve sur le mémoire !... On n'est pas
de cette extravagance-là !

FIGARO. Ma foi, monsieur, les hommes n'ayant guère à
40 choisir qu'entre la sottise et la folie, où je ne vois pas de profit
je veux au moins du plaisir ; et vive la joie ! Qui sait si le
monde durera encore trois semaines !

carpe diem

---

1. **Ils** : les gens de la maison.
2. **À celui qui bâille** : voir sur cette réplique la « Lettre modérée », p. 69,
lignes 521-531.
3. **Y entendre** : y donner mon consentement.

BARTHOLO. Vous feriez bien mieux, monsieur le raisonneur, de me payer mes cent écus et les intérêts sans lanterner[1] ; je vous en avertis.

FIGARO. Doutez-vous de ma probité, monsieur ? Vos cent écus ! j'aimerais mieux vous les devoir toute ma vie, que de les nier un seul instant.

BARTHOLO. Et dites-moi un peu comment la petite Figaro a trouvé les bonbons que vous lui avez portés.

FIGARO. Quels bonbons ? Que voulez-vous dire ?

BARTHOLO. Oui, ces bonbons, dans ce cornet fait avec cette feuille de papier à lettre, ce matin.

FIGARO. Diable emporte si...

ROSINE, *l'interrompant*. Avez-vous eu soin au moins de les lui donner de ma part, monsieur Figaro ? Je vous l'avais recommandé.

FIGARO. Ah ! ah ! les bonbons de ce matin ? Que je suis bête, moi ! j'avais perdu tout cela de vue... Oh ! excellents, madame, admirables !

BARTHOLO. Excellents ! admirables ! Oui, sans doute, monsieur le barbier, revenez sur vos pas[2] ! Vous faites là un joli métier, monsieur !

FIGARO. Qu'est-ce qu'il a donc, monsieur ?

BARTHOLO. Et qui vous fera une belle réputation, monsieur !

FIGARO. Je la soutiendrai, monsieur.

---

1. **Lanterner** : retarder, différer.
2. **Revenez sur vos pas** : revenez sur vos paroles (pour corriger votre maladresse).

BARTHOLO. Dites que vous la supporterez, monsieur.

FIGARO. Comme il vous plaira, monsieur.

70 BARTHOLO. Vous le prenez bien haut, monsieur ! Sachez que quand je dispute[1] avec un fat, je ne lui cède jamais.

FIGARO *lui tourne le dos.* Nous différons en cela, monsieur ; moi, je lui cède toujours.

BARTHOLO. Hein ! qu'est-ce qu'il dit donc, bachelier ?

75 FIGARO. C'est que vous croyez avoir affaire à quelque barbier de village, et qui ne sait manier que le rasoir ? Apprenez, monsieur, que j'ai travaillé de la plume à Madrid, et que sans les envieux...

BARTHOLO. Eh ! que n'y restiez-vous, sans venir ici changer 80 de profession ?

FIGARO. On fait comme on peut. Mettez-vous à ma place.

BARTHOLO. Me mettre à votre place ! Ah ! parbleu, je dirais de belles sottises !

FIGARO. Monsieur, vous ne commencez pas trop mal ; je 85 m'en rapporte à votre confrère qui est là rêvassant.

LE COMTE, *revenant à lui.* Je... je ne suis pas le confrère de monsieur.

FIGARO. Non ? Vous voyant ici à consulter[2], j'ai pensé que vous poursuiviez le même objet[3].

---

1. **Je dispute** : j'ai une vive discussion.
2. **À consulter** : en train de délibérer (sur une question médicale).
3. **Le même objet** : phrase à double entente ; Figaro veut dire : « j'ai pensé que vous cherchiez à résoudre un même problème médical », mais il dit aussi : « que vous poursuiviez la même femme » (dans la langue classique, *objet* peut désigner la femme aimée).

90 BARTHOLO, *en colère*. Enfin, quel sujet vous amène ? Y a-t-il quelque lettre à remettre encore ce soir à madame ? Parlez, faut-il que je me retire ?

FIGARO. Comme vous rudoyez[1] le pauvre monde ! Eh ! parbleu monsieur, je viens vous raser, voilà tout : n'est-ce pas 95 aujourd'hui votre jour ?

BARTHOLO. Vous reviendrez tantôt.

FIGARO. Ah ! oui, revenir ! Toute la garnison prend médecine[2] demain matin, j'en ai obtenu l'entreprise par mes protections. Jugez donc comme j'ai du temps à perdre ! 100 Monsieur passe-t-il chez lui[3] ?

BARTHOLO. Non, monsieur ne passe point chez lui. Eh ! mais... qui empêche qu'on ne me rase ici ?

ROSINE, *avec dédain*. Vous êtes honnête[4] ! Et pourquoi pas dans mon appartement ?

105 BARTHOLO. Tu te fâches ! Pardon, mon enfant, tu vas achever de prendre ta leçon ; c'est pour ne pas perdre un instant le plaisir de t'entendre.

FIGARO, *bas au Comte*. On ne le tirera pas d'ici ! *(Haut.)* Allons, L'Éveillé ! La Jeunesse, le bassin, de l'eau, tout ce 110 qu'il faut à monsieur.

BARTHOLO. Sans doute, appelez-les ! Fatigués, harassés, moulus de votre façon[5], n'a-t-il pas fallu les faire coucher !

FIGARO. Eh bien ! j'irai tout chercher. N'est-ce pas dans votre chambre ? *(Bas au Comte.)* Je vais l'attirer dehors.

---

1. **Vous rudoyez :** vous maltraitez.
2. **Prend médecine :** prend une purge.
3. **Chez lui :** dans sa chambre.
4. **Honnête :** voir II, 4, note 2, p. 124.
5. **De votre façon :** par vos procédés.

BARTHOLO *détache son trousseau de clefs, et dit par*
115 *réflexion :* Non, non, j'y vais moi-même. *(Bas au Comte en s'en allant.)* Ayez les yeux sur eux, je vous prie.

SCÈNE 6. FIGARO, LE COMTE, ROSINE.

FIGARO. Ah ! que nous l'avons manqué belle[1] ! il allait me donner le trousseau. La clef de la jalousie n'y est-elle pas ?

ROSINE. C'est la plus neuve de toutes[2].

SCÈNE 7. BARTHOLO, FIGARO, LE COMTE, ROSINE.

BARTHOLO, *revenant, et à part*. Bon ! je ne sais ce que je fais de laisser ici ce maudit barbier. *(À Figaro.)* Tenez. *(Il lui donne le trousseau.)* Dans mon cabinet, sous mon bureau ; mais ne touchez à rien.

5 FIGARO. La peste ! il y ferait bon, méfiant comme vous êtes ! *(À part, en s'en allant.)* Voyez comme le ciel protège l'innocence !

---

1. **Nous l'avons manqué belle :** nous avons échoué alors que l'occasion était favorable.
2. **La plus neuve de toutes :** on a vu (p. 98, la fin de I, 3) que Bartholo fermait à clef la jalousie (fenêtre grillagée) ; cette clef est la plus neuve car elle sert peu (voir la première réplique de Rosine, scène 3 : « Cette jalousie s'ouvre si rarement... »).

Scène 8. Bartholo, le Comte, Rosine.

BARTHOLO, *bas au Comte.* C'est le drôle[1] qui a porté la lettre au comte.

LE COMTE, *bas.* Il m'a l'air d'un fripon.

BARTHOLO. Il ne m'attrapera plus.

5 LE COMTE. Je crois qu'à cet égard le plus fort est fait.

BARTHOLO. Tout considéré, j'ai pensé qu'il était plus prudent de l'envoyer dans ma chambre que de le laisser avec elle.

LE COMTE. Ils n'auraient pas dit un mot que je n'eusse été 10 en tiers.

ROSINE. Il est bien poli, messieurs, de parler bas sans cesse ! Et ma leçon ? *(Ici l'on entend un bruit, comme de la vaisselle renversée.)*

BARTHOLO, *criant.* Qu'est-ce que j'entends donc ! Le cruel barbier aura tout laissé tomber par l'escalier, et les plus belles 15 pièces de mon nécessaire[2] !... *(Il court dehors.)*

Scène 9. Le Comte, Rosine.

LE COMTE. Profitons du moment que l'intelligence[3] de Figaro nous ménage. Accordez-moi ce soir, je vous en conjure, madame, un moment d'entretien indispensable pour vous soustraire à l'esclavage où vous allez tomber.

---

1. **Drôle :** le mot ne désigne pas une personne amusante, mais, au XVIIIe siècle, quelqu'un de déluré, dont les manières inspirent de l'inquiétude.
2. **Nécessaire :** ici, les objets nécessaires pour faire la barbe.
3. **Intelligence :** complicité.

5 ROSINE. Ah ! Lindor !

LE COMTE. Je puis monter à votre jalousie, et quant à la lettre que j'ai reçue de vous ce matin, je me suis vu forcé...

SCÈNE 10. ROSINE, BARTHOLO, FIGARO, LE COMTE.

BARTHOLO. Je ne m'étais pas trompé ; tout est brisé, fracassé.

FIGARO. Voyez le grand malheur pour tant de train[1] ! On ne voit goutte sur l'escalier. *(Il montre la clef au Comte.)*
5 Moi, en montant j'ai accroché une clef[2]...

BARTHOLO. On prend garde à ce qu'on fait. Accrocher une clef ! L'habile homme !

FIGARO. Ma foi, monsieur, cherchez-en un plus subtil.

---

1. **Tant de train :** tant de mouvement, de hâte.
2. **Accroché une clef :** encore une phrase à double entente ; à l'adresse de Rosine et du Comte, elle signifie que Figaro a réussi à dérober la clef de la jalousie ; à l'adresse de Bartholo, que Figaro a accroché une clef dans quelque obstacle (ce qui lui a fait lâcher le nécessaire à raser).

Repères

• La scène 5 est la continuation de la scène 4 (poursuite de la chanson de Bartholo) : qu'est-ce qui justifie le passage à une nouvelle scène ?
• Le retour de Figaro : il était absent depuis longtemps (depuis la scène 10 de l'acte II) ; dans la scène précédente, le Comte a annoncé sa venue (ligne 28). Comment son retour en scène est-il mis en relief ?
• Quelle est l'unité des scènes 6 à 10 ?

Observation

• Dans la scène 5, Bartholo et Figaro sont pour la première fois face à face : qu'est-ce qui donne à leur dialogue une vivacité particulière ?
• Bartholo a sa lucidité habituelle : dégagez les trois points sur lesquels il attaque Figaro.
• Figaro trouve encore l'occasion, ici, d'exprimer sa « philosophie ». Dans quelle mesure est-elle proche de celle qui ressortait de la scène 2 de l'acte I ?
• Au début de la scène 5, Figaro se dit « un peu déformé » : quel sens donner à cette indication ?
• Bartholo est constamment, dans cette comédie, celui dont on essaye de se débarrasser ; mais « on ne le tirera pas d'ici », constate Figaro (ligne 108) : cherchez dans la scène précédente une réplique dressant le même constat.
• Dans les scènes 6 à 10, relevez et commentez toutes les répliques à double entente.

Interprétations

• La scène 5 est conçue pour se dérouler sur deux plans : celui du dialogue entre Figaro et Bartholo et celui de la communication muette entre le Comte et Rosine. Bartholo appartient à l'un et à l'autre, puisque, tout en parlant avec Figaro, il s'interpose du regard entre les deux amoureux. Beaumarchais a choisi d'indiquer le jeu de scène au début, une fois pour toutes, et le lecteur risque d'oublier ce jeu, que plus rien ne rappelle. De quelle façon, lors de la représentation, Bartholo peut-il concilier dialogue avec Figaro et exercice d'un « œil inquiet et vigilant » ? Des répliques de Bartholo se prêtent-elles mieux que d'autres à la manifestation de ce regard ?
• Figaro, en prenant ici le rôle de barbier, avait deux objectifs : lesquels ? Atteint-il pleinement les deux ?

SCÈNE 11. LES ACTEURS PRÉCÉDENTS, DON BAZILE.

ROSINE, *effrayée, et à part.* Don Bazile !...

LE COMTE, *à part.* Juste ciel !

FIGARO, *à part.* C'est le diable !

BARTHOLO *va au-devant de lui.* Ah ! Bazile, mon ami, soyez
5 le bien rétabli[1]. Votre accident n'a donc point eu de suites ?
En vérité, le seigneur Alonzo m'avait fort effrayé sur votre
état ; demandez-lui, je partais pour vous aller voir, et s'il ne
m'avait point retenu...

BAZILE, *étonné.* Le seigneur Alonzo ?...

10 FIGARO *frappe du pied.* Eh quoi ! toujours des accrocs ?
Deux heures pour une méchante barbe... Chienne de
pratique[2] !

BAZILE, *regardant tout le monde.* Me ferez-vous bien le
plaisir de me dire, messieurs ?...

15 FIGARO. Vous lui parlerez quand je serai parti.

BAZILE. Mais encore faudrait-il...

LE COMTE. Il faudrait vous taire, Bazile. Croyez-vous
apprendre à monsieur quelque chose qu'il ignore ? Je lui ai
raconté que vous m'aviez chargé de venir donner une leçon
20 de musique à votre place.

BAZILE, *plus étonné.* La leçon de musique !... Alonzo !...

ROSINE, *à part, à Bazile.* Eh ! taisez-vous.

---

1. **Soyez le bien rétabli :** que votre rétablissement soit entier.
2. **Pratique :** clientèle.

BAZILE. Elle aussi !

LE COMTE, *à Bartholo*. Dites-lui donc tout bas que nous en
25 sommes convenus.

BARTHOLO, *à Bazile, à part*. N'allez pas nous démentir,
Bazile, en disant qu'il n'est pas votre élève, vous gâteriez tout.

BAZILE. Ah ! ah !

BARTHOLO, *haut*. En vérité, Bazile, on n'a pas plus de talent
30 que votre élève.

BAZILE, *stupéfait*. Que mon élève !... *(Bas.)* Je venais pour
vous dire que le comte est déménagé.

BARTHOLO, *bas*. Je le sais, taisez-vous.

BAZILE, *bas*. Qui vous l'a dit ?

35 BARTHOLO, *bas*. Lui, apparemment !

LE COMTE, *bas*. Moi, sans doute[1] : écoutez seulement.

ROSINE, *bas à Bazile*. Est-il si difficile de vous taire ?

FIGARO, *bas à Bazile*. Hum ! Grand escogriffe ! Il est sourd !

BAZILE, *à part*. Qui diable est-ce donc qu'on trompe ici ?
40 Tout le monde est dans le secret !

BARTHOLO, *haut*. Eh bien, Bazile, votre homme de loi ?...

FIGARO. Vous avez toute la soirée pour parler de l'homme
de loi.

BARTHOLO, *à Bazile*. Un mot ; dites-moi seulement si vous
45 êtes content de l'homme de loi[2].

---

1. **Sans doute** : sans aucun doute.
2. **L'homme de loi** : voir *supra* p. 160, lignes 68-70.

BAZILE, *effaré.* De l'homme de loi ?

LE COMTE, *souriant.* Vous ne l'avez pas vu, l'homme de loi ?

BAZILE, *impatienté.* Eh ! non, je ne l'ai pas vu, l'homme
50 de loi.

LE COMTE, *à Bartholo, à part.* Voulez-vous donc qu'il s'explique ici devant elle ? Renvoyez-le.

BARTHOLO, *bas au Comte.* Vous avez raison. *(À Bazile.)* Mais quel mal vous a donc pris si subitement ?

55 BAZILE, *en colère.* Je ne vous entends pas.

LE COMTE *lui met, à part, une bourse dans la main.* Oui, monsieur vous demande ce que vous venez faire ici, dans l'état d'indisposition où vous êtes.

FIGARO. Il est pâle comme un mort !

60 BAZILE. Ah ! je comprends...

LE COMTE. Allez vous coucher, mon cher Bazile : vous n'êtes pas bien, et vous nous faites mourir de frayeur. Allez vous coucher.

FIGARO. Il a la physionomie toute renversée. Allez vous
65 coucher.

BARTHOLO. D'honneur[1], il sent la fièvre d'une lieue. Allez vous coucher.

ROSINE. Pourquoi donc êtes-vous sorti ? On dit que cela se gagne[2]. Allez vous coucher.

70 BAZILE, *au dernier étonnement.* Que j'aille me coucher !

---

1. **D'honneur :** parole d'honneur.
2. **Cela se gagne :** cela est contagieux.

Tous les acteurs ensemble. Eh ! sans doute.

Bazile, *les regardant tous.* En effet, messieurs, je crois que je ne ferai pas mal de me retirer ; je sens que je ne suis pas ici dans mon assiette ordinaire.

75 Bartholo. À demain, toujours, si vous êtes mieux !

Le Comte. Bazile, je serai chez vous de très bonne heure.

Figaro. Croyez-moi, tenez-vous bien chaudement dans votre lit.

Rosine. Bonsoir, monsieur Bazile.

80 Bazile, *à part.* Diable emporte si j'y comprends rien ! et sans cette bourse...

Tous. Bonsoir, Bazile, bonsoir.

Bazile, *en s'en allant.* Eh bien, bonsoir donc, bonsoir. *(Ils l'accompagnent tous en riant.)*

Scène 12. Les acteurs précédents, *excepté* Bazile.

Bartholo, *d'un ton important.* Cet homme-là n'est pas bien du tout.

Rosine. Il a les yeux égarés.

Le Comte. Le grand air l'aura saisi.

5 Figaro. Avez-vous vu comme il parlait tout seul ? Ce que c'est que de nous ! *(À Bartholo.)* Ah çà, vous décidez-vous, cette fois ? *(Il lui pousse un fauteuil très loin du Comte et lui présente le linge.)*

LE COMTE. Avant de finir, madame, je dois vous dire un mot essentiel au progrès de l'art que j'ai l'honneur de vous 10 enseigner. *(Il s'approche, et lui parle bas à l'oreille.)*

BARTHOLO, *à Figaro.* Eh mais ! il semble que vous le fassiez exprès de vous approcher, et de vous mettre devant moi pour m'empêcher de voir...

LE COMTE, *bas à Rosine.* Nous avons la clef de la jalousie, 15 et nous serons ici à minuit.

FIGARO *passe le linge au cou de Bartholo.* Quoi voir ? Si c'était une leçon de danse, on vous passerait[1] d'y regarder ; mais du chant !... Aïe, aïe !

BARTHOLO. Qu'est-ce que c'est ?

20 FIGARO. Je ne sais ce qui m'est entré dans l'œil. *(Il rapproche sa tête.)*

BARTHOLO. Ne frottez donc pas.

FIGARO. C'est le gauche. Voudriez-vous me faire le plaisir d'y souffler un peu fort ? *(Bartholo prend la tête de Figaro, regarde par-dessus, le pousse violemment et va derrière les amants écouter leur conversation.)*

LE COMTE, *bas à Rosine.* Et quant à votre lettre, je me suis 25 trouvé tantôt dans tel embarras pour rester ici...

FIGARO, *de loin pour avertir.* Hem !... hem...

LE COMTE. Désolé de voir encore mon déguisement inutile...

BARTHOLO, *passant entre eux deux.* Votre déguisement 30 inutile !

ROSINE, *effrayée.* Ah !...

---

1. **Passerait** : permettrait.

BARTHOLO. Fort bien, madame, ne vous gênez pas. Comment ! sous mes yeux mêmes, en ma présence, on m'ose outrager de la sorte !

35 LE COMTE. Qu'avez-vous donc, seigneur ?

BARTHOLO. Perfide[1] Alonzo !

LE COMTE. Seigneur Bartholo, si vous avez souvent des lubies comme celle dont le hasard me rend témoin, je ne suis plus étonné de l'éloignement que mademoiselle a pour
40 devenir votre femme.

ROSINE. Sa femme ! Moi ! Passer mes jours auprès d'un vieux jaloux, qui, pour tout bonheur, offre à ma jeunesse un esclavage abominable !

BARTHOLO. Ah ! qu'est-ce que j'entends !

45 ROSINE. Oui, je le dis tout haut : je donnerai mon cœur et ma main à celui qui pourra m'arracher de cette horrible prison, où ma personne et mon bien sont retenus contre toutes les lois. *(Rosine sort.)*

SCÈNE 13. BARTHOLO, FIGARO, LE COMTE.

BARTHOLO. La colère me suffoque.

LE COMTE. En effet, seigneur, il est difficile qu'une jeune femme...

FIGARO. Oui, une jeune femme et un grand âge, voilà ce qui
5 trouble la tête d'un vieillard.

---

1. **Perfide** : trompeur (littéralement, qui a trahi la confiance de quelqu'un).

BARTHOLO. Comment ! lorsque je les prends sur le fait ! Maudit barbier ! il me prend des envies...

FIGARO. Je me retire, il est fou.

LE COMTE. Et moi aussi ; d'honneur, il est fou.

10   FIGARO. Il est fou, il est fou. *(Ils sortent.)*

SCÈNE 14. BARTHOLO, *seul, les poursuit.*

Je suis fou ! Infâmes suborneurs[1], émissaires du diable, dont vous faites ici l'office, et qui puisse[2] vous emporter tous... Je suis fou !... Je les ai vus comme je vois ce pupitre... et me soutenir effrontément !... Ah ! Il n'y a que Bazile qui puisse
5   m'expliquer ceci. Oui, envoyons-le chercher. Holà ! quelqu'un... Ah ! j'oublie que je n'ai personne... Un voisin, le premier venu, n'importe. Il y a de quoi perdre l'esprit ! il y a de quoi perdre l'esprit ! *(Pendant l'entracte le théâtre s'obscurcit ; on entend un bruit d'orage, et l'orchestre joue celui qui est gravé dans le recueil de la musique[3] du Barbier, n° 5.)*

---

1. **Suborneurs :** personnes qui trompent pour faire commettre le mal.
2. **Qui puisse :** l'antécédent est *diable*, et ce subjonctif a valeur de souhait : « Puisse le diable vous emporter tous ».
3. Sur la valeur musicale du mot « bruit », voir III, 4, note 1, p. 169. Sur cette musique, voir p. 244.

Repères

• Pourquoi l'arrivée de Bazile est-elle un coup de théâtre ?

Observation

• Distinguez les trois temps principaux de la scène 11.
• Pourquoi Bartholo veut-il lui aussi neutraliser Bazile ?
• Pourquoi Bartholo, au début de la scène 12, prend-il « un ton important » ?
• En parlant de son « déguisement inutile » (lignes 27-28), à quel déguisement le Comte fait-il référence ?
• Si le Comte ne parvient pas à tout dire à Rosine, du moins lui donne-t-il une information capitale : laquelle ?
• Comparez les deux sorties de Rosine, à la fin de la scène 12 et à la fin de la scène 4 de l'acte II.
• Le monologue de Bartholo se termine par une répétition ; il en était déjà ainsi à la fin de la scène 15 de l'acte II et de la scène 2 de l'acte III. Que veut signifier Beaumarchais en prêtant ce tic à son personnage ?
• La didascalie finale marque l'écoulement du temps depuis le début de la pièce (la nuit est arrivée), mais elle a aussi une signification symbolique : laquelle ?

Interprétations

• Montrez comment la scène 11 porte à son comble le jeu de la tromperie. Cherchez la réplique qui pourrait être mise en exergue de cette scène.
• Comment, dans la scène 12, Beaumarchais diffère-t-il l'explication que veut donner le Comte à Rosine ? Cette explication n'aura finalement pas lieu. Quelle conséquence en découlera ?
• Le monologue final de Bartholo : quelle image nous donne-t-il du personnage ? Comparez avec le monologue initial de l'acte.

Un acte centré sur Bartholo

De même que l'acte II était l'acte de Rosine (par sa présence en scène, ses deux monologues, au début et à la fin de l'acte), de même l'acte III est caractérisé par la présence presque constante de Bartholo (dans onze scènes sur quatorze). Il est seul en scène à l'ouverture et seul encore à la fin. Mais le personnage n'est plus tout à fait le même : homme sûr de lui quand le rideau se lève, il n'est plus qu'un être désemparé quand le rideau se baisse.

Force et faiblesse de Bartholo

Il continue à être le « maudit vieillard » (selon le Comte, scène 2, ligne 24), comme il était, dans l'acte II, le « méchant vieillard » (selon Rosine, scène 4, ligne 28), c'est-à-dire un homme qui voit tout, comprend vite et déjoue le plan monté contre lui. Il réussit à entrer en possession de la lettre de Rosine (scène 2), sent qu'il ne doit pas quitter les lieux où se trouvent Rosine et le pseudo-Alonzo et refuse en conséquence de se faire raser dans sa chambre (scène 5), repousse Figaro le rasant pour mieux observer les deux amoureux, empêche le Comte de donner à Rosine une explication essentielle et finalement surprend le secret du déguisement (scène 12).

Mais en même temps, il est totalement victime des stratagèmes de ses ennemis : il se fait malgré lui le complice de son rival en proposant la leçon de musique et en lui amenant Rosine (scène 2) ; il prend le Comte comme allié quand il s'agit de surveiller Figaro (fin de la scène 5), prête imprudemment son trousseau de clés (scène 7), contribue à renvoyer un Bazile stupéfait (scène 11) et finit seul, « à la poursuite » de ceux qui lui échappent décidément. D'où le sentiment ambivalent du spectateur : quand le rideau se baisse, la cause de l'amour paraît perdue, et tout suggère aussi qu'elle est sur le point d'être gagnée. C'est là toute l'habileté du dramaturge, qui fait que l'acte suivant est attendu impatiemment.

ACTE IV

Scène première. BARTHOLO, DON BAZILE,
une lanterne de papier à la main.

Le théâtre est obscur.

BARTHOLO. Comment, Bazile, vous ne le connaissez pas ! Ce que vous dites est-il possible ?

BAZILE. Vous m'interrogeriez cent fois, que je vous ferais toujours la même réponse. S'il vous a remis la lettre de
5 Rosine, c'est sans doute un des émissaires du comte. Mais, à la magnificence du présent qu'il m'a fait, il se pourrait que ce fût le comte lui-même.

BARTHOLO. Quelle apparence[1] ? Mais, à propos de ce présent, eh ! pourquoi l'avez-vous reçu ?

10 BAZILE. Vous aviez l'air d'accord ; je n'y entendais rien ; et dans les cas difficiles à juger, une bourse d'or me paraît toujours un argument sans réplique. Et puis, comme dit le proverbe, ce qui est bon à prendre... *(ef bon arrendre)*

BARTHOLO. J'entends, est bon...

15 BAZILE. À garder[2].

BARTHOLO, *surpris*. Ah ! ah !

BAZILE. Oui, j'ai arrangé comme cela plusieurs petits

---

1. **Quelle apparence** ? : quelle vraisemblance ?
2. La formule proverbiale est : « Ce qui est bon à prendre est bon à rendre. » Cette variation de Bazile est donc tout à fait inattendue.

proverbes avec des variations. Mais allons au fait ; à quoi vous arrêtez-vous[1] ?

20 BARTHOLO. En ma place, Bazile, ne feriez-vous pas les derniers efforts pour la posséder ?

BAZILE. Ma foi non, docteur. En toute espèce de biens, posséder est peu de chose ; c'est jouir qui rend heureux : mon avis est qu'épouser une femme dont on n'est point aimé, c'est
25 s'exposer...

BARTHOLO. Vous craindriez les accidents ?

BAZILE. Hé, hé, monsieur... on en voit beaucoup cette année. Je ne ferais point violence à son cœur.

BARTHOLO. Votre valet[2], Bazile. Il vaut mieux qu'elle
30 pleure de m'avoir, que moi je meure de ne l'avoir pas...

BAZILE. Il y va de la vie ? Épousez, docteur, épousez.

BARTHOLO. Aussi ferai-je, et cette nuit même.

BAZILE. Adieu donc. Souvenez-vous, en parlant à la pupille, de les rendre[3] tous plus noirs que l'enfer.

35 BARTHOLO. Vous avez raison.

BAZILE. La calomnie, docteur, la calomnie ! Il faut toujours en venir là.

BARTHOLO. Voici la lettre de Rosine, que cet Alonzo m'a

---

1. À quoi vous arrêtez-vous ? : que décidez-vous ?
2. Votre valet : raccourci pour « je suis votre valet » ; formule exprimant le désaccord avec son interlocuteur.
3. De les rendre : de rendre les hommes.

remise, et il m'a montré, sans le vouloir, l'usage que j'en dois
40 faire auprès d'elle[1].

BAZILE. Adieu, nous serons tous ici à quatre heures.

BARTHOLO. Pourquoi pas plus tôt ?

BAZILE. Impossible, le notaire est retenu.

BARTHOLO. Pour un mariage ?

45 BAZILE. Oui, chez le barbier Figaro ; c'est sa nièce qu'il marie.

BARTHOLO. Sa nièce ? Il n'en a pas.

BAZILE. Voilà ce qu'ils ont dit au notaire.

BARTHOLO. Ce drôle est du complot... Que diable !...

BAZILE. Est-ce que vous penseriez ?...

50 BARTHOLO. Ma foi, ces gens-là sont si alertes ! Tenez, mon
ami, je ne suis pas tranquille. Retournez chez le notaire. Qu'il
vienne ici sur-le-champ avec vous.

BAZILE. Il pleut, il fait un temps du diable ; mais rien ne
m'arrête pour vous servir. Que faites-vous donc ?

55 BARTHOLO. Je vous reconduis : n'ont-ils pas fait estropier
tout mon monde par ce Figaro ! Je suis seul ici.

BAZILE. J'ai ma lanterne.

BARTHOLO. Tenez, Bazile, voilà mon passe-partout ; je vous
attends, je veille et vienne qui voudra, hors le notaire et vous,
60 personne n'entrera de la nuit.

BAZILE. Avec ces précautions, vous êtes sûr de votre fait.

---

1. **L'usage que j'en dois faire auprès d'elle** : dans la sècne 2 de l'acte III, le
pseudo-Alonzo avait évoqué la possibilité de faire croire à Rosine qu'elle était
trahie par le Comte. Bartholo va en effet user de ce stratagème dans la scène 3
suivante.

SCÈNE 2. ROSINE, *seule, sortant de sa chambre.*

Il me semblait avoir entendu parler. Il est minuit sonné ;
Lindor ne vient point ! Ce mauvais temps même était propre
à le favoriser. Sûr de ne rencontrer personne... Ah ! Lindor !
si vous m'aviez trompée !... Quel bruit entends-je ?... Dieux !
5 c'est mon tuteur. Rentrons.

SCÈNE 3. ROSINE, BARTHOLO.

BARTHOLO *rentre avec de la lumière.* Ah ! Rosine, puisque
vous n'êtes pas encore rentrée dans votre appartement...

ROSINE. Je vais me retirer.

BARTHOLO. Par le temps affreux qu'il fait, vous ne reposerez
5 pas, et j'ai des choses très pressées à vous dire.

ROSINE. Que voulez-vous, monsieur ? N'est-ce donc pas
assez d'être tourmentée le jour ?

BARTHOLO. Rosine, écoutez-moi.

ROSINE. Demain je vous entendrai.

10 BARTHOLO. Un moment, de grâce !

ROSINE, *à part.* S'il allait venir !

BARTHOLO *lui montre sa lettre.* Connaissez-vous cette
lettre ?

ROSINE *la reconnaît.* Ah ! grands dieux !

15 BARTHOLO. Mon intention, Rosine, n'est point de vous faire
de reproches : à votre âge, on peut s'égarer ; mais je suis votre
ami ; écoutez-moi.

ROSINE. Je n'en puis plus.

20 BARTHOLO. Cette lettre que vous avez écrite au comte Almaviva...

ROSINE, *étonnée.* Au comte Almaviva ?

BARTHOLO. Voyez quel homme affreux est ce comte : aussitôt qu'il l'a reçue, il en a fait trophée[1]. Je la tiens d'une femme à qui il l'a sacrifiée[2].

25 ROSINE. Le comte Almaviva !

BARTHOLO. Vous avez peine à vous persuader cette horreur[3]. L'inexpérience, Rosine, rend votre sexe confiant et crédule ; mais apprenez dans quel piège on vous attirait. Cette femme m'a fait donner avis de tout, apparemment pour 30 écarter une rivale aussi dangereuse que vous. J'en frémis ! Le plus abominable complot entre Almaviva, Figaro et cet Alonzo, cet élève supposé de Bazile qui porte un autre nom, et n'est que le vil agent du comte, allait vous entraîner dans un abîme dont rien n'eût pu vous tirer.

35 ROSINE, *accablée.* Quelle horreur !... quoi ! Lindor !... quoi ! ce jeune homme !

BARTHOLO, *à part.* Ah ! c'est Lindor.

ROSINE. C'est pour le comte Almaviva... C'est pour un autre...

40 BARTHOLO. Voilà ce qu'on m'a dit en me remettant votre lettre.

---

1. **Il en a fait trophée** : il l'a montrée comme signe de sa victoire (dans l'Antiquité grecque, le trophée était la dépouille de l'ennemi vaincu, montrée avec ostentation).

2. **Sacrifiée** : voir III, 2, note 2 p. 160.

3. **Vous persuader cette horreur** : la seule construction correcte aujourd'hui serait : « vous persuader de cette horreur ».

Rosine, *outrée.* Ah ! quelle indignité !... Il en sera puni. Monsieur, vous avez désiré de m'épouser ?

Bartholo. Tu connais la vivacité de mes sentiments.

45 Rosine. S'il peut vous en rester encore, je suis à vous.

Bartholo. Eh bien ! le notaire viendra cette nuit même.

Rosine. Ce n'est pas tout. Ô ciel ! suis-je assez humiliée !... Apprenez que dans peu le perfide ose entrer par cette jalousie, dont ils ont eu l'art de vous dérober la clef.

50 Bartholo, *regardant au trousseau.* Ah ! les scélérats ! Mon enfant, je ne te quitte plus.

Rosine, *avec effroi.* Ah ! monsieur ! et s'ils sont armés ?

Bartholo. Tu as raison : je perdrais ma vengeance. Monte chez Marceline ; enferme-toi chez elle à double tour. Je vais
55 chercher main-forte, et l'attendre auprès de la maison. Arrêté comme voleur, nous aurons[1] le plaisir d'en être à la fois vengés et délivrés ! Et compte que mon amour te dédommagera...

Rosine, *au désespoir.* Oubliez seulement mon erreur. *(À*
60 *part.)* Ah ! je m'en punis assez.

Bartholo, *s'en allant.* Allons nous embusquer. À la fin je la tiens[2]. *(Il sort.)*

---

1. **Arrêté [...] aurons :** la phrase serait aujourd'hui incorrecte, car *arrêté* ne renvoie pas au sujet du verbe principal *aurons*.
2. **Je la tiens :** non pas « je tiens ma vengeance », mais « je tiens Rosine ». La formule a une brutalité propre à déconsidérer Bartholo.

Repères

• Que s'est-il passé entre la fin de l'acte III et le début de l'acte IV ?

• Quelle est l'utilité, pour le spectateur, du bref monologue de Rosine (scène 2) ?

Observation

• Lorsque commence la scène 1, nous n'avons pas le début de la conversation entre Bartholo et Bazile : comment appelle-t-on ce procédé, classique au théâtre ? Pourquoi Beaumarchais l'a-t-il choisi ?

• Cette première scène est jalonnée par le rappel de quelques péripéties : lesquelles ?

• Bartholo y manifeste de nouveau assurance et détermination : quelles sont cependant les indications qui laissent présager un heureux dénouement ?

• Que signifie le mot « accidents » (ligne 26) ?

• À la fin de cette scène, Bazile emploie le mot « précaution », comme l'avait fait Figaro (acte II, scène 9) à propos de la même circonstance (Bartholo raccompagne Bazile) : que laisse présager ce mot ?

• Dans les trois premières scènes, l'accent est mis sur « le temps affreux qu'il fait » : quelle est la fonction dramaturgique de cette donnée météorologique ?

• Le spectateur attend, depuis la scène 2 de l'acte III, l'instant où Rosine, qui n'a pas pu être avertie, va être confrontée à la lettre détenue par Bartholo, preuve apparente de la trahison du pseudo-Lindor. Mais quelle est, au début de la scène 3, la première réaction de Rosine ? En quoi est-ce une habileté du dramaturge ?

• Dans la scène 3, quels sont les propos de Bartholo qui montrent qu'il n'est pas encore parfaitement informé ?

• Comment interprétez-vous le passage du « vous » au « tu » (ligne 44) ?

• Que signifient ces mots de Rosine : « Ah ! je m'en punis assez. » (ligne 60).

INTERPRÉTATIONS

• La consultation en vue d'un mariage est un thème déjà exploité par la littérature : comparez la scène 1 avec le chapitre VII du *Tiers Livre* de Rabelais (où Panurge annonce son intention de se marier et consulte Pantagruel pour savoir s'il sera heureux) et avec la première scène de *L'École des femmes* (où Arnolphe fait part à Chrysalde de son intention de se marier).

• Dans quelle mesure la scène 1 nous donne-t-elle de Bazile une image différente de celle que nous avions dans la scène 8 de l'acte II et la scène 11 de l'acte III ?

• Une gageure dramaturgique : au début de ce dernier acte, la situation semble irrémédiablement compromise pour le Comte ; Bartholo a tous les atouts en main, y compris l'acceptation résignée de Rosine. Mais, à la fin de la scène 3, il commet une erreur : laquelle ? À la lumière de certaines scènes précédentes, le spectateur n'est-il pas à même de s'en apercevoir tout de suite ?

SCÈNE 4. ROSINE, *seule.*

Son amour me dédommagera !... Malheureuse !... *(Elle tire son mouchoir et s'abandonne aux larmes.)* Que faire ?... Il va venir. Je veux rester et feindre avec lui, pour le contempler un moment dans toute sa noirceur. La bassesse de son
5 procédé sera mon préservatif[1]... Ah ! j'en ai grand besoin. Figure noble, air doux, une voix si tendre !... et ce n'est que le vil agent d'un corrupteur ! Ah ! malheureuse ! Ciel !... on ouvre la jalousie ! *(Elle se sauve.)*

SCÈNE 5. LE COMTE ; FIGARO, *enveloppé d'un manteau, paraît à la fenêtre.*

FIGARO *parle en dehors.* Quelqu'un s'enfuit ; entrerai-je ?

LE COMTE, *en dehors.* Un homme ?

FIGARO. Non.

LE COMTE. C'est Rosine, que ta figure atroce[2] aura mise
5 en fuite.

FIGARO *saute dans la chambre.* Ma foi, je le crois... Nous voici enfin arrivés, malgré la pluie, la foudre et les éclairs.

LE COMTE, *enveloppé d'un long manteau.* Donne-moi la main. *(Il saute à son tour.)* À nous la victoire !

10 FIGARO *jette son manteau.* Nous sommes tout percés[3].

---

1. **Préservatif** : ce qui me préservera contre sa séduction.
2. **Figure atroce** : comme à l'acte II, scène 2, « figure » désigne la personne tout entière et, ici, plus particulièrement l'image donnée par la silhouette de Figaro, grossie et déformée par le manteau dont il s'est enveloppé.
3. **Percés** : transpercés (par la pluie).

Charmant temps, pour aller en bonne fortune[1] !
Monseigneur, comment trouvez-vous cette nuit ?

LE COMTE. Superbe pour un amant.

FIGARO. Oui, mais pour un confident ?... Et si quelqu'un
allait nous surprendre ici ?

LE COMTE. N'es-tu pas avec moi ? J'ai bien une autre
inquiétude : c'est de la déterminer à quitter sur-le-champ la
maison du tuteur.

FIGARO. Vous avez pour vous trois passions toutes-
puissantes sur le beau sexe : l'amour, la haine et la crainte.

LE COMTE *regarde dans l'obscurité.* Comment lui annoncer
brusquement que le notaire l'attend chez toi pour nous unir ?
Elle trouvera mon projet bien hardi : elle va me nommer
audacieux.

FIGARO. Si elle vous nomme audacieux, vous l'appellerez
cruelle. Les femmes aiment beaucoup qu'on les appelle
cruelles. Au surplus, si son amour est tel que vous le désirez,
vous lui direz qui vous êtes ; elle ne doutera plus de vos
sentiments.

---

1. **Aller en bonne fortune :** se rendre à un rendez-vous galant.

Scène 6. Le Comte, Rosine, Figaro
(Figaro allume toutes les bougies qui sont sur la table.)

Le Comte. La voici. – Ma belle Rosine !...

Rosine *d'un ton très composé*[1]. Je commençais, monsieur, à craindre que vous ne vinssiez pas.

Le Comte. Charmante inquiétude !... Mademoiselle, il ne
5 me convient point d'abuser des circonstances pour vous proposer de partager le sort d'un infortuné ; mais quelque asile que vous choisissiez, je jure mon honneur...

Rosine. Monsieur, si le don de ma main n'avait pas dû suivre à l'instant celui de mon cœur, vous ne seriez pas ici.
10 Que la nécessité justifie à vos yeux ce que cette entrevue a d'irrégulier !

Le Comte. Vous, Rosine ! la compagne d'un malheureux ! sans fortune, sans naissance !...

Rosine. La naissance, la fortune ! Laissons là les jeux du
15 hasard et si vous m'assurez que vos intentions sont pures...

Le Comte, *à ses pieds*. Ah ! Rosine ! je vous adore !...

Rosine, *indignée*. Arrêtez, malheureux !... vous osez profaner !... Tu m'adores !... Va ! tu n'es plus dangereux pour moi ; j'attendais ce mot pour te détester. Mais avant de
20 t'abandonner au remords qui t'attend *(en pleurant)*, apprends que je t'aimais ; apprends que je faisais mon bonheur de partager ton mauvais sort. Misérable Lindor ! j'allais tout

---

1. **Composé** : grave par application (spontanément, Rosine manifesterait son émotion et sa tendresse).

quitter pour te suivre. Mais le lâche abus que tu as fait de mes bontés, et l'indignité de cet affreux comte Almaviva, à 25 qui tu me vendais, ont fait rentrer dans mes mains ce témoignage de ma faiblesse. Connais-tu cette lettre ?

LE COMTE, *vivement*. Que votre tuteur vous a remise ?

ROSINE, *fièrement*. Oui, je lui en ai l'obligation.

LE COMTE. Dieux ! que je suis heureux ! Il la tient de moi. 30 Dans mon embarras, hier, je m'en suis servi pour arracher sa confiance et je n'ai pu trouver l'instant de vous en informer. Ah ! Rosine, il est donc vrai que vous m'aimez véritablement !

FIGARO. Monseigneur, vous cherchiez une femme qui vous 35 aimât pour vous-même...

ROSINE. Monseigneur !... Que dit-il ?

LE COMTE, *jetant son large manteau, paraît en habit magnifique*. Ô la plus aimée des femmes ! il n'est plus temps de vous abuser : l'heureux homme que vous voyez à vos pieds n'est point Lindor ; je suis le comte Almaviva, qui meurt 40 d'amour et vous cherche en vain depuis six mois.

ROSINE *tombe dans les bras du Comte*. Ah !...

LE COMTE, *effrayé*. Figaro !

FIGARO. Point d'inquiétude, monseigneur : la douce émotion de la joie n'a jamais de suites fâcheuses ; la voilà, la voilà qui 45 reprend ses sens. Morbleu ! qu'elle est belle !

ROSINE. Ah ! Lindor !... Ah ! monsieur ! que je suis coupable ! j'allais me donner cette nuit même à mon tuteur.

LE COMTE. Vous, Rosine !

ROSINE. Ne voyez que ma punition ! J'aurais passé ma vie
50 à vous détester. Ah ! Lindor ! le plus affreux supplice n'est-
il pas de haïr, quand on sent qu'on est faite pour aimer ?

FIGARO *regarde à la fenêtre.* Monseigneur, le retour[1] est
fermé ; l'échelle est enlevée.

LE COMTE. Enlevée !

55 ROSINE, *troublée.* Oui, c'est moi... c'est le docteur[2]. Voilà
le fruit de ma crédulité. Il m'a trompée. J'ai tout avoué, tout
trahi : il sait que vous êtes ici, et va venir avec main-forte.

FIGARO *regarde encore.* Monseigneur ! on ouvre la porte
de la rue.

ROSINE, *courant dans les bras du Comte avec frayeur.*
60 Ah ! Lindor !...

LE COMTE, *avec fermeté.* Rosine, vous m'aimez. Je ne
crains personne ; et vous serez ma femme. J'aurai donc le
plaisir de punir à mon gré l'odieux vieillard !...

ROSINE. Non, non ; grâce pour lui, cher Lindor ! Mon
65 cœur est si plein que la vengeance ne peut y trouver place.

---

1. **Le retour** : le chemin du retour.
2. **C'est le docteur** : c'est le docteur qui a enlevé l'échelle, mais c'est moi
qui ai rendu cela possible en révélant votre venue par la jalousie.

Repères

• À quel moment le Comte a-t-il averti Rosine qu'il viendrait la chercher, à minuit ?

Observation

• Que veut dire Rosine en traitant Lindor de « vil agent d'un corrupteur » (scène 4, ligne 7) ?
• Pourquoi se sauve-t-elle à l'arrivée du Comte et de Figaro ?
• Quelles sont, dans les répliques de Figaro (scène 5), celles qui suggèrent le caractère romanesque de la situation ?
• Que veut dire Rosine (scène 6, lignes 14-15) quand elle parle des « jeux du hasard » ?
• Pourquoi le Comte insiste-t-il sur son dénuement (lignes 12-13) ?
• Quelle est la valeur du tutoiement employé par Rosine à l'adresse du Comte (lignes 18 à 26) ?
• Pourquoi Figaro allume-t-il « toutes les bougies », au début de la scène 6 ?

Interprétations

• Dans son monologue de la scène 4, Rosine paraît-elle vraiment déterminée ? Ne se trompe-t-elle pas sur elle-même ? Quels en sont les indices ?
• La scène 5 reprend des éléments des deux premières scènes de la pièce : lesquels ? Cet effet de parallélisme met en valeur la progression de l'action : de quelle façon ?
• Dans la scène 6, Rosine est par deux fois dans les bras du Comte (lignes 41 et 60) ; cette intimité physique est, dans les deux cas, due à une forte émotion de Rosine. En quoi peut-on y voir, de la part de Beaumarchais, un souci de la bienséance ?
• Dénouement et rebondissement : en quoi peut-on considérer que la scène 6 dénoue l'intrigue ? Distinguez les différentes phases de ce dénouement. Mais il y a aussi un rebondissement de l'action, en deux temps : montrez-le.

SCÈNE 7. LE NOTAIRE, DON BAZILE, LES ACTEURS PRÉCÉDENTS.

FIGARO. Monseigneur, c'est notre notaire.

LE COMTE. Et l'ami Bazile avec lui !

BAZILE. Ah ! qu'est-ce que j'aperçois ?

FIGARO. Eh ! par quel hasard, notre ami ?...

5 BAZILE. Par quel accident, messieurs ?...

LE NOTAIRE. Sont-ce là les futurs conjoints ?

LE COMTE. Oui, monsieur. Vous deviez unir la signora Rosine et moi cette nuit chez le barbier Figaro ; mais nous avons préféré cette maison pour des raisons que vous saurez. 10 Avez-vous notre contrat ?

LE NOTAIRE. J'ai donc l'honneur de parler à Son Excellence monsieur le comte Almaviva ?

FIGARO. Précisément.

BAZILE, *à part*. Si c'est pour cela qu'il m'a donné le passe-15 partout...

LE NOTAIRE. C'est que j'ai deux contrats de mariage, monseigneur. Ne confondons point : voici le vôtre ; et c'est ici celui du seigneur Bartholo avec la signora... Rosine aussi ? Les demoiselles apparemment sont deux sœurs qui portent le 20 même nom.

LE COMTE. Signons toujours. Don Bazile voudra bien nous servir de second témoin. *(Ils signent.)*

BAZILE. Mais, Votre Excellence..., je ne comprends pas...

LE COMTE. Mon maître Bazile, un rien vous embarrasse, et
25 tout vous étonne.

BAZILE. Monseigneur... Mais si le docteur...

LE COMTE, *lui jetant une bourse.* Vous faites l'enfant !
Signez donc vite.

BAZILE, *étonné.* Ah ! ah !...

30 FIGARO. Où donc est la difficulté de signer ?

BAZILE, *pesant la bourse.* Il n'y en a plus. Mais c'est que
moi, quand j'ai donné ma parole une fois, il faut des motifs
d'un grand poids... *(Il signe.)*

SCÈNE 8. BARTHOLO, UN ALCADE[1],
DES ALGUAZILS[2], DES VALETS *avec des flambeaux,*
et LES ACTEURS PRÉCÉDENTS.

BARTHOLO *voit le Comte baiser la main de Rosine et Figaro
qui embrasse grotesquement don Bazile ; il crie en prenant
le notaire à la gorge :* Rosine avec ces fripons ! Arrêtez tout
le monde. J'en tiens un au collet.

LE NOTAIRE. C'est votre notaire.

BAZILE. C'est votre notaire. Vous moquez-vous ?

5 BARTHOLO. Ah ! don Bazile ! eh ! comment êtes-vous ici ?

BAZILE. Mais plutôt vous, comment n'y êtes-vous pas ?

----

1. **Alcade :** juge de paix.
2. **Alguazils :** agents de police.

L'ALCADE, *montrant Figaro*. Un moment ! je connais celui-ci. Que viens-tu faire en cette maison, à des heures indues[1] ?

FIGARO. Heure indue ? Monsieur voit bien qu'il est aussi
10 près du matin que du soir. D'ailleurs, je suis de la compagnie de Son Excellence monseigneur le comte Almaviva.

BARTHOLO. Almaviva !

L'ALCADE. Ce ne sont donc pas des voleurs ?

BARTHOLO. Laissons cela. – Partout ailleurs, monsieur le
15 comte, je suis le serviteur de Votre Excellence ; mais vous sentez que la supériorité du rang est ici sans force. Ayez, s'il vous plaît, la bonté de vous retirer.

LE COMTE. Oui, le rang doit être ici sans force ; mais ce qui en a beaucoup est la préférence que mademoiselle vient de
20 m'accorder sur vous, en se donnant à moi volontairement.

BARTHOLO. Que dit-il, Rosine ?

ROSINE. Il dit vrai. D'où naît votre étonnement ? Ne devais-je pas, cette nuit même, être vengée d'un trompeur ? Je le suis.

25 BAZILE. Quand je vous disais que c'était le comte lui-même[2], docteur ?

BARTHOLO. Que m'importe à moi ? Plaisant mariage ! Où sont les témoins ?

LE NOTAIRE. Il n'y manque rien. Je suis assisté de ces deux
30 messieurs.

BARTHOLO. Comment, Bazile ! vous avez signé ?

---

1. Il est en effet minuit passé (voir IV, 2, Rosine : « Il est minuit sonné »).
2. **Que c'était le comte lui-même :** allusion aux propos de Bazile, scène 1 de l'acte IV, lignes 5-7.

BAZILE. Que voulez-vous ! Ce diable d'homme a toujours ses poches pleines d'arguments irrésistibles.

BARTHOLO. Je me moque de ses arguments. J'userai de mon
35 autorité.

LE COMTE. Vous l'avez perdue en en abusant.

BARTHOLO. La demoiselle est mineure.

FIGARO. Elle vient de s'émanciper[1].

BARTHOLO. Qui te parle à toi, maître fripon ?

40 LE COMTE. Mademoiselle est noble et belle ; je suis homme de qualité, jeune et riche ; elle est ma femme ; à ce titre qui nous honore également, prétend-on me la disputer ?

BARTHOLO. Jamais on ne l'ôtera de mes mains.

LE COMTE. Elle n'est plus en votre pouvoir. Je la mets sous
45 l'autorité des lois ; et monsieur, que vous avez amené vous-même, la protégera contre la violence que vous voulez lui faire. Les vrais magistrats sont les soutiens de tous ceux qu'on opprime.

L'ALCADE. Certainement. Et cette inutile résistance au plus
50 honorable mariage indique assez sa frayeur sur la mauvaise administration des biens de sa pupille, dont il faudra qu'il rende compte.

LE COMTE. Ah ! qu'il consente à tout, et je ne lui demande rien.

55 FIGARO. Que la quittance de mes cent écus : ne perdons pas la tête.

---

1. S'émanciper : se libérer de l'autorité légale de son tuteur (le mariage émancipe automatiquement les enfants mineurs de l'autorité parentale ou tutorale).

BARTHOLO, *irrité*. Ils étaient tous contre moi ; je me suis fourré la tête dans un guêpier.

BAZILE. Quel guêpier ? Ne pouvant avoir la femme, 60 calculez, docteur, que l'argent vous reste ; et...

BARTHOLO. Eh ! laissez-moi donc en repos, Bazile ! Vous ne songez qu'à l'argent. Je me soucie bien de l'argent, moi ! À la bonne heure, je le garde, mais croyez-vous que ce soit le motif qui me détermine ? *(Il signe.)*

65 FIGARO, *riant*. Ah ! ah ! ah ! monseigneur ! ils sont de la même famille.

LE NOTAIRE. Mais, messieurs, je n'y comprends plus rien. Est-ce qu'elles ne sont pas deux demoiselles qui portent le même nom ?

70 FIGARO. Non, monsieur, elles ne sont qu'une.

BARTHOLO, *se désolant*. Et moi qui leur ai enlevé l'échelle pour que le mariage fût plus sûr ! Ah ! je me suis perdu faute de soins.

FIGARO. Faute de sens[1]. Mais soyons vrais, docteur : quand 75 la jeunesse et l'amour sont d'accord pour tromper un vieillard, tout ce qu'il fait pour l'empêcher peut bien s'appeler à bon droit *La Précaution inutile*.

---

1. **Sens** : bon sens.

REPÈRES

• Comment le notaire et Bazile peuvent-ils entrer dans la maison en l'absence de Bartholo ?

• Montrez que Bazile s'acquitte avec exactitude de la mission que lui avait confiée Bartholo.

• Dans la scène 8, pourquoi Bartholo arrive-t-il avec toute cette escorte ?

OBSERVATION

• Au début de la dernière réplique de Bazile (scène 7), quelle est l'utilité de la didascalie ?

• Dans la scène 8, à quel passage Bazile fait-il référence quand il rappelle sa perspicacité (lignes 25-26) ?

• Le Comte parlant des « vrais magistrats » (ligne 47) suggère qu'il y en a de « faux » : ne peut-on pas voir ici une allusion de Beaumarchais ? Précisez.

• Le Comte apparaît, dans la scène finale, avec tout son prestige de personnage noble : comment cela se manifeste-t-il ?

• Que veut dire exactement Bartholo à propos de l'échelle enlevée (lignes 71-72) ?

• Pourquoi est-ce Figaro qui a le dernier mot ?

INTERPRÉTATIONS

• La dernière image de Bartholo : au moment où Bartholo signe son consentement au mariage, pourquoi Beaumarchais, à travers le rire de Figaro, incite-t-il le spectateur à se moquer du barbon définitivement vaincu ? Est-il certain que Bartholo soit « de la même famille » que Bazile ? Quel est le motif qui pourrait déterminer Bartholo à signer (lignes 63-64) ?

Une histoire de clés

Le pouvoir de Bartholo sur Rosine tient concrètement à la possession des clés de la maison. C'est lui qui ouvre et qui ferme (ainsi fait-il lors de sa première apparition, dans la scène 3 de l'acte I). Il est finalement vaincu parce qu'il confie imprudemment ses clés, dans deux circonstances décisives : la clé dérobée par Figaro au trousseau qu'il lui a remis (acte III, scène 10) va permettre au Comte de pénétrer dans l'appartement de Rosine par la fenêtre munie d'une jalousie ; mais cela ne suffirait pas à assurer le succès, puisque Bartholo a enlevé l'échelle et coupé la retraite ; malencontreusement, il a confié un passe-partout à Bazile, qui amène à point nommé le notaire et rend possible le mariage dans la maison même de Bartholo !

Une absence fatale

Bartholo est sorti de chez lui pour guetter son rival (« Allons nous embusquer », dit-il à la fin de la scène 3), mais il veut aussi « chercher main-forte » pour parer à toute éventualité. C'est cette quête de renfort (suggérée par Rosine, du reste) qui va le retarder et lui faire rater et l'arrivée du Comte et de Figaro, et celle de Bazile et du notaire. « Comment êtes-vous ici ? », dit-il à Bazile, qui lui répond fort justement : « Mais plutôt vous, comment n'y êtes-vous pas ? » (scène 8, ligne 6). Par cette réplique, Beaumarchais souligne l'importance cruciale de cette absence. Elle est dans le droit fil des absences précédentes de Bartholo : prudentes, rares, de très courte durée, elles n'en ont pas moins favorisé chaque fois le rapprochement du Comte et de Rosine.

Une leçon morale

La leçon de l'histoire est tirée par Figaro dans la dernière réplique. Elle est pleinement dans le registre de la comédie, où le vieillard est toujours vaincu par la jeunesse amoureuse et inventive. Il serait erroné de voir dans cette pièce une leçon politique : il est bien précisé (scène 8, lignes 18-20) que le Comte doit sa victoire sur Bartholo à l'amour, non à son rang ; Rosine elle-même s'est éprise d'un Lindor sans fortune et sans naissance. De plus, Figaro, malgré un esprit satirique, n'incarne en rien le peuple contestataire. Nous ne sommes encore qu'au début des années 1770. Il fait tout naturellement alliance avec un noble parce qu'il est dans la tradition du valet de comédie, toujours prêt à servir les entreprises galantes de son maître.

Ombre et lumière

« Le théâtre est obscur » quand le rideau se lève sur le dernier acte. C'est l'obscurité de la nuit, nécessaire à l'enlèvement projeté de Rosine, mais c'est aussi le noir de la situation : il semble que l'on ne voie plus d'issue heureuse pour les jeunes gens. Le rétablissement de la lumière (les bougies allumées par Figaro, puis, clarté plus vive encore, les flambeaux des arrivants) coïncide avec la dissipation du malentendu entre le Comte et Rosine : la lumière est celle des cœurs redevenus transparents. Beaumarchais usera du même procédé dans le dernier acte du *Mariage de Figaro* : cet acte commence dans une obscurité symbolique de la confusion des personnes et des sentiments, et s'achève dans une lumière qui est le signe du bonheur rétabli.

Accélération finale

Cet acte est le plus court de la pièce et en même temps le plus riche en péripéties. L'examen des variantes montre que Beaumarchais a sacrifié du texte, pour resserrer le dialogue, éliminer tout risque de temps mort. Son souci a visiblement été d'imposer aux ultimes scènes de sa comédie un rythme vif, propre à entraîner le spectateur dans une cascade de coups de théâtre et à le laisser comme étourdi au baisser du rideau.

Comment lire l'œuvre

Résumé

Beaumarchais résume ainsi l'intrigue dans sa « Lettre modérée » : « Un vieillard amoureux prétend épouser demain sa pupille, un jeune amant plus adroit le prévient, et ce jour même en fait sa femme, à la barbe et dans la maison du tuteur. »

Acte I : sous le balcon de Rosine

Au petit jour, le comte Almaviva, venu de Madrid à Séville, guette sous sa fenêtre à jalousie la belle Rosine (scène 1). Le hasard le met en présence de son ancien valet, Figaro, devenu barbier à Séville après de multiples mésaventures (scène 2). Rosine profite de l'ouverture de la jalousie pour laisser tomber un papier dans la rue : c'est un billet pour le Comte (scène 3). Ainsi mis au fait de l'intrigue amoureuse du Comte, Figaro renseigne Almaviva sur le vieux Bartholo et son dessein d'épouser sa pupille ; il établit son plan pour introduire l'amant dans la maison (scène 4).

Tandis que Bartholo part à la recherche de Bazile, maître de musique et homme de confiance (scène 5), le Comte chante, sous le balcon de Rosine, une romance dans laquelle il se présente sous le nom de Lindor (scène 6).

Acte II : le Comte en cavalier ivre

Rosine écrit une lettre à Lindor, en espérant l'aide du bon Figaro (scène 1). Or le voici justement : il a profité de l'absence de Bartholo pour s'introduire ; il parle en faveur de Lindor et se charge de lui remettre la lettre de Rosine (scène 2). À son retour, Bartholo, déjà rendu soupçonneux par la disparition du papier tombé dans la rue, découvre que Figaro a mis hors d'état de servir, par ses médications, tous les gens de la maison (scènes 3 et 4). Il s'en prend à eux (scènes 5, 6, 7).

Bazile arrive pour apprendre à Bartholo la présence inquié-
tante d'Almaviva à Séville et propose d'utiliser la calomnie
pour éliminer ce rival (scène 8). Figaro, caché dans une pièce
voisine, a tout entendu et rassure Rosine (scènes 9 et 10).
Mais Bartholo s'aperçoit que Rosine a écrit une lettre en
cachette ; elle ne réussit pas à se disculper (scène 11). Il est
interrompu par l'arrivée du Comte déguisé en cavalier et
jouant l'ivresse (scènes 12 et 13). Almaviva essaie vainement
de se faire héberger, mais parvient à remettre une lettre à
Rosine (scène 14). Or Bartholo, toujours vigilant, s'est rendu
compte du stratagème : il somme Rosine de lui montrer le
papier ; Rosine ne se tire d'affaire qu'en substituant une lettre
de son cousin au billet du Comte (scène 15), puis en s'éva-
nouissant. Laissée seule, elle peut lire ce billet, où on lui
conseillait d'avoir une querelle avec son tuteur (scène 16).

Acte III : le Comte en maître de musique

Bartholo se désole et s'étonne de l'humeur querelleuse de
Rosine (scène 1). Arrive le Comte, déguisé cette fois en
« bachelier licencié », sous le nom d'Alonzo, élève de
Bazile ; il vient à la place du maître, malade, pour donner à
Rosine sa leçon de musique. Mais la réaction de Bartholo
(désireux de voir d'abord Bazile) l'oblige, pour capter la
confiance du tuteur, à lui remettre la lettre de Rosine.
Convaincu d'avoir un allié dans cet Alonzo, Bartholo va
chercher sa pupille pour la leçon de musique (scène 2).
Rosine, une fois passée la surprise de découvrir Lindor dans
Alonzo, peut avoir avec son amant, sous les yeux mêmes de
Bartholo, un duo sentimental par le truchement de la
musique et du chant (scènes 3 et 4). Figaro paraît afin de
raser Bartholo (et détourner son attention des deux amants),
mais il est d'abord querellé pour les traitements infligés aux
domestiques (scène 5). Puis Bartholo quitte la pièce pour
chercher le nécessaire à raser, se ravise aussitôt, et envoie
Figaro, avec les clés (scènes 6 et 7).

Le Comte profite d'une brève sortie de Bartholo (scène 8) pour annoncer à Rosine qu'il viendra le soir même, par la fenêtre ; mais il n'a pas le temps de lui parler de la lettre rendue (scène 9). Entre-temps, Figaro a réussi à subtiliser la clé de la jalousie (scène 10).

Survient Bazile, ignorant tout de la situation. Comme chacun a intérêt à son silence, il est renvoyé, stupéfait (scène 11). Figaro reprend le rasage de Bartholo, tout en essayant de l'empêcher de surveiller les amants, mais le perspicace tuteur finit par découvrir qu'il n'est qu'une dupe (scène 12). Figaro et le Comte se retirent en le traitant de fou (scène 13) et le laissent totalement désemparé (scène 14).

Acte IV : tout est perdu, tout est gagné

Bartholo presse Bazile d'amener le notaire dès que possible (scène 1), tandis que Rosine attend impatiemment Lindor (scène 2). Mais, confrontée par Bartholo à la lettre qu'elle a écrite, elle ne voit plus que perfidie dans la conduite de son amant, et, dans sa colère, révèle le projet de visite nocturne ; elle accepte désormais d'épouser son tuteur. Bartholo sort pour chercher main-forte (scène 3).

Rosine, accablée, décide d'attendre Lindor pour le confondre (scène 4). Le voici qui apparaît à la fenêtre avec Figaro (scène 5). Il réussit à se justifier et lui révèle sa véritable identité (scène 6). Arrivent alors Bazile et le notaire : le Comte les persuade qu'il s'agit de conclure son propre mariage (scène 7). Quand Bartholo revient, avec alcade et alguazils, il est trop tard : la jeunesse et l'amour ont triomphé de tous les obstacles.

Bartholo (Michel Trempont), Bazile (Ruggero Raimondi) dans la mise en scène de l'opéra de Rossini par Ruggero Raimondi, Opéra de Nancy, 1992.

L'action
Schéma narratif

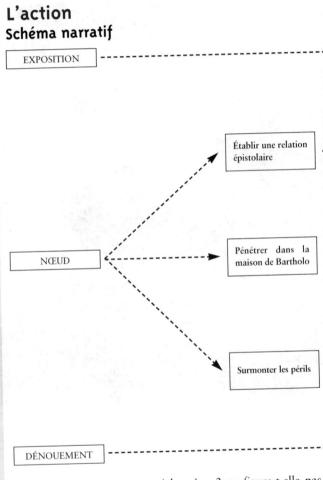

EXPOSITION

Établir une relation épistolaire

NŒUD

Pénétrer dans la maison de Bartholo

Surmonter les périls

DÉNOUEMENT

- Sur l'exposition : pourquoi la scène 2 ne figure-t-elle pas dans le tableau ? Montrez sa spécificité.
- Sur le nœud de l'intrigue : dégagez le principe d'alternance

ACTE I	scène 1 : la conquête d'une belle.
	scène 3 : l'enfermement de Rosine.
	scène 4 : le projet de mariage de Bartholo.
	scène 5 : l'imminence de ce mariage.
	scène 6 : « quel est donc ce Bazile ? »
ACTE I	scène 3 : la lettre de Rosine tombée dans la rue.
ACTE II	scène 1 : Rosine écrit à Lindor.
	scène 2 : elle confie sa lettre à Figaro.
	scène 14 : le Comte glisse une lettre à Rosine.
	scène 16 : Rosine lit cette lettre.
ACTE II	scènes 12 à 15 : le Comte en cavalier.
ACTE III	scènes 2 à 13 : le Comte en bachelier.
ACTE IV	scène 5 : arrivée par la fenêtre.
ACTE II	scène 11 : Bartholo découvre que Rosine a écrit.
	scène 14 : il surprend la lettre remise subrepticement par le Comte à Rosine.
ACTE III	scène 2 : le Comte donne la lettre de Rosine à Bartholo.
	scène 12 : Bartholo découvre la supercherie du déguisement.
ACTE IV	scène 3 : Rosine consent au mariage avec Bartholo.
ACTE IV	scènes 6 à 8 : Rosine dans les bras du Comte.

entre victoires et défaites de l'un et de l'autre camp.
• Sur le dénouement : le schéma ci-dessus montre bien sa rapidité ; en quoi est-ce une qualité ?

Les personnages

Schéma actantiel

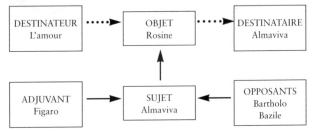

Par *destinateur*, il faut entendre « ce qui pousse le héros-sujet à conquérir l'objet ». Cette cause initiale de l'action peut être un personnage (chargeant un « sujet » d'atteindre tel ou tel but, d'entrer en possession de tel ou tel objet), ou un sentiment (ici, l'amour), ou une valeur morale (la justice, par exemple), etc.

Le *destinataire* est le bénéficiaire de l'action ; dans *Le Barbier de Séville*, Almaviva est à la fois le *destinataire* et le *sujet* (il entreprend la conquête de Rosine pour lui-même).

On peut en outre distinguer deux catégories de personnages : les *adjuvants*, qui sont les alliés du sujet, et les *opposants*, qui en sont les adversaires.

Les cinq personnages figurant dans ce schéma sont les personnages principaux. Les deux domestiques de Bartholo, L'Éveillé et La Jeunesse, ne sont ni opposants, ni adjuvants : Figaro les a neutralisés, leur rôle dans l'action est nul, mais leur utilité dans la pièce est de manifester l'efficacité des stratagèmes de Figaro et de permettre un comique de farce. La fonction du notaire et de l'alcade est subvertie : le notaire était requis pour sceller le mariage de Bartholo et de Rosine (on pouvait donc le considérer comme un *opposant*), mais en définitive, il rend possible celui du Comte et de Rosine (il est donc à cet égard un *adjuvant*) ; l'alcade devait prêter main-forte à Bartholo (il était donc un *opposant*), et le voici finalement, au nom de la loi, allié au Comte (donc *adjuvant*).

Principaux personnages

Le comte Almaviva

> « Je suis le comte Almaviva, qui meurt d'amour et vous
> cherche en vain depuis six mois. » (acte IV, scène 6)
> **Figaro** – « Cet air altier et noble [...] Je ne me trompe point ;
> c'est le comte Almaviva. » (acte I, scène 2)

« Grand d'Espagne, amant inconnu de Rosine », écrit
Beaumarchais dans sa présentation des personnages. Il est
le jeune premier amoureux, dans un rôle traditionnel de la
comédie. Mais il échappe à la convention par plusieurs
caractères : il a d'abord un passé de libertin à la cour de
Madrid (voir acte I, scène 1) ; dans une séduction, ce qui le
stimule est la difficulté, et sa « passion n'est autre chose
qu'un désir irrité par la contradiction ». Il est un « jeune
amant qui n'eût eu qu'un goût de fantaisie pour cette beauté
s'il l'eût rencontrée dans le monde » et il « en devient
amoureux parce qu'elle est enfermée » (« Lettre modérée »). Notons aussi qu'il croit Rosine mariée, jusqu'à ce
que Figaro le détrompe : aucun scrupule moral ne semble
donc l'embarrasser. Un autre trait spécifique de ce jeune
premier est d'être d'une noblesse éminente : un Grand
d'Espagne est un seigneur de rang très élevé, il est du reste
appelé « Monseigneur », ou « Votre Excellence » ; Figaro
le reconnaît d'emblée à son « air altier et noble » (acte I,
scène 2) ; son costume, constamment masqué par un
« large manteau brun » ou divers déguisements, éclate
dans toute sa splendeur lorsqu'à la fin il « paraît en habit
magnifique » devant Rosine (acte IV, scène 6). Ce grand
aristocrate veut cependant être aimé pour lui-même. Par
ailleurs, sa jeunesse lui donne une gaieté, un entrain qui le
mettent facilement de plain-pied avec Figaro (voir par
exemple la fin de l'acte III, scène 13), ou lui permet
de jouer avec talent un cavalier ivre, puis un bachelier,

d'improviser avec bonheur une chanson d'amour. Il n'est cependant pas toujours sûr de lui, craint d'échouer, et a besoin de Figaro pour être encouragé, rassuré. Almaviva n'est donc pas un simple amoureux de comédie : tour à tour altier et familier, inquiet et audacieux, il est un personnage renouvelé par Beaumarchais.

Bartholo

> « J'aime mieux craindre sans sujet, que de m'exposer sans précaution. » (acte II, scène 4)
> **Figaro** – « Brutal, avare, amoureux et jaloux à l'excès de sa pupille [...] » (acte I, scène 4)
> **Le Comte** – « Que ce diable d'homme est rude à manier ! » (acte III, scène 3)

Le tuteur de Rosine est dans la tradition des barbons jaloux, avares, ennemis de toute nouveauté, amoureux égoïstes, dans la lignée des Pantalon et Balordo de la comédie italienne. Par son désir de possession, au mépris de la volonté de Rosine, il se rend odieux (voir notamment son exclamation : « À la fin, je la tiens ! », acte IV, scène 3). Il n'est pas conçu pour nous apitoyer par une passion profonde, douloureuse, comme peut l'être celle d'un Arnolphe, dans *L'École des femmes*. Beaumarchais en a fait un geôlier, un tyran. Mais il lui a prêté une clairvoyance tout à fait originale pour ce type de rôle : « le tuteur est un peu moins sot que tous ceux qu'on trompe au théâtre », écrit-il dans sa « Lettre modérée ». Jusqu'au bout, Bartholo donne du fil à retordre à Figaro et au Comte : il déjoue toutes les ruses, et s'il est finalement vaincu, c'est parce qu'il faut bien dénouer l'intrigue, et selon la loi de la comédie, qui assure toujours le triomphe de la jeunesse et de l'amour.

Rosine

> « Mon excuse est dans mon malheur : seule, enfermée, en butte
> à la persécution d'un homme odieux [...] » (acte I, scène 3)
> Figaro – « Figurez-vous la plus jolie petite mignonne, douce,
> tendre, accorte et fraîche, agaçant l'appétit [...] » (acte II, scène 2)

Elle est le seul personnage féminin de la pièce, et
Beaumarchais a su la rendre touchante, noble, désintéressée.
Elle n'est certes pas l'ingénue traditionnelle : elle use de
mensonges, cherche par tous les moyens à tromper son
tuteur. A-t-elle pour autant « tous les défauts d'une fille mal
élevée », comme l'écrit le journaliste de Bouillon cité dans la
« Lettre modérée » ? Beaumarchais prend soin de la justifier : elle est tenue en « esclavage » (« est-ce un crime de
tenter à sortir d'esclavage ? », acte I, scène 3) ; elle est une
victime innocente (« un homme injuste parviendrait à faire
une rusée de l'innocence même », acte II, scène 16). Mais
elle reste foncièrement une jeune fille vertueuse, soucieuse de
son honneur, malhabile à dissimuler ses sentiments et ses
émotions tant elle est pure encore de toute perversion.

Figaro

> « C'est que vous croyez avoir affaire à quelque barbier de village,
> et qui ne sait manier que le rasoir ? Apprenez, monsieur, que
> j'ai travaillé de la plume à Madrid [...] » (acte III, scène 5)
> Rosine – « C'est un bon homme qui m'a montré quelquefois
> de la pitié » (acte II, scène 1)
> Le Comte – « Qui t'a donné une philosophie aussi gaie ? »
> (acte I, scène 2)

Il est le frère de tous les valets de comédie (Scapin,
Mascarille, Trivelin, Arlequin, et bien d'autres), dont il a la

gaieté, le goût de l'intrigue, l'intelligence pratique. Mais il s'en distingue par bien des traits. La scène 2 de l'acte I, conçue pour être une relation détaillée de son passé, lui donne une épaisseur humaine qui manque à ses devanciers. Il est riche en expériences et en talents : barbier-chirurgien-apothicaire, il est aussi dramaturge, compositeur de chansons. Sa devise, *consilio manuque*, associe la réflexion et la main, la capacité intellectuelle et l'habileté manuelle. Il a été valet, mais a cessé de l'être, et c'est en homme libre qu'il se remet spontanément au service de son ancien maître. Beaumarchais l'a imaginé comme un homme d'un certain âge (à la création, l'acteur Préville avait du reste cinquante-quatre ans) ; il n'est ni jeune, ni beau. Il faut prendre à la lettre les mots du Comte évoquant sa « tournure grotesque » (acte I, scène 2), son aspect « si gros et si gras » (acte I, scène 2) ; lui-même se dit « un peu déformé » (acte III, scène 5). Son costume est celui d'un *majo*, c'est-à-dire d'un homme à l'élégance voyante et quelque peu désuète. Il est séduisant par son esprit, son dévouement à la cause de l'amour, son espièglerie, non par son physique (aussi Bartholo est-il complètement ridicule de voir en lui un possible rival ; voir acte II, scène 4).

Bazile

> « [...] une bourse d'or me paraît toujours un argument sans réplique. » (acte IV, scène 1)
> **Figaro** – « C'est un grand maraud que ce Bazile !
> Heureusement, il est encore plus sot. » (acte II, scène 9)

« Organiste, maître à chanter de Rosine », Bazile a aussi un vague statut d'ecclésiastique (il en porte l'habit, sombre et austère), et le titre de « don » accolé à son nom incite à voir en lui le rejeton déchu d'une famille noble. Il est relativement peu présent dans la pièce (cinq scènes sur quarante-quatre), mais il est au centre de deux scènes très marquantes : la scène de la calomnie (acte II, scène 8) et la scène de la stupéfaction (acte III, scène 11). Par sa fonction dramaturgique, il est un double de Figaro, au service de Bartholo comme le barbier est au service du Comte. Il n'est pas sot : il est capable de virtuosité dans son langage (voir sa tirade sur la calomnie) et de bon sens lorsqu'il essaie de montrer à Bartholo les inconvénients d'un mariage imposé (acte IV, scène 1). Mais sa cupidité est sans bornes : se vendant au plus offrant, il est toujours prêt à trahir. Dans la présentation qu'il en fait à Almaviva, Figaro l'accable de son mépris : « Un pauvre hère […], infatué de son art, friponneau, besoigneux, à genoux devant un écu […] » (acte I, scène 6). Les deux premières indications suggèrent bien que Bazile est un déclassé, c'est-à-dire un personnage dont le talent artistique n'a pas trouvé sa reconnaissance, dont l'ambition s'est réduite à jouer les agents secrets pour des causes douteuses, et qui, « pauvre hère » en effet, cynique et pitoyable, peut faire songer à un Neveu de Rameau dépouillé de toute envergure. Il est vrai qu'un acteur peut aussi tirer le rôle vers le démoniaque : « C'est le diable ! », s'exclame Figaro quand Bazile fait son apparition inopinée (acte III, scène 11) ; avec sa tenue sombre, il a quelque chose d'inquiétant, et son éloge de la calomnie peut être lu comme une évocation d'un monstre sorti de l'enfer. Les interprétations du personnage ont oscillé entre le « pauvre hère » et le diable.

Maîtres et valets

L'un des principes de la comédie classique est de confier les intérêts de l'amour et de la jeunesse à des valets intelligents et agiles, indispensables auxiliaires de jeunes gens embarrassés par les obstacles. Il suffit de songer au théâtre de Molière (par exemple à Scapin au service de Léandre, dans *Les Fourberies de Scapin,* 1671 ; à Mascarille au service de Lélie, dans *L'Étourdi,* 1655), ou au théâtre de Marivaux (par exemple à Frontin, valet de Damis dans *Les Serments indiscrets,* 1732 ; ou à Trivelin dans *La Fausse Suivante,* 1724), pour se rendre compte que ces valets sont les moteurs de l'action et les ressorts essentiels du comique. Beaumarchais recourt au même schéma, en l'adaptant à son génie propre. Il convient de distinguer deux cas :

Le cas des valets de Bartholo

L'Éveillé et La Jeunesse, dotés de noms contredits par leur apparence et leur comportement sur scène, sont directement empruntés à la tradition de la farce. Ils font rire, mais n'agissent pas. Du moins soulignent-ils, à leur façon, l'autorité despotique de leur maître, et se présentent ainsi comme les compagnons d'infortune de Rosine (voir : « Ah ! monsieur, je vous jure que, sans Mademoiselle, il n'y aurait… il n'y aurait pas moyen de rester dans la maison. » acte II, scène 7).

Le cas de Figaro et de Bazile

Leur statut social n'est pas celui de valets, ne serait-ce que parce que l'un et l'autre ont un métier (barbier, organiste et professeur de musique). Mais ils sont, dans la pièce, au service d'un maître et assurent de fait les fonctions dévolues aux valets dans la comédie classique : ils sont à la fois conseillers et factotums, impliqués dans une relation subtile avec leur maître, dans la mesure où ils ont maintes occasions de manifester leur supériorité. Bazile est d'une soumission totale (« Il pleut, il fait un temps du diable ; mais rien ne m'arrête pour vous servir », acte IV, scène 1), mais il critique au besoin les projets simplistes de Bartholo (« [...] en s'embusquant le soir, armé, cuirassé... », acte II, scène 8) et impose l'idée de la calomnie, ou bien s'oppose carrément à lui au sujet de son mariage (« En ma place, Bazile, ne feriez-vous pas les derniers efforts pour la posséder ? — Ma foi non, docteur », acte IV, scène 1). Figaro, de façon plus évidente encore, n'est pas homme à se laisser dominer : il tient tête à Bartholo (acte III, scène 5), jusqu'à l'insolence (à Bartholo qui lui dit : « Sachez que quand je dispute avec un fat, je ne lui cède jamais », il répond, en lui tournant le dos : « Nous différons en cela, monsieur ; moi, je lui cède toujours. »). Au Comte, enclin à le juger sévèrement (« Paresseux, dérangé... »), il réplique, en coupant la parole : « Aux vertus qu'on exige dans un domestique, Votre Excellence connaît-elle beaucoup de maîtres qui fussent dignes d'être valets ? » (acte I, scène 2). En plusieurs circonstances, Amalviva n'est plus que son élève (acte I, scène 6 ; acte IV, scène 5). Mais l'on sent chez Figaro estime et admiration pour ce grand seigneur qu'il a l'honneur de servir. Un Bazile s'avilit par sa cupidité et sa bassesse d'âme ; Figaro garde toute sa dignité, même quand il réclame au Comte, tel un Bazile, « De l'or, mon dieu, de l'or [...] » (acte I, scène 6).

Ces deux personnages, tout en appartenant à une tradition, sont bien représentatifs du XVIIIᵉ siècle : ils témoignent d'une conscience nouvelle des relations sociales, où la subordination n'est que la face visible d'une domination plus secrète. Maîtres et serviteurs sont en fait dans une relation d'interdépendance, celle-là même que Diderot a magistralement illustrée dans *Jacques le Fataliste et son maître* (1772).

Correspondances

• Pour la relation Almaviva/Figaro, il est intéressant de voir ses prolongements dans *Le Mariage de Figaro* et dans *La Mère coupable*.

• Comme intrigant vénal et un peu louche, Bazile est à rapprocher de Frosine, dans *L'Avare* de Molière (1668) : voir notamment l'acte II, scènes 4 et 5 et l'acte IV, scène 1.

• Le personnage de Figaro a un ancêtre direct dans le Trivelin de *La Fausse Suivante*, de Marivaux. Toute la scène initiale est consacrée à l'histoire de Trivelin, de même que la scène 2 de l'acte I du *Barbier de Séville* est consacrée à l'histoire de Figaro.

• D'une façon générale, voir le théâtre de Molière, et notamment *Les Fourberies de Scapin*, *L'Étourdi* et *L'Avare*.

—1

« **La Flèche** – Ah ! ah ! c'est toi, Frosine. Que viens-tu faire ici ?

Frosine – Ce que je fais partout ailleurs : m'entremettre d'affaires, me rendre serviable aux gens, et profiter du mieux qu'il m'est possible des petits talents que je puis avoir. Tu sais que dans ce monde il faut vivre d'adresse, et qu'aux personnes comme moi le Ciel n'a donné d'autres rentes que l'intrigue et que l'industrie.

La Flèche – As-tu quelque négoce avec le patron du logis ?

Frosine – Oui, je traite pour lui quelque petite affaire, dont j'espère une récompense.

La Flèche – De lui ? Ah, ma foi ! tu seras bien fine si tu en tires quelque chose ; et je te donne avis que l'argent céans est fort cher.

Frosine – Il y a certains services qui touchent merveilleusement.

La Flèche – Je suis votre valet, et tu ne connois pas encore le seigneur Harpagon. Le seigneur Harpagon est de tous les humains l'humain le moins humain, le mortel de tous les mortels le plus dur et le plus serré. Il n'est point de service qui pousse sa reconnaissance jusqu'à lui faire ouvrir les mains. De la louange, de l'estime, de la bienveillance en paroles et de l'amitié tant qu'il vous plaira ; mais de l'argent, point d'affaires. Il n'est rien de plus sec et de plus aride que ses bonnes grâces et ses caresses ; et *donner* est un mot pour qui il a tant d'aversion, qu'il ne dit jamais : *Je vous donne*, mais : *Je vous prête le bonjour*.

Frosine – Mon Dieu ! je sais l'art de traiter les hommes, j'ai le secret de m'ouvrir leur tendresse, de chatouiller leurs cœurs, de trouver les endroits par où ils sont sensibles.

La Flèche – Bagatelles ici. Je te défie d'attendrir, du côté de l'argent, l'homme dont il est question. Il est Turc là-dessus, mais d'une turquerie à désespérer tout le monde ; et l'on pourroit crever, qu'il n'en branleroit pas. En un mot, il aime l'argent, plus que réputation, qu'honneur et que vertu ; et la vue d'un demandeur lui donne des convulsions. C'est le frapper par son endroit mortel, c'est lui percer le cœur, c'est lui arracher les entrailles ; et si... Mais il revient ; je me retire. »

Molière, L'Avare, acte II, scène 4.

2

« **Harpagon** – [...] Comment va notre affaire ?

Frosine – Faut-il le demander ? et me voit-on mêler de rien dont je ne vienne à bout ? J'ai surtout pour les mariages un talent merveilleux ; il n'est point de partis au monde que je ne trouve en peu de temps le moyen d'accoupler ; et je crois, si je me l'étois mis en tête, que je marierois le Grand Turc avec la République de Venise. Il n'y avoit pas sans doute de si grandes difficultés à cette affaire-ci. Comme j'ai commerce chez elles, je les ai à fond l'une et l'autre entretenues de vous, et j'ai dit à la mère le dessein que vous aviez conçu pour Mariane, à la voir passer dans la rue, et prendre l'air à sa fenêtre.

Harpagon – Qui a fait réponse...

Frosine – Elle a reçu la proposition avec joie ; et quand je lui ai témoigné que vous souhaitiez fort que sa fille assistât ce soir au contrat de mariage qui se doit faire de la vôtre, elle y a consenti sans peine, et me l'a confiée pour cela. »

Molière, L'Avare, acte II, scène 5.

3

« **Frontin** – Je pense que voilà le seigneur Trivelin ; c'est lui-même. Eh ! comment te portes-tu, mon cher ami ?

Trivelin – À merveille, mon cher Frontin, à merveille. Je n'ai rien perdu des vrais biens que tu me connaissais, santé admirable et grand appétit. Mais toi, que fais-tu à présent ? Je t'ai vu dans un petit négoce qui t'allait bientôt rendre citoyen de Paris ; l'as-tu quitté ?

Frontin – Je suis culbuté, mon enfant ; mais toi-même, comment la fortune t'a-t-elle traité depuis que je ne t'ai vu ?

Trivelin – Comme tu sais qu'elle traite tous les gens de mérite.

Frontin – Cela veut dire très mal ?

Trivelin – Oui. Je lui ai pourtant un obligation : c'est qu'elle m'a mis dans l'habitude de me passer d'elle. Je ne sens plus ses disgrâces, je n'envie point ses faveurs, et cela me suffit ; un homme raisonnable n'en doit pas demander davantage. Je ne suis pas heureux, mais je ne me soucie pas de l'être. Voilà ma façon de penser.

Frontin – Diantre ! je t'ai toujours connu pour un garçon d'esprit et d'une intrigue admirable ; mais je n'aurais jamais soupçonné que tu deviendrais philosophe. Malepeste ! que tu es avancé ! Tu méprises déjà les biens de ce monde !

Trivelin – Doucement, mon ami, doucement, ton admiration me fait rougir, j'ai peur de ne la pas mériter. Le mépris que je crois avoir pour les biens n'est peut-être qu'un beau verbiage ; et, à te parler confidemment, je ne conseillerais encore à personne de laisser les siens à la discrétion de ma philosophie. J'en prendrais, Frontin, je le sens bien ; j'en prendrais, à la honte de mes réflexions. Le cœur de l'homme est un grand fripon !

Frontin – Hélas ! je ne saurais nier cette vérité-là, sans blesser ma conscience.

Trivelin – Je ne la dirais pas à tout le monde ; mais je sais bien que je ne parle pas à un profane.

Frontin – Eh ! dis-moi, mon ami : qu'est-ce que c'est que ce paquet-là que tu portes ?

Trivelin – C'est le triste bagage de ton serviteur ; ce paquet enferme toutes mes possessions.

Frontin – On ne peut pas les accuser d'occuper trop de terrain.

Trivelin – Depuis quinze ans que je roule dans le monde, tu sais combien je me suis tourmenté, combien j'ai fait d'efforts pour arriver à un état fixe. J'avais entendu dire que les scrupules nuisaient à la fortune ; je fis trêve avec les miens, pour n'avoir rien à me reprocher. Était-il question d'avoir de l'honneur ? j'en avais. Fallait-il être fourbe ? j'en soupirais, mais j'allais mon train. Je me suis vu quelquefois à mon aise ; mais le moyen d'y rester avec le jeu, le vin et les femmes ? Comment se mettre à l'abri de ces fléaux-là ?

Frontin – Cela est vrai.

Trivelin – Que te dirai-je enfin ? Tantôt maître, tantôt valet ; toujours prudent, toujours industrieux, ami des fripons par intérêt, ami des honnêtes gens par goût ; traité poliment sous une figure, menacé d'étrivières sous une autre ; changeant à propos de métier, d'habit, de caractère, de mœurs ; risquant beaucoup, réussissant peu ; libertin dans le fond, réglé dans la forme ; démasqué par les uns, soupçonné par les autres, à la fin équivoque à tout le monde, j'ai tâté de tout ; je dois partout ; mes créanciers sont de deux espèces : les uns ne savent pas que je leur dois ; les autres le savent et le sauront longtemps. J'ai logé partout, sur le pavé, chez l'aubergiste, au cabaret, chez le bourgeois, chez l'homme de qualité, chez moi, chez la justice, qui m'a souvent recueilli dans mes malheurs ; mais ses appartements sont trop tristes et je n'y faisais que des retraites ; enfin, mon ami, après quinze ans de soins, de travaux et de peines, ce malheureux paquet est tout ce qui me reste ; voilà ce que le monde m'a laissé, l'ingrat ! après ce que j'ai fait pour lui ! tous ses présents, pas une pistole !

Frontin – Ne t'afflige point, mon ami. L'article de ton récit qui m'a paru le plus désagréable, ce sont les retraites chez la justice ; mais ne parlons plus de cela. Tu arrives à propos ; j'ai un parti à te proposer. Cependant qu'as-tu fait depuis deux ans que je ne t'ai vu, et d'où sors-tu à présent ?

Trivelin – *Primo*, depuis que je ne t'ai vu, je me suis jeté dans le service.

Frontin – Je t'entends, tu t'es fait soldat ; ne serais-tu pas déserteur par hasard ?

Trivelin – Non, mon habit d'ordonnance était une livrée.

Frontin – Fort bien.

Trivelin – Avant que de me réduire tout à fait à cet état humiliant, je commençai par vendre ma garde-robe.

Frontin – Toi, une garde-robe ?

Trivelin – Oui, c'étaient trois ou quatre habits que j'avais trouvés convenables à ma taille chez les fripiers, et qui m'avaient servi à figurer en honnête homme. Je crus devoir m'en défaire, pour perdre de vue tout ce qui pouvait me rappeler ma grandeur passée. Quand on renonce à la vanité, il n'en faut pas faire à deux fois ; qu'est-ce que c'est que se ménager des ressources ? Point de quartier, je vendis tout ; ce n'est pas assez, j'allai tout boire.

Frontin – Fort bien.

Trivelin – Oui, mon ami ; j'eus le courage de faire deux ou trois débauches salutaires, qui me vidèrent ma bourse, et me garantirent ma persévérance dans la condition que j'allais embrasser ; de sorte que j'avais le plaisir de penser, en m'enivrant, que c'était la raison qui me versait à boire. Quel nectar ! Ensuite, un beau matin, je me trouvai sans un sol. Comme j'avais besoin d'un prompt secours, et qu'il n'y avait point de temps à perdre, un de mes amis que je rencontrai me proposa de me mener chez un honnête particulier qui était marié, et qui passait sa vie à étudier des langues mortes ; cela me convenait assez, car j'ai de l'étude : je restai donc chez lui. Là, je n'entendis parler que de sciences, et je remarquai que mon maître était épris de passions pour certains quidams, qu'il appelait des anciens, et qu'il avait une souveraine antipathie pour d'autres, qu'il appelait des modernes ; je me fis expliquer tout cela. »

Marivaux, *La Fausse Suivante*, acte I, scène 1.

4

« Scapin – Qu'est-ce, seigneur Octave, qu'avez-vous ? Qu'y a-t-il ? Quel désordre est-ce là ? Je vous vois tout troublé.

Octave – Ah ! mon pauvre Scapin, je suis perdu, je suis désespéré, je suis le plus infortuné de tous les hommes.

Scapin – Comment ?

Octave – N'as-tu rien appris de ce qui me regarde ?

Scapin – Non.

Octave – Mon père arrive avec le seigneur Géronte, et ils me veulent marier.

Scapin – Hé bien ! qu'y a-t-il là de si funeste ?

Octave – Hélas ! tu ne sais pas la cause de mon inquiétude.

Scapin – Non ; mais il ne tiendra qu'à vous que je ne la sache bientôt ; et je suis homme consolatif, homme à m'intéresser aux affaires des jeunes gens.

Octave – Ah ! Scapin, si tu pouvois trouver quelque invention, forger quelque machine, pour me tirer de la peine où je suis, je croirois t'être redevable de plus que de la vie.

Scapin – À vous dire la vérité, il y a peu de choses qui me soient impossibles, quand je m'en veux mêler. J'ai sans doute reçu du Ciel un génie assez beau pour toutes les fabriques de ces gentillesses

234

d'esprit, de ces galanteries ingénieuses à qui le vulgaire ignorant donne le nom de fourberies ; et je puis dire, sans vanité, qu'on n'a guère vu d'homme qui fût plus habile ouvrier de ressorts et d'intrigues, qui ait acquis plus de gloire que moi dans ce noble métier : mais, ma foi ! le mérite est trop maltraité aujourd'hui, et j'ai renoncé à toutes les choses depuis certain chagrin d'une affaire qui m'arriva.

Octave – Comment ? quelle affaire, Scapin ?

Scapin – Une aventure où je me brouillai avec la justice.

Octave – La justice !

Scapin – Oui, nous eûmes un petit démêlé ensemble.

Silvestre – Toi et la justice !

Scapin – Oui. Elle en usa fort mal avec moi, et je me dépitai de telle sorte contre l'ingratitude du siècle que je résolus de ne plus rien faire. Baste ! Ne laissez pas de me conter votre aventure. »

Molière, *Les Fourberies de Scapin*, acte I, scène 2.

Autorité et liberté

L'opposition entre Bartholo et Rosine est celle de l'autorité qui impose sa loi et de l'aspiration à la liberté. Elle est la prisonnière, il est le geôlier, celui qui détient le trousseau de clés. Cet aspect fondamental de la confrontation de deux mondes nourrit une thématique multiple : conservatisme contre modernité, jeunesse contre vieillesse, amour contre égoïsme, désintéressement contre cupidité. Le conflit des générations, traditionnel dans la comédie, s'enrichit ici de résonances diverses.

L'autorité de Bartholo n'a rien de respectable, puisqu'elle revendique elle-même son arbitraire ; songeons à cette réplique, qui la déconsidère irrémédiablement : « Quand une chose est vraie ! Si je ne veux pas qu'elle soit vraie, je prétends bien qu'elle ne soit pas vraie. Il n'y aurait qu'à permettre à tous ces faquins-là d'avoir raison, vous verriez bientôt ce que deviendrait l'autorité. » (acte II, scène 7). Elle est d'autant plus odieuse qu'il en use à des fins malhonnêtes : qu'il veuille contraindre Rosine à un mariage inique pourrait être le signe d'une passion irrépressible et faire de lui un exemple pitoyable de la faiblesse humaine ; mais la dernière scène révèle que son désir d'épouser sa pupille pourrait bien être dû à son souci de ne pas avoir à rendre de comptes de tutelle (« Cette inutile résistance au plus honorable mariage indique assez sa frayeur sur la mauvaise administration des biens de sa pupille, dont il faudra qu'il rende compte », remarque l'alcade). À cette autorité disqualifiée s'oppose l'autorité de la loi et des magistrats chargés de la faire appliquer ; lors du dénouement, le Comte le dit avec solennité : « Elle [Rosine] n'est plus en votre pouvoir. Je la mets sous l'autorité des lois ; et Monsieur, que vous avez amené vous-même, la protègera contre la violence que vous voulez lui faire. Les vrais magistrats sont les soutiens de tous ceux qu'on opprime. » Et, dans un autre registre, s'impose une autre autorité, celle de l'amour, qui prévaut sur toute autre : « la supériorité du rang est ici sans force », plaide Bartholo face au Comte ; à quoi Almaviva répond : « Oui, le rang doit être ici sans force ; mais ce qui en a beaucoup est la préférence que mademoiselle vient de m'accorder sur vous, en se donnant à moi volontairement » (acte IV, scène 8).

Malgré les derniers mots de Figaro (« quand la jeunesse et l'amour sont d'accord pour tromper un vieillard [...] »), Bartholo n'est pas physiquement un vieil homme. Le portrait qu'en brosse Figaro au début (« C'est un beau, gros, court, jeune vieillard, gris pommelé, rusé, rasé, blasé, qui guette et furète et gronde et geint tout à la fois ») est surtout un exercice de virtuosité verbale, qui suggère, par son rythme, une vitalité intacte ; on le croit, quand il déclare qu'il « toupille » (acte III, scène 4) toute la journée. Cet homme alerte, encore « jeune » à certains égards, n'est un « vieillard » que par l'archaïsme de ses idées : il est contre tout ce qui est nouveau, ne voit dans son siècle que « sottises de toute espèce » (acte I, scène 3). En face de lui, la jeunesse est revendication de liberté, et la liberté est ici une valeur associée à celles de modernité (Rosine défend son époque : « Vous injuriez toujours notre pauvre siècle », acte I, scène 3), de spontanéité, de désintéressement. De façon discrète, *Le Barbier de Séville* est un plaidoyer en faveur de l'esprit de progrès, paré en l'occurrence de toutes les séductions de la jeunesse et de l'amour.

Correspondances

• Pour le barbon à l'idéologie réactionnaire, voir notamment *L'École des femmes* (1662), où Arnolphe plaide, devant Chrysalde, la cause de l'obscurantisme : « Épouser une sotte est pour n'être point sot », acte I, scène 1. Dans cette même comédie, scène 4 de l'acte III, voir Arnolphe en amoureux pathétique, bouffon et touchant tout à la fois (ce que n'est jamais Bartholo).

• L'autorité qui enferme est représentée dans le théâtre de Molière par Sganarelle, dans *L'École des maris* (1661) ; lui aussi ne rêve que de grilles et portes fermées à double tour pour ne pas risquer de perdre sa pupille (voir acte I, scène 2).

• Dans *Les Folies amoureuses* (1704) de Regnard, un personnage nommé Albert convoque serrurier et forgeron pour mieux garder Agathe ; il essaie de trouver une alliée dans la servante Lisette.

• Dans un tout autre domaine, il est intéressant de voir comment Proust, dans *La Prisonnière (À la recherche du temps perdu)*, développe ce thème de la jalousie et de l'enfermement. Le narrateur aime Albertine, souffre à l'idée qu'elle pourrait le quitter, place ses sorties sous surveillance :

« Entre vos mains mêmes, ces êtres-là sont des êtres de fuite. » (éd. Gallimard, La Pléiade, t. III, p. 92)

Mais Albertine, ainsi retenue, est devenue « la grise prisonnière » (p. 173) :

« C'est parce que je l'avais vue comme un oiseau mystérieux, puis comme une grande actrice de la plage, désirée, obtenue peut-être, que je l'avais trouvée merveilleuse. Une fois captif chez moi, l'oiseau que j'avais vu un soir marcher à pas comptés sur la digue, entouré de la congrégation des autres jeunes filles pareilles à des mouettes venues on ne sait d'où, Albertine avait perdu toutes ses couleurs [...] Elle avait peu à peu perdu sa beauté. » (ibid.)

Lui-même se sent parfois prisonnier de sa prisonnière :

« Mais la pensée de mon esclavage cessait tout d'un coup de me peser, et je souhaitais de le prolonger encore, parce qu'il me semblait apercevoir qu'Albertine sentait cruellement le sien. Sans doute, chaque fois que je lui avais demandé si elle ne se déplaisait pas chez moi, elle m'avait toujours répondu qu'elle ne savait pas où elle pourrait être plus heureuse. Mais souvent ces paroles étaient démenties par un air de nostalgie, d'énervement. » (p. 177)

—**1**——————————————————

« **Albert** – Tu sais bien qu'ici-bas
Sans trouver quelque embûche on ne peut faire un pas.
Des pièges qu'on me tend mon âme est alarmée.
Je tiens une brebis avec soin enfermée :
Mais des loups ravissants rôdent pour l'enlever.
Contre leur dent cruelle il la faut conserver,
Et pour ne craindre rien de leur noire furie,
Je veux de toutes parts fermer la bergerie,
Faire avec soin griller mon château tout autour,
Et ne laisser partout qu'un peu d'entrée au jour.
J'ai besoin de tes soins en cette conjoncture,
Pour faire, à mon désir, attacher la clôture.
Lisette – Qui ? Moi ?
Albert – Je ne veux pas que cette invention
Paraisse être l'effet de ma précaution.
Agathe, avec raison, pourrait être alarmée
De se voir, par mes soins, de la sorte enfermée ;
Cela pourrait causer du refroidissement.
Mais en fille d'esprit, il faut adroitement
Lui dorer la pilule, et lui faire comprendre
Que tout ce qu'on en fait n'est que pour se défendre,
Et que, la nuit passée, un nombre de bandits
N'a laissé que les murs dans le prochain logis [le logis d'à côté].

Lisette – Mais croyez-vous, Monsieur, avec ce stratagème,
Et bien d'autres encor dont vous usez de même,
Vous faire aimer de l'objet de vos vœux ?
Albert – Ce n'est pas ton affaire ; il suffit, je le veux. »

Les Folies amoureuses, acte I, scène 3,
vers 211 à 236, Regnard, 1704.

Comédie et satire

La devise de la comédie classique était : *Castigat ridendo mores* (« elle corrige les mœurs en faisant rire »). C'est dire qu'à la comédie était dévolue une vocation satirique. Beaumarchais, dans *Le Barbier de Séville*, n'essaye pas vraiment de persuader les barbons que toutes leurs précautions seront toujours inutiles contre l'amour et la jeunesse, mais il exprime, à travers le ridicule dont il enveloppe son Bartholo, une certaine idéologie, proche à bien des égards de la philosophie des Lumières. Il convient cependant de ne pas exagérer la portée satirique de cette comédie.

Beaumarchais y règle incontestablement des comptes personnels : avec quelques aristocrates dont il a eu à souffrir, comme le duc de Chaulnes ou le comte de La Blache (« persuadé qu'un Grand nous fait assez de bien quand il ne nous fait pas de mal », acte I, scène 2), avec les « loups » de la république des Lettres, « et tout ce qui s'attache à la peau des malheureux gens de lettres » *(ibid.)*, avec le pouvoir arbitraire (incarné ici par Bartholo).

Dans son aspiration à la liberté, Rosine a parfois des accents féministes, notamment dans la scène 15 de l'acte II :

« **Rosine** – Vais-je examiner les papiers qui vous arrivent ? Pourquoi vous donnez-vous les airs de toucher à ceux qui me sont adressés ? Si c'est jalousie, elle m'insulte ; s'il s'agit de l'abus d'une autorité usurpée, j'en suis plus révoltée encore.
Bartholo – Comment, révoltée ! Vous ne m'avez jamais parlé ainsi [...]
Rosine – C'est qu'il est inouï qu'on se permette d'ouvrir les lettres de quelqu'un.

Bartholo – De sa femme ?

Rosine – Je ne la suis pas encore. Mais pourquoi lui donnerait-on la préférence d'une indignité qu'on ne fait à personne ? »

La protestation de Rosine sera reprise par Marceline, dans *Le Mariage de Figaro* (acte III, scène 16), où l'on peut notamment relever ces mots :

« Dans les rangs même plus élevés, les femmes n'obtiennent de vous qu'une considération dérisoire ; leurrées de respects apparents, dans une servitude réelle ; traitées en mineures pour nos biens, punies en majeures pour nos fautes ! Ah ! sous tous les aspects, votre conduite avec nous fait horreur ou pitié ! »

Mais la critique sociale reste fort modérée. On ne peut pas faire de Beaumarchais un adversaire du clergé sous prétexte que Bazile est un ecclésiastique : le curé ou le moine sont des cibles traditionnelles dans la littérature depuis le Moyen Âge ; la « soutanelle » ne fait ici que pimenter les aspects grotesques du maître de musique. La satire de la médecine (sur laquelle la « Lettre modérée » attire l'attention) est elle aussi bien intégrée dans la tradition de la littérature comique (voir le théâtre de Molière, entre autres). Les quelques impertinences de Figaro contre la noblesse n'offusquent en rien le Comte, qui les apprécie au contraire pour leur brio, et l'aristocrate noue sans difficulté avec l'aventurier une complicité de vieilles connaissances. Il est du reste à remarquer que les contemporains n'ont pas été sensibles à une éventuelle audace du *Barbier* ; ainsi que le remarque Jacques Schérer (dans sa *Dramaturgie de Beaumarchais*), on n'a cru voir une portée révolutionnaire dans les comédies de Beaumarchais qu'au XIXᵉ siècle, au moment de la Restauration. Encore est-ce *Le Mariage de Figaro* qui parut alors subversif, plutôt que *Le Barbier de Séville*, bien anodin en effet, où le Comte a le beau rôle du jeune premier plein de panache et de magnificence. Mais la comédie de 1775 fut tout de même lue à la lumière du *Mariage de Figaro*, pièce elle-même perçue dans la perspective de la Révolution de 1789. C'était là commettre bien des anachronismes, et oublier que la comédie de Beaumarchais était d'abord une invitation au plaisir du théâtre.

Correspondances

• Voir le rôle d'Amalviva dans *Le Mariage de Figaro*, où il cherche à abuser de son pouvoir, contre Figaro et Suzanne sa fiancée, et où il est un mauvais mari.

• En ce qui concerne la critique sociale et la promotion de valeurs nouvelles, il est utile de comparer la comédie de Beaumarchais avec des textes de philosophes des Lumières, où la contestation idéologique s'affirme avec netteté ; lire par exemple des contes de Voltaire : *Candide* (1759) ou *L'Ingénu* (1767), ou le *Supplément au voyage de Bougainville*, de Diderot (1773).

• Le théâtre de Marivaux comprend des pièces qui mettent en question les valeurs sociales de son temps : *L'Île des esclaves* (1725), *L'Île de la raison* (1727), *La Nouvelle Colonie ou la Ligue des femmes* (1729), mais on observera que le dénoue-ment restaure chaque fois l'ordre établi, et que là encore, à une époque il est vrai bien antérieure à celle de Beaumarchais, le théâtre n'est pas le lieu d'une véritable contestation. Il ne deviendra une tribune politique que sous la Révolution.

La musique dans *Le Barbier de Séville*

« Moi qui ai toujours chéri la musique sans inconstance et même sans infidélité », déclare Beaumarchais dans sa « Lettre modérée ». Dans ce domaine comme dans beaucoup d'autres, il ne manquait pas de talent. Il n'est donc pas étonnant que ses deux comédies, *Le Barbier de Séville* et *Le Mariage de Figaro*, accordent une grande place à la musique. Le premier état du *Barbier* était du reste un opéra-comique. On a parfois affirmé que Beaumarchais en avait composé la musique. Mais, selon une indication de l'*Almanach musical* de 1776, la musique du *Barbier* serait due à Baudron, premier violon de la Comédie-Française. Le fait est assuré pour la musique de l'orage, entre l'acte III et l'acte IV. Pour les chansons, il est probable que Baudron et Beaumarchais ont travaillé ensemble, celui-là orchestrant les airs que celui-ci avait en tête depuis son opéra-comique.

Dans cette comédie, la musique ne doit pas être considérée comme un simple intermède : elle est le complément du texte et a une fonction dramaturgique.

Acte I, scène 2

La musique contribue ici à caractériser d'emblée Figaro. Si, au dénouement du *Mariage*, « tout finit par des chansons », dans *Le Barbier*, tout commence par une chanson. Les paroles n'en sont pas directement applicables à Figaro (qui n'est ni paresseux, ni buveur), mais elles expriment la gaieté foncière du personnage. Il est à remarquer que l'effort de composition porte sur les paroles, non sur la musique : la guitare reste « attachée en bandoulière » ; Figaro « chantonne », mais ce qu'il tient à la main, c'est un crayon et du papier : Beaumarchais a voulu en faire aussi une image de l'écrivain au travail.

Acte I, scène 6

Ici la guitare entre en jeu. Figaro la prête au Comte pour qu'il puisse s'accompagner dans sa réponse chantée à Rosine. La musique a été fournie par le papier tombé du balcon (acte I, scène 3). Cette chanson est bien intégrée dans l'action : son existence même est le signe de la difficulté de communication avec Rosine ; elle exprime aussi l'enjeu sentimental de la comédie (la musique est le langage du cœur) ; elle est également liée à la gaieté de la comédie : en faisant intervenir Figaro après chaque couplet, Beaumarchais a fragmenté la continuité du morceau musical, afin que sa comédie ne soit pas envahie par une tonalité trop sérieuse et trop tendre. Pour la réponse de Rosine, Beaumarchais emprunte le début d'une ariette du *Maître en droit*, de Monsigny et Lemonnier (1760) ; dans cet opéra-bouffe, l'amant se prénomme Lindor ; par le choix de sa chanson,

Rosine montre qu'elle a compris l'allusion. Cette rencontre sur le plan musical est une première manifestation de leur entente ; de plus, le procédé de la citation permet à Rosine d'exprimer ses sentiments sans enfreindre les règles de la bienséance. Mais le couplet est vite interrompu, et par une fenêtre qui se ferme : l'un des thèmes majeurs de la pièce se trouve ainsi lié à la musique.

Acte II, scène 13

Les trois vers du signalement de Bartholo étaient certainement chantés, ou du moins scandés sur le rythme d'un air connu. Une note tardive (dans l'édition de 1809) donne la référence d'une chanson grivoise, sans doute bien connue des spectateurs de l'époque. En ce cas, le décalage entre l'air (aux connotations érotiques) et le portrait de Bartholo (dépourvu de tout érotisme) devait beaucoup amuser. Les deux couplets qui suivent, dans cette même scène, sont empruntés au *Déserteur* de Sedaine et Monsigny (1769), où ils étaient chantés par le soldat Montauciel ; ils étaient bien connus du public.

Acte III, scène 4

L'ariette de Rosine est le morceau musical le plus ambitieux de la pièce. La partition montre qu'il impliquait la participation de tout l'orchestre. Bartholo en souligne à sa façon la complexité lorsqu'il dit : « Est-ce qu'il n'y aurait pas moyen de lui faire étudier des choses plus gaies que toutes ces grandes arias [...] ? » Beaumarchais accordait une grande importance à cette chanson, non seulement parce qu'elle donnait du « plaisir » (pour reprendre le terme de sa note), mais aussi parce qu'elle était en accord avec « le genre de la pièce ». C'est dire que ce morceau a une nécessité dramaturgique : il répond à la chanson du Comte dans l'acte I, également fondée sur la musique de *La Précaution inutile* ; en outre, il exprime l'amour et le désir dans une situation où la musique seule a cette possibilité d'expression. Il n'y a pas lieu, comme le font certains metteurs en scène, de tirer cette chanson vers la caricature. Bien au contraire, elle doit avoir tout le sérieux et tout le charme d'une déclaration d'amour. En revanche, la chanson de Bartholo doit être interprétée sur le mode burlesque, en accord avec la danse qu'il esquisse.

Entracte (entre les actes III et IV)

Avec le « bruit d'orage », Baudron a écrit une musique imitative. Cet orage interprété par l'orchestre est évidemment symbolique de la tension qui s'est installée dans la pièce.

Les musiques de Paisiello et de Rossini

Dès 1782, le succès de la comédie de Beaumarchais fut exploité sur la scène lyrique par Paisiello (1740-1816). Son *Barbiere di Siviglia* connut à son tour un succès considérable. L'accent y était mis sur le personnage de Bartholo et le ton général était celui de la farce. Paisiello fit des émules. Quand, en 1816, Rossini tire à son tour un opéra-bouffe du *Barbier*, une dizaine d'opéras et un ballet s'en sont déjà inspirés. Mais c'est lui, incontestablement, qui donne à la pièce sa plus célèbre adaptation musicale. Ici, le personnage mis en vedette est le Comte ; toute la partition contribue à le mettre en valeur, et la musique de Rossini traduit avec fidélité la gaieté de la comédie, son rythme et son esprit. L'air de présentation de Figaro, celui de la calomnie ont acquis une célébrité encore intacte aujourd'hui. Cette musique tend toujours à accompagner la lecture de certains passages de la comédie. Loin de brouiller la perception de l'œuvre, elle la rend plus nette et plus séduisante encore.

Correspondances

• L'étude du livret de l'opéra de Rossini permet de prendre la mesure du travail d'adaptation ; il respecte l'économie générale de la pièce, mais introduit quelques modifications (notamment à la fin de l'acte II) intéressantes à analyser.

• À propos de la leçon de musique (acte III, scène 4), comparer avec *Le Malade imaginaire* de Molière, acte III, scène 5.

• Dans *Le Misanthrope*, Alceste se met, comme Bartholo, à chanter un air d'autrefois, et avec le même ridicule (acte I, scène 2), de même que M. Jourdain dans *Le Bourgeois gentilhomme* (acte I, scène 2).

• La fonction de la musique est purement ornementale dans les comédies-ballets de Molière : voir par exemple *Le Bourgeois gentilhomme* (1670) et *Les Amants magnifiques* (1670).

—1—

« **Argan,** *à Cléante* – Monsieur, faites un peu chanter ma fille devant la compagnie.

Cléante – J'attendais vos ordres, Monsieur, et il m'est venu en pensée, pour divertir la compagnie, de chanter avec Mademoiselle une scène d'un petit opéra qu'on a fait depuis peu. Tenez, voilà votre partie.

Angélique – Moi ?

Cléante – Ne vous défendez point, s'il vous plaît, et me laissez vous faire comprendre ce que c'est que la scène que nous devons chanter. Je n'ai pas une voix à chanter ; mais il suffit ici que je me fasse entendre, et l'on aura la bonté de m'excuser par la nécessité où je me trouve de faire chanter Mademoiselle.

Argan – Les vers en sont-ils beaux ?

Cléante – C'est proprement ici un petit opéra impromptu, et vous n'allez entendre chanter que de la prose cadencée, ou des manières de vers libres, tels que la passion et la nécessité peuvent faire trouver à deux personnes qui disent les choses d'eux-mêmes, et parlent sur-le-champ.

Argan – Fort bien. Écoutons.

Cléante, *sous le nom d'un berger, explique à sa maîtresse son amour depuis leur rencontre, et ensuite ils s'appliquent leurs pensées l'un à l'autre en chantant.* – Voici le sujet de la scène. Un Berger étoit attentif aux beautés d'un spectacle, qui ne faisoit que de commencer, lorsqu'il fut tiré de son attention par un bruit qu'il entendit à ses côtés. Il se retourne, et voit un brutal, qui de paroles insolentes maltraitait une Bergère. D'abord il prend les intérêts d'un sexe à qui tous les hommes doivent hommage ; et après avoir donné au brutal le châtiment de son insolence, il vient à la Bergère, et voit une jeune personne qui, des deux plus beaux yeux qu'il eût jamais vus, versoit des larmes, qu'il trouva les plus belles du monde. "Hélas ! dit-il en lui-même, est-on capable d'outrager une personne si aimable ? Et quel inhumain, quel barbare ne serait touché par de telles larmes ?" Il prend soin de les arrêter, ces larmes, qu'il trouve si belles ; et l'aimable Bergère prend soin en même temps de le remercier de son léger service, mais d'une manière si charmante, si tendre, et si passionnée, que le Berger n'y peut résister ; et chaque mot, chaque regard, est un trait plein de flamme, dont son cœur se sent pénétré. "Est-il, disait-il, quelque chose qui puisse mériter les aimables paroles d'un tel remerciement ? Et que ne voudrait-on pas faire, à quels services, à quels dangers, ne serait-on pas ravi de courir, pour s'attirer un seul moment des touchantes douceurs d'une âme si reconnaissante ?" Tout le spectacle passe sans qu'il y donne aucune attention ; mais il se plaint qu'il est trop court, parce qu'en finissant il le sépare de son adorable Bergère ; et de cette première vue, de ce premier moment, il emporte chez lui tout ce qu'un amour plein de plusieurs années peut avoir de plus violent. Le voilà aussitôt à sentir tous les maux de l'absence, et il est tourmenté de ne plus voir ce qu'il a si peu vu. Il fait tout ce qu'il peut pour se redonner cette vue, dont il conserve, nuit et jour, une si chère idée ; mais la grande contrainte où l'on tient sa Bergère lui en ôte tous les moyens. La violence de sa passion le fait résoudre à demander en mariage l'adorable beauté sans laquelle il ne peut plus vivre, et il en obtient d'elle la permission par un billet qu'il a l'adresse de lui faire tenir. Mais dans le même temps on l'avertit que le père de cette belle a conclu son mariage avec un autre, et que tout se dispose pour en célébrer la cérémonie. Jugez quelle atteinte cruelle au cœur de ce triste Berger. Le voilà accablé d'une mortelle douleur. Il ne peut souffrir l'effroyable idée de voir tout ce qu'il aime entre les bras d'un autre ; et son amour au désespoir lui fait trouver moyen de s'introduire dans la maison de sa Bergère, pour apprendre ses sentiments et savoir d'elle la destinée à laquelle il doit se résoudre. Il y rencontre les apprêts de tout ce qu'il craint ; il y voit venir l'indigne rival que le caprice d'un père oppose aux

tendresses de son amour. Il le voit triomphant, ce rival ridicule, auprès de l'aimable Bergère, ainsi qu'auprès d'une conquête qui lui est assurée ; et cette vue le remplit d'une colère, dont il a peine à se rendre le maître. Il jette de douloureux regards sur celle qu'il adore ; et son respect, et la présence de son père l'empêchent de lui rien dire que des yeux. Mais enfin il force toute contrainte, et le transport de son amour l'oblige à lui parler ainsi :
(Il chante.)

> *Belle Philis, c'est trop, c'est trop souffrir ;*
> *Rompons ce dur silence, et m'ouvrez vos pensées.*
> *Apprenez-moi ma destinée :*
> *Faut-il vivre ? Faut-il mourir ?*

Angélique, *répond en chantant :*

> *Vous me voyez, Tircis, triste et mélancolique,*
> *Aux apprêts de l'hymen dont vous vous alarmez :*
> *Je lève au ciel les yeux, je vous regarde, je soupire,*
> *C'est vous en dire assez.*

Argan – Ouais ! je ne croyois pas que ma fille fût si habile que de chanter ainsi à livre ouvert, sans hésiter.

Cléante – *Hélas ! belle Philis,*
> *Se pourrait-il que l'amoureux Tircis*
> *Eût assez de bonheur,*
> *Pour avoir quelque place dans votre cœur ?*

Angélique – *Je ne m'en défends point dans cette peine extrême :*
> *Oui, Tircis, je vous aime.*

Cléante – *Ô parole pleine d'appas !*
> *Ai-je bien entendu, hélas !*
> *Redites-là, Philis, que je n'en doute pas.*

Angélique – *Oui, Tircis, je vous aime.*

Cléante – *De grâce, encor, Philis.*

Angélique – *Je vous aime.*

Cléante – *Recommencez cent fois, ne vous en lassez pas.*

Angélique – *Je vous aime, je vous aime,*
> *Oui, Tircis, je vous aime.*

Cléante – *Dieux, rois, qui sous vos pieds regardez tout le monde,*
> *Pouvez-vous comparer votre bonheur au mien ?*
> *Mais, Philis, une pensée*

> *Vient troubler ce doux transport :*
> *Un rival, un rival...*

Angélique – *Ah ! je le hais plus que la mort ;*
> *Et sa présence, ainsi qu'à vous,*
> *M'est un cruel supplice.*

Cléante – *Mais un père à ses vœux vous veut assujettir.*

Angélique – *Plutôt, plutôt mourir,*
> *Que de jamais y consentir ;*
Plutôt, plutôt mourir, plutôt mourir.

Argan – Et que dit le père à tout cela ?

Cléante – Il ne dit rien.

Argan – Voilà un sot père que ce père-là, de souffrir toutes ces sottises-là sans rien dire.

Cléante – *Ah mon amour...*

Argan – Non, non, en voilà assez. Cette comédie-là est de fort mauvais exemple. Le berger Tircis est un impertinent, et la bergère Philis une impudente, de parler de la sorte devant son père. Montrez-moi ce papier. Ha, ha. Où sont donc les paroles que vous avez dites ? Il n'y a là que de la musique écrite ?

Cléante – Est-ce que vous ne savez pas, Monsieur, qu'on a trouvé depuis peu l'invention d'écrire les paroles avec les notes mêmes ?

Argan – Fort bien. Je suis votre serviteur, Monsieur ; jusqu'au revoir. Nous nous serions bien passés de votre impertinent d'opéra.

Cléante – J'ai cru vous divertir.

Argan – Les sottises ne divertissent point. Ah ! voici ma femme. »

Molière, *Le Malade imaginaire*, acte II, scène 5.

2

« **Oronte** – Voilà qui va fort bien, et je crois vous entendre.
Mais ne puis-je savoir ce que dans mon sonnet...

Alceste – Franchement, il est bon à mettre au cabinet ;
Vous vous êtes réglé sur de méchants modèles,
Et vos expressions ne sont point naturelles.
Qu'est-ce que "Nous berce un temps notre ennui" ?
> Et que "Rien ne marche après lui" ?
> Que "Ne vous pas mettre en dépense
> Pour ne me donner que l'espoir" ?

Et que "Philis, on désespère
   Alors qu'on espère toujours" ?
Ce style figuré, dont on fait vanité,
Sort du bon caractère et de la vérité ;
Ce n'est que jeu de mots, qu'affectation pure,
Et ce n'est point ainsi que parle la nature.
le méchant goût du siècle en cela me fait peur ;
Nos pères, tout grossiers, l'avaient beaucoup meilleur,
Et je prise bien moins tout ce que l'on admire
Qu'une vieille chanson que je m'en vais vous dire :

   Si le roi m'avait donné
   Paris, sa grand'ville,
   Et qu'il me fallût quitter
   L'amour de ma mie,
   Je dirais au roi Henri :
   Reprenez votre Paris,
   J'aime mieux ma mie, au gué,
   J'aime mieux ma mie.

La rime n'est pas riche, et le style en est vieux ;
Mais ne voyez-vous pas que cela vaut bien mieux
Que ces colifichets dont le bon sens murmure,
Et que la passion parle là toute pure ?

   Si le roi m'avait donné
   Paris, sa grand'ville,
   Et qu'il me fallût quitter
   L'amour de ma mie,
   Je dirais au roi Henri :
   Reprenez votre Paris,
   J'aime mieux ma mie, au gué,
   J'aime mieux ma mie.

Voilà ce que peut dire un cœur vraiment épris.
(À Philinte.)
Oui, monsieur le rieur, malgré vos beaux esprits,
J'estime plus cela que la pompe fleurie
De tous ces faux brillants, où chacun se récrie. »

Molière, *Le Misanthrope*, acte I, scène 2.

3

« **Monsieur Jourdain** – Voyons un peu votre affaire.

Maître de musique – Je voudrais bien auparavant vous faire entendre un air qu'il vient de composer pour la sérénade que vous m'avez demandée. C'est un de mes écoliers, qui a pour ces sortes de choses un talent admirable.

Monsieur Jourdain – Oui ; mais il ne fallait pas faire faire cela par un écolier, et vous n'étiez pas trop bon vous-même pour cette besogne-là.

Maître de musique – Il ne faut pas, Monsieur, que le nom d'écolier vous abuse. Ces sortes d'écoliers en savent autant que les plus grands maîtres, et l'air est aussi beau qu'il s'en puisse faire. Écoutez seulement.

Monsieur Jourdain – Donnez-moi ma robe pour mieux entendre… Attendez, je crois que je serai mieux sans robe… Non ; redonnez-la-moi, cela ira mieux.

Musicien, *chantant*. – *Je languis nuit et jour, et mon mal est extrême,*
Depuis qu'à vos rigueurs vos beaux yeux m'ont soumis ;
Si vous traitez ainsi, belle Iris, qui vous aime,
Hélas ! que pourriez-vous faire à vos ennemis ?

Monsieur Jourdain – Cette chanson me semble un peu lugubre, elle endort, et je voudrois que vous la pussiez un peu ragaillardir par-ci, par-là.

Maître de musique – Il faut, Monsieur, que l'air soit accommodé aux paroles.

Monsieur Jourdain – On m'en apprit un tout à fait joli, il y a quelque temps. Attendez… La… comment est-ce qu'il dit ?

Maître à danser – Par ma foi ! je ne sais.

Monsieur Jourdain – Il y a du mouton dedans.

Maître à danser – Du mouton ?

Monsieur Jourdain – Oui. Ah !

(Monsieur Jourdain chante.)

> *Je croyais Janneton*
> *Aussi douce que belle,*
> *Je croyais Janneton*
> *Plus douce qu'un mouton :*
> *Hélas ! hélas ! elle est cent fois,*
> *Mille fois plus cruelle,*
> *Que n'est le tigre aux bois.*

N'est-il pas joli ?

Maître de musique – Le plus joli du monde.

Maître à danser – Et vous le chantez bien.

Monsieur Jourdain – C'est sans avoir appris la musique. »

Molière, *Le Bourgeois gentilhomme*, acte I, scène 2.

*Baptiste Cadet dans le rôle de Bazile (acte III, scène 10),
gravure de Malœuvre, XVIIIᵉ siècle
(Bibliothèque nationale de France, département des ASP, Paris).*

Principales mises en scène

Le Barbier de Séville n'a pas inspiré les metteurs en scène autant que *Le Mariage de Figaro*. De la première représentation, en 1775 (voir à son sujet la partie « Genèse de l'œuvre », p. 39-42), à nos jours, cette comédie a toujours eu les faveurs du public, mais n'a jamais été l'enjeu d'un travail théâtral important, susceptible de renouveler notre lecture de la pièce. Le texte limite à cet égard les possibilités. L'interprétation des rôles peut varier, surtout en ce qui concerne les personnages de Bartholo et de Bazile, que l'on peut tirer soit vers la farce, soit vers la gravité (à certains moments). Il semble que la version de la pièce en cinq actes n'ait été jouée que deux fois, à l'Odéon, le 23 février 1888, avec une conférence d'Eugène Lintilhac en guise de présentation, et le 25 mars.

Dans l'histoire des représentations du *Barbier de Séville*, depuis une cinquantaine d'années, on peut noter les dates suivantes :

1961

Mise en scène d'André Barsacq, au Théâtre de l'Atelier. Airs de Louis Ducreux. Distribution : **Almaviva** : Daniel Ceccaldi, **Figaro** : Claude Nicot, **Rosine** : Élisabeth Alain, **Bartholo** : Michel de Ré, **Bazile** : Maurice Teynac.

L'Avant-Scène, Théâtre, dans son n° 457 (du 1er octobre 1970), a publié le texte du *Barbier* illustré de nombreuses photographies de cette mise en scène. C'est elle également qui est la base de l'enregistrement effectué en 1961 pour *L'Avant-Scène 33 tours*, en deux disques sous coffret, mais la distribution de l'enregistrement est différente : **Almaviva** : Jean Weber, **Figaro** : Jean Piat, **Rosine** : Micheline Boudet, **Bartholo** : André Brunot, **Bazile** : Robert Pizani.

1962

Mise en scène de Maurice Bray, au Théâtre de l'Athénée (Compagnie Anne Carrère). Distribution : **Almaviva** : Maurice Bray, **Figaro** : Yves Furet, **Bartholo** : Henri Poirier, **Bazile** : Fabre-Bertin.

1966

Mise en scène de Jean-Pierre Grandval, à l'Odéon-Théâtre de France. Distribution : **Almaviva** : Maurice Ruhl, **Figaro** : Dominique Paturel, **Rosine** : Anne Doat, **Bartholo** : Pierre Bertin, **Bazile** : Régis Outin.

1970

Mise en scène de Jean-Claude Arnaud, à la Comédie-Française ; musique d'Antoine André. Distribution : **Almaviva** : Michel Duchaussoy, **Figaro** : Alain Pralon, **Rosine** : Nicole Calfan, **Bartholo** : Jean-Claude Arnaud, **Bazile** : Michel Etcheverry.
Cette mise en scène était la première, à la Comédie-Française, depuis celle de Pierre Dux, en 1942.

1979

Mise en scène de Michel Etcheverry, à la Comédie-Française. Distribution : **Almaviva** : Raymond Acquaviva, **Figaro** : Richard Berry, **Rosine** : Marcelline Collard.

1990

Mise en scène de Jean-Luc Boutté, à la Comédie-Française (la troisième donc depuis 1970, la quatrième depuis 1942). Musique de Jean-Marie Sénia. Distribution : **Almaviva** : Jean-Pierre Michaël, **Figaro** : Thierry Hancisse, **Rosine** : Anne Kessler, **Bartholo** : Roland Bertin, **Bazile** : Marcel Bozonnet.

Cette reprise donna lieu à 83 représentations (du 8 décembre 1990 au 4 juin 1991, puis du 15 septembre au

27 octobre 1991, en alternance). La 83ᵉ était, sur la scène de la Comédie-Française, la 1 267ᵉ depuis 1775. Il n'y en a pas eu d'autres jusqu'à aujourd'hui (1998).

Un film documentaire a été réalisé à l'occasion des répétitions, intitulé *Théâtre à l'étude* (réalisatrice : Dominique Gros ; durée : 52 minutes ; coproduction INA/La Sept).

Cette mise en scène a été filmée et enregistrée en cassette vidéo, pour la collection « La Mémoire des classiques, les grandes interprétations de la Comédie-Française » ; elle a fait l'objet d'une diffusion sur France 3 le 16 décembre 1991.

Dans cette distribution, Figaro est éclatant de jeunesse. Avec Almaviva, il forme un couple de joyeux complices, où la différence de rang social disparaît. Anne Kessler interprète Rosine avec une gaieté mutine qui tire parfois le rôle vers un comique appuyé (notamment à la scène 2 de l'acte II). Tous trois s'opposent nettement, par là même, à Bartholo, dont le physique, tout en rondeur, est sans équivoque celui d'un homme de cinquante ans ; mais le jeu de Roland Bertin évite toute caricature : son Bartholo est même plus souvent touchant que ridicule, au point qu'il garde toute sa dignité jusque dans sa chanson de la scène 5 de l'acte III. Bazile est ici sans âge, mais l'important est son costume d'abbé, qui le transforme en oiseau noir, parfois inquiétant.

Le décor de l'acte I surprend : qu'il élimine la couleur locale espagnole est certes sans inconvénient ; mais qu'il remplace fenêtres, grilles et jalousies par un nuage coulissant laissant apparaître Rosine et Bartholo dans le bleu du ciel est plus désinvolte : c'est privilégier l'esthétique du décor au détriment de la dramaturgie. Le décor des actes II et III est plus conventionnel, mais des paravents habilement disposés mettent en valeur différents jeux de scène, sans respecter cependant la présence, « dans le fond du théâtre », d'« une jalousie grillée ». Celui de l'acte IV est plus dépouillé encore que celui du premier acte : seule une échelle verticale se dresse à travers une trappe au début de la scène 5 ; Figaro y grimpe, aidant le Comte à se hisser sur la scène ; sur cette échelle, Figaro va demeurer perché pendant toute la fin de l'acte, se trouvant ainsi mis en vedette. À la fin, l'alcade et les alguazils surgissent brusquement de trappes ménagées dans le plancher de la scène. L'effet est spectaculaire. Ce dispositif avait déjà été utilisé dans l'acte II pour les deux scènes (6 et 7) avec La Jeunesse et L'Éveillé : ils sortent de leur trou et disparaissent au fil de leurs répliques ; excellente trouvaille pour suggérer la bassesse de leur condition sociale et leur caractère de marionnettes caricaturales.

Selon l'habitude, une musique de scène originale est substituée à celle de Baudron. Elle ne fournit pas seulement les airs des chansons, mais accompagne quelquefois le dialogue (ainsi dans les scènes 1 et 5 de l'acte IV). La musique d'orage, entre les actes III et IV, évite tout caractère imitatif, mais des éclairs simulés dans le décor traduisent ce « temps du diable » que Beaumarchais a voulu pour son dernier acte. Enfin, Jean-Luc Boutté a intégré dans les dialogues des passages empruntés à des états antérieurs du manuscrit, non retenus par Beaumarchais (ainsi notamment dans la scène 4 de l'acte III : le dialogue entre Almaviva et Bartholo s'enrichit d'un morceau savoureux ; s'il retarde un peu le début de la leçon de musique, il remporte un franc succès auprès du public). L'efficacité comique a été préférée au respect du rythme scénique voulu par le dramaturge.

Jugements critiques

Les jugements sur la pièce en 1775

Favorable est celui de la *Correspondance littéraire* (périodique sous la direction de Grimm de 1753 à 1773, puis de Meister) :

« Cette pièce est non seulement pleine de gaieté et de verve, mais le rôle de la petite fille est d'une candeur et d'un intérêt charmants. Il y a des nuances de délicatesse et d'honnêteté dans le rôle du comte et dans celui de Rosine, qui sont vraiment précieuses, et que notre parterre est loin de pouvoir sentir et apprécier... »

Le journaliste précise quelques jours plus tard :

« Cette comédie, sans être du meilleur genre, sans avoir non plus la verve et la folie des farces de Molière, n'en est pas moins l'ouvrage d'un homme de beaucoup d'esprit. Le dialogue en serait plus facile et plus vrai s'il n'avait pas trop l'air de courir après le mot ; mais plusieurs de ces mots sont fins et plaisants. Il y a quelques situations très bouffonnes. Toute l'intrigue est liée avec adresse, et le dénouement en est ingénieux. La scène d'imbroglio où Bazile semble arriver pour déconcerter tous les projets du comte Almaviva et où l'on intrigue si bien qu'il ne sait plus qui l'on veut tromper, est une des plus excellentes scènes qu'il y ait au théâtre, et l'idée en est tout à fait neuve. »

Favorable aussi, par exemple, le jugement du *Mercure de France*, dans son numéro de mars :

« Cette comédie est un imbroglio comique où il y a beaucoup de facéties, d'allusions plaisantes, de jeux de mots, de lazzis, de satires grotesques, de situations singulières et vraiment théâtrales, de caractères originaux, et surtout de gaieté vive et ingénieuse. »

Défavorable, en revanche, celui du *Journal encyclopédique* (auquel Beaumarchais répond longuement dans sa « Lettre modérée »), qui critique, dans son numéro du mois de mai, la faiblesse du plan et des caractères :

« Il sera difficile de tracer un plan de cette comédie parce qu'elle en a peu et n'offre en général que des scènes liées presque au hasard, à la manière de ces canevas italiens où l'on ne consulte ni vraisemblance, ni aucune des unités, ni morale naturelle... On trouve à la jeune personne tous les défauts d'une fille mal élevée ; l'amant paraît s'avilir par un des personnages qu'il joue ; le tuteur, qui d'abord pénétrait tout, se laisse attraper comme un imbécile ; Figaro ressemble à tout ; rien n'est lié, rien n'est conduit. »

Le journaliste reconnaît tout de même, à la fin :

« Malgré cela, on rit à cette pièce autant qu'à celle d'*Arlequin valet, juge et prévôt*, et c'est probablement ce que demandait l'auteur, si célèbre par d'autres écrits, dont le mérite brillant ne peut être contesté. »

Dans la *Correspondance littéraire secrète*, à la date du 25 février, Métra juge sévèrement la pièce, mais c'est au vu de la première représentation :

« Tout le comique prétendu de cette pièce consiste en quelques bons mots de la plus grande trivialité ; elle est remplie de plaisanteries plates, de bouffonneries grivoises et même de pensées très répréhensibles. On y reproche à une femme d'avoir prêté l'oreille aux tendres discours d'un homme décrié ; elle répond : "Enfin c'était un homme". Un personnage demande à un autre s'il est vrai qu'il ne croit point à la sagesse : "Non, car c'est une femme. Je ne confierais pas, dit Bartholo, ma femme à mon frère, ni ma bourse à mon père", etc. »

Quant à la marquise du Deffand, dans une lettre au romancier Horace Walpole du 27 février 1775, elle déplore la réussite d'une comédie de si mauvais goût :

« J'étais à la comédie de Beaumarchais ; on la répétait pour la seconde fois ; à la première, elle fut sifflée ; pour hier, elle eut un succès extraordinaire ; elle fut portée aux nues ; elle fut applaudie à tout rompre, et rien ne peut être plus ridicule, cette pièce est détestable... Le goût est entièrement perdu ! »

La critique au XXᵉ siècle

Des deux comédies de Beaumarchais, c'est toujours *Le Mariage de Figaro* qui attire le plus l'attention de la critique. Les jugements que *Le Barbier de Séville* a suscités sont moins nombreux qu'on ne pourrait le penser. Mais dès le début du XXᵉ siècle, Lanson a bien souligné, dans son *Histoire de la littérature* (1909), l'importance historique du *Barbier de Séville* :

« Enfin l'on sortait des ridicules de salon, des fats, des coquettes, du cailletage [bavardage] ! On en sortait par un retour hardi à la vieille farce, à l'éternelle comédie. Un franc comique jaillissait de l'action lestement menée à travers les situations comiques ou bouffonnes que le sujet contenait, des quiproquos, des travestis, de tous ces bons vieux moyens de faire rire, qui semblaient tout neufs et tout-puissants. Sur tout cela, l'auteur, se souvenant de sa course romanesque au-delà des Pyrénées, avait jeté le piquant des costumes espagnols, dont le contraste relevait le ragoût parisien du dialogue. Ce dialogue était la grande nouveauté, la grande surprise de la pièce : il en faisait une fête perpétuelle. »

Le dénouement

Pour Jacques Schérer, Beaumarchais a dû, pour dénouer son intrigue, « amollir » l'obstacle que représentait Bartholo :

« L'obstacle du *Barbier de Séville* est le plus résistant de tous ceux que Beaumarchais a imaginés. À la différence du Cassandre de la parade dont il est issu, et qui est en général un imbécile facile à berner, Bartholo est intelligent, méfiant, rusé, et il lutte de toutes ses forces contre ses adversaires. Il est un obstacle fort dur. Comment donc Beaumarchais l'a-t-il éliminé ? [...]

Dans un manuscrit de la pièce, Figaro disait à Bartholo : "Si vous n'aviez pas été chercher ces messieurs vous-même, on n'aurait pas marié mademoiselle pendant ce temps ; jusque-là, vous vous étiez assez bien conduit." Si Beaumarchais a supprimé ensuite ce passage, c'est peut-être parce qu'il montrait trop clairement l'artifice de ce quatrième acte [...].

Si les raisons que donne Bartholo pour partir au moment décisif sont faibles, il commet aussi la faute d'être absent trop longtemps. Vers la fin de la scène 6, au plus tard, il est revenu devant sa maison, puisque Figaro s'aperçoit à ce moment-là que l'échelle par laquelle ils sont montés a été enlevée, évidemment par Bartholo. Or celui-ci ne fait son entrée qu'à la scène 8.

Dans l'intervalle, il y a toute la scène 7 : on y compte une vingtaine de répliques et des silences. Les personnages sont surpris de se rencontrer, Bazile hésite avant de signer ; la scène ne peut se jouer vite. Que fait Bartholo pendant ce temps ? Faut-il si longtemps pour monter un escalier, surtout quand on doit savoir ce qu'on risque ? Ou n'est-il pas retenu par le doigt invisible de Beaumarchais ? Il s'est perdu, dira Figaro à la fin, "faute de sens". Mais il avait du sens, et beaucoup, dans les trois actes précédents. Beaumarchais, ne pouvant venir à bout de son obstacle, l'a subrepticement amolli pour pouvoir dénouer sa comédie. »

Jacques Schérer, *La Dramaturgie de Beaumarchais*, Nizet, 1954.

Jeu du miroir

« "Nous ne sommes pas ici en France, où l'on donne toujours raison aux femmes" [Bartholo, acte II, scène 15]. Si l'on croit à la pièce, on est à Séville ; mais si l'on se rappelle qu'elle se joue à la Comédie-

Française, on est à Paris. Le spectateur qui réfléchit une seconde à cette phrase prend conscience de sa condition de spectateur. Il est toujours dangereux de dire au public : "Nous ne sommes pas au théâtre", parce que justement nous y sommes. Mais cette déclaration n'a d'intérêt que sur un théâtre, et dans la bouche d'acteurs. Les auteurs dramatiques qui se sont écartés un instant de leur œuvre pour la voir, et pour la faire voir au public en tant qu'œuvre, ont tous été tentés de dire : "Nous ne sommes pas au théâtre." Cette prise de conscience est aussi raffinement, plaisir de lucidité, soin d'artiste qui sépare son tableau de la réalité par un cadre protecteur.

Cette frange entre le réel et le fictif, ce cadre qui n'est ni peinture, ni réalité, Beaumarchais l'a orné avec amour. Il fait proposer au comte par Bartholo, plus loin, de passer pour maître de musique auprès de Rosine ; procédé usé de la comédie traditionnelle, Beaumarchais le dit par la bouche du comte : "Toutes ces histoires de maîtres supposés sont de vieilles finesses, des moyens de comédie." Mais, en le disant, il fait du spectateur un complice. Celui-ci savoure à la fois la situation de Bartholo, artisan de son propre malheur, et le jeu de reflets dont le comte est l'objet, puisque ce personnage qui ment dit qu'il ment et est tenu pour véridique, uniquement parce qu'il s'est référé au pouvoir d'illusion de l'art dramatique. »

Jacques Schérer, *op. cit.*

Les personnages vus par un acteur

Michel Etcheverry parle ici du plaisir que les acteurs éprouvent à jouer les personnages du *Barbier de Séville*, toujours en mouvement et doués d'un langage éblouissant :

« Quand je lis, écoute ou joue une pièce de Marivaux, j'ai le sentiment de voir des personnages qui vivent tout seuls, je ne "vois" pas Marivaux. Une fois qu'il les a placés dans le décor, Silvia, Lisette, Dorante ou M. Orgon ont leur vie autonome et secrète. Il me semble que Marivaux écrit, en quelque sorte, sous leur dictée. Il leur prête un style, non sa volonté. Les personnages du *Barbier*, eux, ne parlent que le "Beaumarchais". Mais quelle langue exceptionnelle ! Beaumarchais poète dramatique, sûrement pas. Beaumarchais auteur dramatique, je ne sais ; mais Beaumarchais dialoguiste éblouissant, oui, sûrement. Il sait faire parler ses héros, même au besoin pour ne rien dire, pour le seul plaisir des mots, et du "mot". "Je voudrais finir par quelque chose de beau, de brillant, de scintillant, qui eût l'air d'une pensée", dit Figaro dès son entrée de jeu. Il n'est pas de meilleure définition de l'art de l'auteur. J'ai beaucoup de peine à imaginer ce que deviennent les personnages dès qu'ils ont quitté le décor. Je crois qu'ils attendent simplement que l'auteur leur fasse signe de revenir. Et le Figaro, l'Almaviva que vous avez rencontrés sur cette place sévillane, ils seront inchangés à la fin de la pièce. Les personnages de Marivaux me font penser à un kaléidoscope : un mouvement imperceptible, et tout change. Chez Beaumarchais, point de ce genre de problème pour l'acteur : les couleurs sont franches et définitives. Encore faut-il porter la bonne. Mon maître, Jouvet, écrit : "Lorsqu'on joue un personnage de Molière, on est nourri par lui. On peut incarner un personnage de Beaumarchais sans subir moralement d'augmentation de poids."

Mais entre cette aube naissante et cette nuit orageuse, par les voix de Figaro, d'Almaviva, de Rosine, de Bartholo ou de Bazile, Beaumarchais fait assaut d'esprit avec Beaumarchais. Duelliste confirmé pour le malheur de ses adversaires, il invente le plaisir de la réplique, de ce que l'on appelle le "mot d'auteur" ; il le communique à l'acteur, plaisir physique de la respiration, griserie de la vitesse. Jouer Molière ou Marivaux, Corneille ou Racine, est d'une autre essence, plus secrète, plus pudique. Avec notre homme, c'est au pas de charge que l'on fait le parcours, avec un dossard. Pour l'acteur (j'en parle par expérience) cela relève du sport, marathon où il faut du jarret et du souffle, car c'est un marathon couru à la vitesse d'un cent mètres : un arrêt, tout s'écroule. La réussite est dans le "montage ", comme on dirait aujourd'hui d'un film. »

Michel Etcheverry, Préface au *Barbier de Séville*,
Librairie générale française, coll. « Le Livre de Poche », 1985.

Réticences

Maurice Descotes rappelle l'opinion réservée de Louis Jouvet sur le théâtre de Beaumarchais :

« Sans doute Beaumarchais est-il [...] "un fort habile dramaturge", doué d'une "étonnante et prestigieuse magie" pour "nouer et dénouer les intrigues et les imbroglios les plus compliqués". Sans doute, à l'interpréter, découvre-t-on le plaisir de faire valoir "de belles tirades". Mais précisément, poursuit Jouvet, "trop de métier nuit". Pris dans le tourbillon de l'intrigue, les personnages jouent le rôle que leur imposent l'auteur et l'action, personnages d'opéra et de comédies italiennes. "Lorsqu'on joue un personnage de Molière, on est nourri par lui. On peut incarner un personnage de Beaumarchais sans subir moralement d'augmentation de poids." Comédies trop évidemment brillantes et d'accès trop immédiat, où les protagonistes n'ont pas de zones d'ombre : "Je n'ai jamais avec Beaumarchais aucune intimité. [Or c'est] dans le recueillement de l'intimité de l'auteur que l'on trouve l'explication et le sens de son œuvre [...] [Beaumarchais] est un écrivain de théâtre du plus haut rang ; ce n'est pas, à mon avis, un poète dramatique". »

Maurice Descotes, *Les Grands Rôles du théâtre de Beaumarchais*,
P.U.F., 1974.

Beaumarchais écrivain polémique

« Que l'œuvre soit inégale, il serait vain de le nier. Piètre versificateur, Beaumarchais n'attachait sans doute aucune importance aux poèmes d'inspirations variées qu'ont recueillis les différents éditeurs ; le livret de *Tarare*, plus travaillé, n'est guère mieux écrit. Restent la prose et le dialogue dramatique, tous deux de premier ordre, et, avant tout, les mémoires contre Goëzman et les deux chefs-d'œuvre espagnols, *Le Barbier de Séville* et *Le Mariage de Figaro*. Si l'on voulait établir à tout prix un rapport entre des ouvrages si dissemblables par les genres et les intentions, on pourrait remarquer qu'il s'agit là d'écrits polémiques ; que l'homme d'affaires lutte dans sa vie et de sa plume contre La Blache ou le juge Goëzman ; que l'auteur dramatique dresse les uns contre les autres ses personnages, la jeunesse contre la vieillesse qui veut jouir d'elle, le couple de serviteurs contre un maître qui abuse de son autorité. "Ma vie est un combat", avait-il coutume de dire ; il aurait pu le dire tout aussi bien de son œuvre. »

Pierre Larthomas, *Œuvres de Beaumarchais*, Gallimard,
« Bibliothèque de la Pléiade », Introduction, 1988.

Compléments historiques

Les censeurs royaux

Dans la scène 2 de l'acte I, Figaro cite les censeurs au nombre de « tout ce qui s'attache à la peau des malheureux gens de lettres ». Il ne s'agit pas ici du sens général du mot (personne qui relève les défauts, qui porte un jugement sur la qualité littéraire d'un ouvrage), comme le prouve la présence, dans l'énumération qui précède, du mot « critiques » ; il s'agit des censeurs appointés par le gouvernement royal pour examiner les manuscrits et vérifier qu'ils ne portent atteinte ni à la monarchie, ni à la religion, ni aux valeurs morales établies. Sous l'Ancien Régime, aucun livre ne pouvait être publié sans cette autorisation préalable. L'imprimerie est alors étroitement surveillée, et le nombre des imprimeurs limité dans chaque ville du royaume : le plus souvent réduit à un, à deux ou trois dans les villes de province les plus importantes, ce nombre était de trente et un à Paris. Ce contrôle politique des manuscrits entraînait l'existence d'un commerce clandestin du livre non autorisé, soit qu'il fût imprimé à l'étranger et introduit en fraude en France, soit qu'il fût imprimé secrètement en France avec une fausse indication de lieu. Il était impossible de tout contrôler. Aussi existait-il le régime de l'« autorisation tacite », qui permettait au pouvoir de tolérer un livre non visé par la censure, sans perdre la face pour autant. Selon les périodes, cette censure fut plus ou moins stricte, mais tous les écrivains des Lumières eurent à souffrir des contraintes qu'elle imposait, et à ruser avec elle. La liberté de « la presse », c'est-à-dire de l'imprimerie, fut établie en 1791.

Les péripéties de la vie de Beaumarchais firent que *Le Barbier de Séville* fut soumis à trois censeurs successifs : en février 1773 d'abord, mais les démêlés judiciaires de l'auteur empêchèrent la représentation ; puis en février 1774, mais la publication du quatrième mémoire contre Goëzman annula cette autorisation ; enfin en décembre de la même année.

L'affaire Goëzman

Elle a son origine dans un procès qui opposa Beaumarchais au duc de La Blache, à propos de la succession du riche financier Pâris-Duverney, en 1770 ; La Blache, légataire universel, conteste un legs de 15 000 francs en faveur de Beaumarchais. Malgré sa bonne foi et son bon droit, Beaumarchais perd son procès. Il s'attaque alors au rapporteur de ce procès, du nom de Goëzman (le rapporteur était celui qui étudiait un dossier et donnait son avis pour éclairer les juges), l'accusant de partialité et de corruption. Afin de plaider sa cause devant l'opinion publique, Beaumarchais publie, à partir de l'automne 1773, quatre *Mémoires*, où se trouve mis en cause le fonctionnement même de la justice, le quatrième étant le plus radicalement critique (février 1774). Leur succès est immense, inquiète les juges et le pouvoir royal. Finalement, Goëzman est condamné, mais Beaumarchais est solennellement blâmé. Cet arrêt sera tout de même cassé en 1776. Les *Mémoires* contre Goëzman sont des chefs-d'œuvre d'habileté, de clarté argumentative, d'esprit, et témoignent autant que l'œuvre théâtrale du génie de leur auteur. Ils mériteraient une place plus en vue dans la littérature du XVIIIe siècle.

Compléments notionnels

Accumulation *(n.f.)*
Effet d'entassement, soit dans le domaine linguistique (l'énumération par exemple), soit dans le domaine scénique (succession rapide de péripéties).

Actant *(n.m.)*
Un actant peut être un personnage, mais ce peut être aussi une abstraction, un groupe de personnages ou un personnage collectif, ayant une action effective dans le déroulement de la pièce. On distingue habituellement six types d'actants : le destinateur, le destinataire, l'objet, le sujet, l'adjuvant, l'opposant (voir ces mots, et le schéma actantiel de la page 222).

Action *(n.f.)*
Série des événements qui constituent la trame de l'histoire représentée. Elle est à distinguer de l'intrigue (voir ce mot).

Adjuvant *(n.m.)*
Actant qui aide le sujet dans sa recherche de l'objet (voir ces mots). *Ex.* : Figaro est l'adjuvant du sujet Almaviva.

Aparté *(n.m.)*
Paroles que le personnage s'adresse à lui-même, et qui, par convention, ne doivent pas être entendues par les autres personnages en scène,
tout en étant perçues par le public. *Ex.* : « Figaro, *à part* : Fort bien. *(Haut)* Mais il a un grand défaut. » (acte II, scène 2).
L'aparté est à distinguer du monologue (voir ce mot).

Archaïsme *(n.m.)*
Emploi d'un mot ou d'une expression qui n'est plus en usage. *Ex.* : dans la « Lettre modérée », l'emploi du mot « benoît » (ligne 57) est un archaïsme.

Auxiliaire *(n.m.)*
Personnage qui apporte son aide (voir adjuvant).

Badinage *(n.m.)*
Propos légers énoncés sur un ton plaisant.

Barbon *(n.m.)*
Vieillard affligé de quelque ridicule. Ce mot s'emploie notamment pour désigner, au théâtre, les rôles de vieillard amoureux et jaloux.

Commedia dell'arte
Genre de comédie appartenant à la tradition italienne, où, à partir d'un canevas, les acteurs improvisaient jeux de scène, bouffonneries et lazzi (voir ce mot).

Coup de théâtre
Événement inattendu qui bouleverse d'un coup la situation

théâtrale ; il amène souvent le dénouement.

Dénouement *(n.m.)*
Péripétie finale résolvant le conflit qui était à la base de l'intrigue.

Destinataire *(n.m.)*
Actant pour lequel est entreprise la conquête de l'objet (voir actant et objet). Almaviva est à la fois le destinataire et le héros-sujet par rapport à l'objet Rosine.

Destinateur *(n.m.)*
Actant (voir ce mot) qui est à l'origine de l'action. Dans *Le Barbier de Séville*, le destinateur est l'amour (ou Éros), qui pousse Almaviva à conquérir Rosine.

Deus ex machina
Expression latine signifiant littéralement : « dieu sortant d'une machine ». On désigne ainsi soit un personnage qui, à la fin d'une pièce, apparaît de façon inopinée pour permettre le dénouement, soit un subterfuge imaginé par le dramaturge pour dénouer plus ou moins artificiellement l'intrigue. Dans *Le Barbier de Séville*, la sortie de Bartholo au quatrième acte, et son absence inutilement prolongée, peuvent être considérées comme un *deus ex machina*.

Didascalie *(n.f.)*
Indication de jeux de scène, de ton, de décor, d'effet de lumière, de bruit, de lieu et de nom de personnage, de toute information permettant de préciser la mise en scène du texte. La didascalie est en général imprimée en italique.

Dramaturgie *(n.f.)*
Technique de l'art dramatique, fondée sur la mise en œuvre d'un certain nombre de règles.

Drame (bourgeois) *(n.m.)*
Nouveau genre théâtral apparu au XVIIIe siècle, se situant entre la tragédie et la comédie, et s'efforçant de représenter le monde contemporain dans sa vérité commune et concrète, avec une prédilection pour les scènes pathétiques (de nature à émouvoir le spectateur).

Ellipse *(n.f.)*
Suppression, pour abréger ou créer un effet de raccourci, de mots dans une phrase ou de séquences dans un récit ou une action théâtrale.

Emploi *(n.m.)*
Fonction théâtrale stéréotypée (emploi de valet, de jeune premier, de barbon, etc.). À distinguer de rôle (voir ce mot).

Espace scénique
Espace de la scène visible par le public, dans lequel se placent et évoluent les acteurs.

Exposition *(n.f.)*
Présentation, au début de la pièce, des informations néces-

saires au spectateur pour comprendre la situation initiale et suivre l'action qui s'engage.

Farce *(n.f.)*

Pièce de théâtre où l'effet comique est obtenu par des procédés élémentaires relevant du burlesque et parfois d'une certaine grossièreté. Les scènes avec L'Éveillé et La Jeunesse (acte II, scènes 6 et 7) sont des scènes de farce (sans grossièreté).

Imbroglio *(n.m.)*

Situation complexe, voire confuse, par l'entremêlement des fils de l'intrigue. Bazile, par exemple, dans la scène de la stupéfaction (acte III, scène 11) se trouve en plein imbroglio. Dans la « Lettre modérée », Beaumarchais emploie la forme francisée : « imbroille ».

In medias res
(début *in medias res*)

Expression latine signifiant littéralement « au milieu des choses » ; elle désigne le procédé consistant à commencer une pièce (ou un récit) à un moment où l'action est déjà en cours. *Ex.* : au début de l'acte IV, la scène entre Bartholo et Bazile commence *in medias res*.

Intermède *(n.m.)*

Littéralement : « ce qui est placé entre ». Au théâtre, divertissement, souvent musical, joué entre deux actes ou deux pièces. Dans une acception plus large, scène ou suite de scènes apparaissant comme une parenthèse dans l'action.

Intrigue *(n.f.)*

Elle est constituée par l'ensemble des moyens mis en œuvre par les personnages pour emporter l'enjeu de l'action et la façon dont les faits s'enchaînent en fonction de cet enjeu. Par rapport à l'action, qui est définie par la simple succession des événements jalonnant le parcours de la pièce vers son dénouement, l'intrigue se définit par le lien de cause à conséquence entre ces événements. L'intrigue du *Barbier de Séville* est l'affrontement entre Almaviva et Bartholo, tous deux désirant le même « objet », Rosine, et les moyens adoptés par l'un et par l'autre pour atteindre leur objectif (conquérir/conserver).

Ironie *(n.f.)*

Procédé d'expression qui suggère le contraire de ce que l'on dit, dans un esprit de moquerie souvent malveillant (*Ex.* : « Vous êtes malin ! », pour dire : « Vous êtes bête ! »).

Lazzi *(n.m.)*

Mot italien signifiant « plaisanterie » ; dans la *commedia dell'arte*, ce terme désigne les grimaces, les mimiques, les comportements burlesques et improvisations caractérisant comiquement le personnage.

Mémoire *(n.m.)*

Terme de la langue juridique,

désignant un écrit par lequel un plaideur exposait les arguments en faveur de sa cause. *Ex.* : les *Mémoires* contre Goëzman, écrits par Beaumarchais pour défendre ses intérêts auprès des juges.

Métaphore *(n.f.)*

Mise en relation de deux objets (concrets ou abstraits) aboutissant à une image fondée sur l'assimilation de l'un par l'autre. *Ex.* : « Souvenez-vous, Madame, que le vent qui éteint une lumière allume un brasier, et que *nous sommes ce brasier-là* » (acte II, scène 2). À distinguer de la comparaison, où la relation, explicitée par « comme », « ainsi que », etc., maintient une distance entre les deux objets.

Monologue *(n.m.)*

Discours tenu par un personnage seul en scène. À la différence de l'aparté, il s'agit d'un morceau de quelque étendue et destiné à être perçu sans artifice par le spectateur (voir par exemple les deux monologues de Rosine encadrant l'acte II).

Néologisme *(n.m.)*

Création d'un mot nouveau, ou emploi d'un mot existant dans un sens nouveau.

Objet *(n.m.)*

Actant recherché par le sujet (voir ces mots). Dans *Le Barbier de Séville*, l'objet est Rosine.

Opéra-bouffe *(n.m.)*

À l'origine, intermède (voir ce mot) destiné à trancher sur le monde sérieux de l'opéra par un ton bouffon. Le genre a ensuite été cultivé de façon autonome. C'est Pergolèse, avec sa *Serva padrona* (1734), qui a donné à l'opéra-bouffe sa forme définitive.

Opéra-comique *(n.m.)*

Genre théâtral mêlant les airs chantés et les dialogues parlés, selon une proportion qui a évolué au cours du XVIIIe siècle.

Opposant *(n.m.)*

Actant qui entrave le sujet dans sa recherche d'un objet (voir ces mots). Bartholo et Bazile sont des opposants au sujet Almaviva.

Parade *(n.f.)*

Suite de scènes burlesques, souvent grossières, conçues à l'origine pour racoler les spectateurs à la porte des théâtres forains ; la parade est devenue au XVIIIe siècle une saynète, ou courte pièce, écrite pour des scènes privées (voir à « théâtre de société »).

Péripétie *(n.f.)*

Événement qui modifie les données d'une situation, mais sans avoir la capacité de bouleversement d'un coup de théâtre (voir ce mot), ni la valeur conclusive du dénouement (voir ce mot). *Ex.* : l'arrivée de Bazile, acte III, scène 11.

Polémique *(n.f. et adj.)*
Comme substantif, ce mot désigne un affrontement, verbal ou écrit, entre deux opinions différentes ; comme adjectif, il caractérise une attitude critique, voire agressive.

Rôle *(n.m.)*
Fonction du personnage dans l'action (Bartholo, par exemple, a le rôle du gardien vigilant de Rosine, dans un emploi de barbon) ; l'originalité de Beaumarchais est ici de décaler le rôle par rapport à l'emploi (dans la mesure où Bartholo est d'une perspicacité efficace et le barbon une dupe constante de ses ennemis). Le mot désigne aussi l'ensemble des répliques dites par un acteur (quand on dit par exemple : « apprendre son rôle »).

Satire sociale
Critique des ridicules ou des imperfections d'une société.

Sentence *(n.f.)*
Phrase exprimant avec force une pensée, le plus souvent dans le domaine moral. *Ex.* : « Aux vertus qu'on exige dans un domestique, Votre Excellence connaît-elle beaucoup de maîtres qui fussent dignes d'être valets ? » (acte I, scène 2).

Sujet *(n.m.)*
Actant dont l'action est tendue vers la conquête d'un objet (voir ce mot).

Théâtre de société
Au XVIII\ :superscript:\ siècle, petit théâtre privé, installé dans un hôtel particulier, une gentilhommière ou un château, où des amateurs (hôtes et invités) jouaient des pièces de théâtre le plus souvent écrites pour ce type de divertissement (voir parade).
Beaumarchais s'initia au plaisir du théâtre et à la dramaturgie grâce au théâtre de société du financier Le Normant, à Étiolles.

Unité *(n.f.)*
La dramaturgie classique est fondée sur la règle des trois unités : d'action, de temps et de lieu. L'unité d'action, principe essentiel, exige que tous les événements soient étroitement reliés à l'histoire principale ; l'unité de temps limite la durée de l'action à vingt-quatre heures ; l'unité de lieu oblige le dramaturge à situer l'action dans un même lieu, mais au sens large : dans *Le Barbier de Séville*, le lieu de l'acte I est dans la rue, celui des actes suivants dans l'appartement de Rosine, mais il s'agit toujours d'un espace centré sur Rosine.

Bartholo (Gaston Vacchia), Rosine (Sabine Paturel)
dans la mise en scène de Gaston Vacchia, Grand Trianon de Versailles, 1991.

Éditions récentes du *Barbier de Séville*
(en dehors des collections de petits « classiques »)

Théâtre de Beaumarchais, Garnier, 1980, édition présentée par Jean-Pierre de Beaumarchais.

Œuvres de Beaumarchais, Gallimard, « Bibliothèque de la Pléiade », 1988, édition présentée et annotée par Pierre Larthomas. Le texte adopté pour la présente édition dans les « Classiques Larousse » est celui retenu par Pierre Larthomas, qui est le texte donné par la dernière des éditions du *Barbier de Séville* faite en 1775. Sur un point cependant, nous avons corrigé le texte de la Pléiade : au début de la scène 12 de l'acte II, nous donnons « Réveillons-là », et non « Réveillons la ».

Dans la collection « Lire et voir les classiques », Pocket, 1993, édition présentée par Jean Delabroy.

Dans la collection « Folio-Théâtre », Gallimard, 1996, édition présentée par Françoise Bagot et Michel Kail.

Le théâtre et la comédie

Le Théâtre, Couty Daniel et Rey Alain (sous la direction de), Bordas, 1980.

Le Théâtre en France au XVIIIe *siècle*, Larthomas Pierre, Presses universitaires de France, coll. « Que sais-je ? », 1980.

Dictionnaire du théâtre : termes et concepts de l'analyse théâtrale, Pavis Patrice, Éditions Sociales, 1980 (édition revue et augmentée en 1986).

Lire le théâtre, Ubersfeld Anne, Éditions Sociales, 1977.

La Comédie, Voltz Pierre, A. Colin, coll. « U 2 », 1964 (voir notamment le chapitre IV : « Tradition et formules nouvelles », p. 95-128).

Beaumarchais et son œuvre

Beaumarchais, le voltigeur des Lumières, Beaumarchais (de) Jean-Pierre, Gallimard, coll. « Découvertes Gallimard », 1996.

Beaumarchais l'insolent, Brisville Jean-Claude, Gallimard, 1996 [d'après le scénario du film d'Édouard Molinaro].

La Trilogie de Beaumarchais, écriture et dramaturgie, Conesa Gabriel, Presses universitaires de France, 1985.

Les Grands Rôles du théâtre de Beaumarchais, Descotes Maurice, Presses universitaires de France, 1974.

Beaumarchais ou la Bizarre Destinée, Pomeau René, Presses universitaires de France, coll. « Écrivains », 1987.

« La musique des comédies de Figaro : éléments de dramaturgie », Robinson Philip, *Studies on Voltaire and the Eighteenth Century*, n° 275, 1990.

La Dramaturgie de Beaumarchais, Schérer Jacques, Nizet, 1954.

Beaumarchais par lui-même, Van Tieghem Philippe, Le Seuil, coll. « Écrivains de toujours », 1960.

Le Barbier de Séville

La Genèse du Barbier de Séville, Arnould E. J., Minard, 1965.

L'Avant-Scène, Théâtre, n° 457, 1er octobre 1970.

« *Le Barbier de Séville*, de l'intermède à la comédie », Pomeau René, *Revue d'histoire littéraire de la France*, novembre-décembre 1974.

« Les grandes premières : *Le Barbier de Séville* », Roussin André, *Conferencia*, 15 septembre 1950.

Les partitions musicales du *Barbier de Séville* sont accessibles au Département de la musique de la Bibliothèque de France, sous la cote : Rés. F 1124 et Vmc[G 159].

Le Barbier de Séville de Rossini

Texte du livret de Sterbini, dans la traduction de Castil-Blaze, présentation d'André Segond, éd. Actes Sud / Opéra de Marseille, 1998.

Discographie : un CD Polyvocal, 1997.

Direction de la collection : Chantal LAMBRECHTS.
Direction artistique : Emmanuelle BRAINE-BONNAIRE.
Responsable de fabrication : Jean-Philippe DORE.

Compogravure : P.P.C. – Impression MAME n° 03022119. Dépôt légal 1ʳᵉ édition : août 1998.
Dépôt légal : mars 2003. N° de projet : 10103115 (VI) 78 (OSB 60°). Imprimé en France (*Printed in Fra*